江山览胜

——中华名胜文化大观

吴 苑 编著

中原农民出版社

·郑州·

图书在版编目（CIP）数据

江山览胜：中华名胜文化大观 / 吴苑编著. —郑州：中原农民出版社，2014.12

（上下五千年中华传统文化书系）

ISBN 978-7-5542-0961-5

Ⅰ.①江… Ⅱ.①吴… Ⅲ.①名胜古迹－文化－中国－青少年读物

Ⅳ.①K928.7-49

中国版本图书馆 CIP 数据核字（2014）第 264403 号

出版社：中原农民出版社

　　　　（地址：郑州市经五路 66 号　　　　电话：0371-65751257

　　　　邮政编码：450002）

发行单位：全国新华书店

承印单位：永清县晔盛亚胶印有限公司

开本：710mm×1000mm　　　　　　1/16

印张：13.25

字数：245 千字

版次：2015 年 5 月第 1 版　　　　　**印次：**2015 年 5 月第 1 次印刷

书号：978-7-5542-0961-5　　　　　**定价：**25.80 元

　　　　本书如有印装质量问题，由承印厂负责调换。

中华民族历史悠久，地大物博。在960万平方公里的大地上，山峦绵亘，江河纵横，大自然的沧海桑田，鬼斧神工，造就了诸多举世闻名的名胜景观。早在远古时期，我们的祖先就在这片神奇而美丽的土地上繁衍生息，长江流域、黄河岸边，都留下了他们劈山引水、不辍耕耘的身影与足迹。他们在欣赏珍视大自然馈赠的锦山绣水、奇观胜景的同时，又以聪明才智与辛勤劳动创造了令世界瞩目的人文景观，使其与自然景观交相辉映，互为表里，形成中华上下五千年自然景观丰富、文化底蕴深厚的名胜文化。

人类努力寻找和诠释来自生命之初的本色，祈盼人与自然相融合的更深层的感悟。面对壮丽河山，走进幽林静谷，领略瑰丽的自然美景与珍贵的历史遗迹，旖旎的山水、典雅的园林、雄伟的建筑、辉煌的古迹、美丽的传说等，都会令我们为之感动，为之震撼，浮想联翩、心驰神往。

千姿百态的自然景观，是大自然馈赠人类的丰厚礼物。一座巍峨的高山，一泓激滟的秀水，一个幽静深隧的岩洞，无不体现造化的神奇、灵动与超逸。绚丽多彩的文化遗迹，是五千年文明史的深厚积淀，一幢富丽堂皇的宫殿，一架凌空高悬的古桥，一幅苍劲雄浑的碑碣，无不是祖先留下的珍贵财产、历史文化的缩影。

赏读名胜文化，感受山的雄魄，水的浩渺，领略历史的沧桑与凝重，使涌动的激情在九州天地间尽情释放，为快节奏的生活增添几分恬静与几分遐想。名胜文化将带您踏上寻访名胜经典的旅程。

目录 *MULU*

目录 MULU

目录 MULU

遗产篇

支离东北风尘际，

漂泊西南天地间。

三峡楼台淹日月，

五溪衣服共云山。

羯胡事主终无赖，

词客哀时且未还。

庾信平生最萧瑟，

暮年诗赋动江关。

YICHAN

遗 产

　　自然和文化财富是人类赖以生存的条件和基础，是人类祖先共同劳动创造的成果，是全人类的共同财富。我国已被批准的 28 处世界遗产是中华民族悠久历史与丰富文化的自然资质的标志，诸多景观已成为中外游客观光旅游、探幽揽胜、科学考察的世界旅游胜地。

泰 山 风 景 区

　　巍巍泰山，以通天拔地、雄风盖世的气势屹立于齐鲁大地上，以"五岳独尊"、"天下第一山"的特殊地位闻名海内外，并作为中华民族的文化丰碑赢得世人的赞誉。人们常用"稳如泰山"、"重如泰山"的成语来表达对泰山的无限崇敬。

　　泰山古称岱山，又称岱宗，春秋时改称泰山。它雄峙于山东省中部，前邻孔子故里曲阜，背倚泉城济南，泰山之所以号称"五岳之尊"，首先是山体雄伟庄重。泰山的基体宽阔稳重，主峰突起，众峰拱卫，大有"镇坤维而不摇"之威仪。五岳之中，泰山离海最近，自古即有"圣人多起于东方"之说。

　　唐代诗人杜甫咏诗赞曰：

　　岱宗夫如何，齐鲁青未了。

　　造化钟神秀，阴阳割昏晓。

　　荡胸生层云，决眦入归鸟。

　　会当凌绝顶，一览众山小。

　　泰山历史文化源远流长，相传远古时即有 72 位君主来泰山巡狩祭祀，自秦始皇开始直至清朝，历代君王每逢太平盛世或新皇登基，都率领文武百官龙旗招展、浩浩荡荡前来举行封禅大典，祭拜天地，祈求国泰民安。秦始皇登封

东岳泰山

遇雨，留下五大夫松的传说；汉武帝八至泰山，惊叹："高矣，极矣，大矣，特矣，壮矣，赫矣，骇矣，惑矣！"

唐代文人雅士对泰山更是仰慕备至，登临游历、题诗记文，满山遍野留下数以千计的摩崖石刻、碑碣题词。内容有为帝王歌功颂德的，有对泰山寓意写景的，正、草、篆、隶各体俱全，颜、柳、欧（欧阳询）、赵应有尽有，为泰山自然之美又添人文气息，使泰山成为我国古代文化的宝库、书法艺术的殿堂。

巍巍泰山，"高而可登，雄而可亲；松石为骨，清泉为心；呼吸宇宙，吐纳风云"。既是"天然的山岳公园"，又是"东方历史文化的缩影"，泰山也因此成为世界文化和自然的双重遗产。有幸游历，步行登山，驻足观赏，如同追溯着中华历史的渊源，一路秀美风光，又如同欣赏一幅中国水墨画卷，泰山可以说是融美学、科学、历史学为一体的名山、圣山。

泰山成山于太古代，距今25亿年，为片麻岩构成断块山地。以主峰为中心，呈放射状分布。有龙潭水库、柏洞、云步桥、回马岭、望人松、王母宫、日观峰、斗母宫、红门宫、普照寺、中天门、南天门、五松亭、碧霞祠等景点。其中，"旭日东升"、"晚霞夕照"、"云海玉盘"、"黄河金带"为四大奇观。

泰山游览面积大，景点众多，可分为岱庙、西路、东路、岱顶、岱麓、后石坞、桃花峪等景区。

岱庙景区

岱庙旧称东岳或泰山行宫，为道教神府，是历代帝王举行封禅大典和祭祀泰山神的地方，是泰山最完整的古建筑群。采用帝王宫城式建筑，在祠庙建筑中规格最高。始建于秦汉，唐宋时得以扩建。总面积9.6万平方米。四周有10余米高的城墙，庙内现有古建筑160多间，主要有天贶殿、汉柏院、岳坊、遥参亭、正阳门、配天门、东御座、唐槐院等。

天贶殿　建于北宋年间，为岱庙的主体建筑，与北京故宫、曲阜大成殿并称我国三大殿。大殿建于石台之上，规模宏大，辉煌壮丽。阔九间，深四间，重檐歇山，琉璃瓦盖顶，彩绘斗拱，下有八根大红明柱，极为醒目，殿中祀东岳泰山神，东、西、北三面墙壁上绘有巨幅壁画《启跸回銮图》。殿前还有一座巨大精致的铸铁香炉，据考证为宋代遗物。

汉柏院　因院内有五株汉柏而得名，相传五株汉柏为汉武帝到泰山封禅时所植。岱庙碑刻多集中于此，有历代碑刻90余种，均列为珍贵文物。

东路景区

是指一天门至十八盘一段，全长5.5千米，盘路6290级，沿途峰回路转，景色变换，为历代帝王登封御道。前部景观山谷开阔，古建筑鳞次栉比，以人文景观为主；中天门至南天门山谷狭窄，山势陡峭，以自然景观为主，沿线主要景点有岱宗坊、王母池、吕祖洞、万仙楼、红门宫、斗母宫、柏洞、经石峪、壶天阁、回马峡、云步桥、中天门、朝阳洞、对松山、十八盘、五大夫松等。如徒步登山，既像欣赏一幅徐徐展开的丹青山水画，又像翻阅一部有声有色的历史文献。

岱宗坊 是登山大门，距岱庙0.5千米，始建于明，清雍正年间重建。坊四柱三门，巍峨壮观。

斗母宫 斗母宫依山而建，由前、中、后三院组成，各有大殿三间，中院正殿祀斗母神，宫东有胜境"三潭叠瀑"。

经石峪 斗母宫沿小路前行，即到经石峪，俗称晒经石。这里有一约3000平方米的大石坪，上刻隶书《金刚经》，因年代久远，剥蚀磨损，已缺400多字，现仅存143字，经文书法潇洒雄浑，字大篇宏，历代尊为"大字鼻祖"。据载，经文为南北朝时北齐人所书，至今已有1400余年。

红门宫—万仙楼 红门宫因庙西北岭南崖有两块并列如门的红石而得名，庙分东、西两院，东为弥勒院，西为元君庙，中间以跨道门楼与飞云阁相连；万仙楼在红门宫北0.6千米处，传说是泰山神仙聚会之所，游人可登楼拜谒诸神。

中天门—步云桥 中天门正处泰山半山腰，为泰山主峰的屏障，又是东西两路景观的交会点，此处地势开阔平坦，北望南大门，云梯高悬，南瞰众群山，均逶迤足下。游客可在此乘索道到南天门。步云桥位于中天门步行上山前行14米处，桥上方就是著名的五大夫松。传说秦始皇登泰山时，中途遇雨，便在此松下避雨，因树护驾有功，被封为"五大夫"之职。现在已建有五松亭，供游人休憩、观景。

十八盘 对松山到南天门一段盘山路叫"十八盘"，计1633级。这里两侧山壁陡峭，中间蹬道盘旋，行人几乎直行上下，可亲身体验高、陡、危、奇之境地。由十八盘向上望，天门如悬天上，十八盘似云梯倒挂。人们一般把升仙坊以下称"慢十八盘"，以上称"紧十八盘"，每盘有石阶200蹬，紧、慢十八盘相连，恍如上青

十八盘

天，故有"升仙"之称。

岱顶景区

南天门至玉皇顶一段称为岱顶，又称天庭。此处主要景点有南天门、玉后顶、天街、碧霞祠、唐摩崖、探海石等。登上南天门，拜谒天上宫阙碧霞祠，仰观浮光涌动的唐摩崖，揣摩不落一字的无字碑，登上上与天齐的玉皇顶，就仿佛漫步天府仙界，大有飘飘欲仙之感。这里也是观赏旭日东升、晚霞夕照、黄河金带、云海玉盘四大奇观之最佳位置。

南天门 又称三天门，城楼雄峙十八盘尽头上端，气魄雄伟，为元代所建。门上有楼名"摩空阁"，门旁有楹联：

门劈九霄，仰步三天胜迹；

阶崇万级，俯视千嶂奇观。

立身南天门，云雾蒸腾，使人周身清爽。天街是指自南天门向东至碧霞祠西神门一段平坦石路，南临深谷，北依悬崖，犹如一条飘浮在空中的长带，天街两旁楼阁阶毗，商贩云集，游人在此可买到各种旅游纪念品。

玉皇顶 又称天柱峰，为泰山极顶，因建有玉皇殿而得名，由山门、玉皇殿、迎旭亭、望河亭和东西禅房构成。主殿供奉玉皇大帝，西临望河亭，可于此观赏晚霞夕照、黄河金带、云海玉盘三大胜景。院中心有一石栏，栏内为极顶石，石上刻"极顶"二字。玉皇顶院内环列古登封台、天左一柱等摩崖石刻。历代帝王多在登封台封禅祭天。殿的大门前，立有无字巨碑，俗称无字碑，传说为秦始皇所立，但据顾炎武、郭沫若考证，认为是汉武帝所立。

碧霞祠 在南天门之上，靠近极顶，远望如白云缭绕中的一座"天上宫殿"，是一座规模宏大的道教建筑群。建于宋代，明清均有增修，形成现在的规模。

祠以山门为界，分内外两院，有正殿、配殿、山门、钟鼓楼、御笔亭、神门等建筑。碧霞祠为岱顶最大、最宏伟的古建筑群，错落有致，金碧辉煌，可比天上宫阙。正殿内供奉铸于明代的泰山女神碧霞元君镏金铜像。祠北有唐代摩崖石刻，琳琅满目，颇为壮观，故又称"大观峰"，其中有唐玄宗李隆基在泰山时亲笔撰书石刻"纪泰山铭"，碑高 13.3 米，宽 5.3 米，共 1000 字，为历史珍贵遗产。

日观峰 在泰山玉皇顶东南，为岱顶观日出处。峰东北一巨石悬空横出，斜刺

泰山日出

青天。名拱北石，俗称探海石，登石朝观日出，暮望云霞，齐鲁风光，尽在眼底，令人顿生"会当凌绝顶，一览众山小"之意。

旭日东升为岱顶四大奇观之一，日出时初为一红线，渐渐扩大，忽红、忽黄、忽赭，杂以青天斑纹，似蓝似白，绚烂多彩，荡漾如波；久之红云下即现弓形，须臾呈半圆形，其升极速，瞬间一轮红日跃出海面，光芒四射。

其他景区

西路景区　天外村至中天门，全程15千米，盘山公路九曲回肠，此区山环水绕，山谷幽寂，景色秀美，元人有诗称道"一川烟景合，三面画屏开"。主要景点有白龙池、长寿桥、黑龙潭、扇子崖等景点。

岱麓景区　指泰山南路东起红门、西至大众桥一段。景区内有六朝古刹——普照寺，寺为四进院落，有山门、大雄宝殿、摩松楼、石堂院、禅院等。

桃花峪景区　位于泰山主峰以西。这里群峰竞秀，溪瀑争流，除具泰山雄伟之外，兼有江南山水风韵。有桃花源翠屏山、五峰叠翠山、笔架山、一线泉、彩带溪、一线天等景点。

后石坞景区　位于玉皇顶北侧。这里松挂悬崖、泉飞古洞，景色极为清幽。其景点有九龙岗、姐妹松、黄花栈、元君庙等名胜。后石坞古松遍生，"石坞松涛"为泰山一绝。

泰山飞瀑

泰山文化

泰山文化博大精深，民风民俗多彩多姿。依托泰山，泰安市相继推出了"泰山国际登山节"、"泰山文化之旅"、"泰山封禅仪式表演"、"埠阳庄农家风情游"、"东平湖水浒风情游"等独具特色的节庆活动和旅游项目，使泰山更富时代魅力。

黄 山 风 景 区

黄山秦时称黟山，传说轩辕黄帝在此得道升天。据此，唐天宝年间唐玄宗下令改名为黄山。300多年前，明代地理专家、旅行家徐霞客遍游祖国名山时，两度登临黄山，发出了"五岳归来不看山，黄山归来不看岳"的赞叹。

黄山位于安徽省南部，是我国最著名的山岳风景区之一，集雄、奇、幻、险于一体，除以奇松、怪石、云海、温泉"四绝"著称外，尚有湖、瀑、潭、溪、名贵花木、珍禽异兽相点缀。它兼有泰山之雄伟、华山之峻峭、衡岳之烟云，还具峨眉之清寂、匡庐之飞瀑、雁荡之奇石。景区巍峨雄奇的峰林、变幻莫测的云海、千姿百态的黄山松、惟妙惟肖的怪石，构成了黄山静中有动、动中有静的巨幅画卷。而且黄山风光，至今人工雕琢痕迹很少，大都保持天然本色，真是有美皆备，无丽不臻，当之无愧地摘取了"中华第一奇山"的桂冠。

黄山 150 多平方千米的景区内，屹立着连绵巍峨的 72 峰。这些花岗岩体的群峰，历经千百万年来的冰川和风雨的侵蚀，犹如无数把锐利的刻刀将山体锉磨刮削，使 36 座大峰威武雄壮，36 座小峰秀丽多姿，岩壁上布满了道道裂缝和皱褶，宛若大自然艺术家精雕细刻的艺术珍品。峭岩绝壁、奇峰怪石，堪称黄山的风骨。三大主峰莲花峰、天都峰和光明顶，海拔均在 1800 米以上，冠盖华夏群山。

黄山四季景色各有千秋，有"人间仙境"之美誉。山中林木茂密，古树繁多，有植物 1500 多种，动物 500 多种，是天然的动植物公园。

三峰一亭

莲花峰　黄山第一高峰，形状像一个中心低凹、四周隆起的古槽。整个山体布满着又陡又长的裂隙，它们平行交叉，直到顶部才向内弯曲。由于莲花峰地势高，流水冲刷作用剧烈，因此将原来的裂隙侵蚀成又深又长的沟槽，组合起来远看就像是千片石雕花瓣组成一朵巨大的、永不衰败的芙蓉花仰天怒放，傲然出世。登顶远眺，众山皆收眼底。每当天气晴朗、朝阳辉映之际，但见黄山连绵起伏，景色斑斓壮观。

光明顶　黄山的第二高峰，相传为黄帝升天处。因顶部平旷开阔，日照时间长，日落之后仍有余晖，故名光明顶。古代文献称其"状若覆钵，旁无依树，秋水银河，长空一色"。光明顶是看日出、观云海的最佳处。东观"东海"奇景；西望"西海"群峰；向南远眺，天都、炼丹、莲花、玉屏、鳌鱼诸峰皆入视野。

天都峰　黄山第三高峰，在黄山群峰中最为险峻奇特，气势昂然，突兀峥嵘，古人视之为"群仙所都"，故名天都峰。古诗中称之为"任他五岳归来客，一见天都也叫奇"。民谚曰："不到天都峰，等于一场空。"天都峰乃至整个黄山景观中最惊险的莫过于鲫鱼背，这一段长约 10 米、宽仅 1 米的石岗，上面光滑无纹，寸草不长，属于一种特殊的冰川地貌，称为刀脊。天都峰一带冰川遗迹较为集中，三面冰斗合围天都峰峰顶，峰顶就成了尖锐多棱的角峰，从莲花峰远眺天都峰，或是从黄山外围东侧仰视天都峰，可以看到其好似一座巨大的金字塔，在阳光的照耀下熠熠生辉。

　　排云亭　为一临壑危立、古朴、幽雅的石亭，此处可以观赏排云叠波景色。每当夕阳西下，金光透过晚霞，群峰尽染，清风徐来，云霞变幻莫测，往往出现光怪离奇的图像，令人流连忘返。排云亭面临深壑峡谷，谷内怪石嶙峋，群峰参差错落。附近有"牌坊峰"、"天女绣花"、"仙人晒靴"、"仙人操琴"、"武松打虎"等著名景点。尤其排云亭东侧的"飞来石"最引人注目。此石直立在一块平顶岩石之上，似从异地飞来，故名"飞来石"，又名"仙桃峰"。登上"飞来石"，可以远眺西海诸峰，远近景色一览无余。

黄山四绝

黄山云海

　　奇松　黄山松虬枝苍劲，造型奇美，或傲然挺立，或倒悬绝壁，或轻盈起舞，或屹立峰巅，形成黄山"无峰不石，无石不松，无松不奇"独特的自然景观，"奇松"也因此位居黄山"四绝"之首，其顽强的生命力更令人赞叹不已。位居"黄山十大名松"之冠的闻名天下的迎客松屹立在玉屏楼附近。树高10米，树干中部向空中伸出长达7.6米的两大侧枝，极似一位殷勤的主人伸出手欢迎远方来客。黄山迎客松不仅是黄山的象征，同时也是中华礼仪之邦热情好客的象征。

　　怪石　黄山的石景堪称中国一绝，几乎每一座山都有许多奇异的怪石。它们的形状似人如物，惟妙惟肖，揽天工之绝美，集奇特于一身，有的悬于峭壁之顶，有的横空出世，有的矗立在奇岩之巅，无不令人叹为观止，美不胜收。黄山也因此成了奇石"天然雕刻的博物馆"。

　　云海　黄山的云海气象万千，缥渺于群山之巅。绿如清色的群峰加上云海的渲染和烘托，使黄山更显得神奇活跃，变幻莫测。黄山云海分东海、西海、南海（前海）、北海（后海）与天海五大海区。观赏云海最佳位置有四处：白鹅岭观东海、排云亭观西海、玉屏楼观前海、清凉台观后海，光明顶可观波起云涌的"天海"。

　　温泉　古人云："五岳若与黄山并，犹欠录砂一道泉。"黄山温泉久负盛名，最有特色的温泉主要有两处：一处在前山紫云峰下，另一处在后山的松谷庵附近。尤其是紫云峰下的温泉，久旱不涸，久雨不泛，出水量大，无色无味，清澈洁净，水味甘美，且对某些慢性疾病有一定疗效，故有"灵泉"之称。唐代著名诗人贾岛曾咏诗赞之曰：

一濯三沐发，天凿还希夷。

伐毛返骨髓，白发令人黟。

黄山文化

黄山的景色使人陶醉，其富有诗意和含蓄深邃的意境，诱发历代文人无限遐想和创作激情。唐代大诗人李白传有"黄山四千仞，三十二莲峰"的绝妙诗句。明代徐霞客游黄山后，慨叹道："薄海内外无如徽之黄山，登黄山天下无山，观止矣！"明末清初的新安画派以黄山为蓝本，主张"敢言天下是我师"。

大量的民间传说和故事，是黄山文化的重要组成部分，如"金鸡叫天门"、"童子拜观音"等。黄山还有壮观的摩崖石刻，在主要风景区内就有200多处。最著名的摩崖石刻是青鸾峰的"立马空东海，登高望太平"，每字6米见方，与青鸾峰浑然一体。

武 夷 山 风 景 区

据文献记载，早在殷代末年，中国古代传说中寿达八百的彭祖为了避乱，携带彭武、彭夷两个儿子到武夷山幔亭峰下隐居，即在今武夷宫一带开山种植。后来，人们就把彭武、彭夷两人名字联起来作为山名，称武夷山。

武夷山脉巍峨挺拔，秀丽多姿，似一条巨龙蜿蜒盘卧在闽赣边界上。武夷山是武夷山脉的一部分，亦称小武夷，位于福建省武夷山市南部，面积70余平方千米。层峦叠嶂，四面溪谷环绕，自古就有"奇秀甲于东方"之美誉。

武夷山风景区属典型的丹霞地貌，峰峦岩壑秀拔奇伟，九曲清溪源出其间，一年四季景色各异，烟云朝暮变幻，绿水娟美灵秀，并有世界上同纬度地带最为典型、面积最大、保存最完整

武夷山九曲溪

的中亚热带原生森林生态系统，被称为"鸟的天堂、蛇的王国、昆虫的世界"、"世界生物之窗"。联合国教科文组织 1987 年将其纳入世界人与生物圈保护区网。

武夷山以丹山取胜，秀水称奇。亿万年大自然的沧海桑田，形成了秀拔奇伟、千姿百态、幽邃迷人的三十六峰、七十二洞等 108 个景点；澄碧清澈的九曲溪涧更充满了诗情画意，乘筏其上，水色山光，浑然一体，可谓"曲曲峰回转，峰峰水抱流"，构成一幅碧水丹山的美丽画轴。

武夷山还是一座历史名山，南宋理学家朱熹曾驻足武夷山聚众立说 40 余载，使之成为东南地区文化圣地。现武夷山保存着 2000 年前闽越族古城城村汉城遗址以及紫阳书院、朱熹墓、架壑船棺、武夷宫、历代摩崖石刻等人文古迹。

九曲溪

九曲溪发源于武夷山自然保护区桐木关西北角，自西向东而流，全长 60 千米。九曲溪自星村头下蜿蜒于峰岩翠叠的群山之间，塑造出小武夷的绮丽景色。景区内河流全长 9.5 千米，依山而流折为九曲，溪水清澈见底，两岸千峰倒映，叠嶂葱茏，景点众多，荟萃了武夷山风景区的精华。

武夷山的最佳游程，就是乘坐竹筏畅游九曲溪。在浅滩或急流曲折的溪滩中，携亲邀友乘一竹筏顺九曲溪而下，忽而波平如镜，忽而水流湍急，忽而崖石垒垒，忽而青山夹岸，两岸美景尽收眼底。武夷山著名的山峰，全部矗立在九曲溪边，因而形成山回溪转的绝景。九曲次序逆流而数，但乘竹筏一般则顺流而下，即从星村镇出发，经九曲、八曲直到一曲。

群峰竞秀

大王峰 又名天柱峰，顶大腰细，四壁陡峭，宛若炊事员头上所戴的帽子，故又名纱帽岩。它雄踞九曲溪口，是武夷山风景区的第一峰，气势磅礴，素有"仙壑王"之称。此峰仅在南麓壁下有一条岩壁陡峭的裂隙蹬道，宽仅尺余，由此可登大王峰之巅。登上顶峰，触目即见岩壁刻有"居高思危"四个大字，确是"万丈危峰倚

大王峰

碧空，丹梯历尽险境穷"。四周古木参天，积叶铺地，极目远眺，无限风光俯瞰无余，故有"游武夷山，不登大王峰有虚此行"之说。在大王峰南麓，便是武夷山最古老的武夷宫，史载是汉武帝遣使节设坛祭祀武夷君之处。

玉女峰　曲水穿峡而过，人随晴川逆流而上，向西眺望，但见一峰突兀挺拔，岩石玉润光洁，峰顶草木簇生，似山花插鬓，姿态妖娆秀美，如出水芙蓉，这就是有名的玉女峰。峰下有浴香潭，传说是玉女沐浴之处；右侧有一圆石名"镜台"，为玉女梳妆之用。

幔亭峰　与大王峰相连，在大王峰北侧，悬崖半壁上镌有"幔亭"二字，为武夷山最大摩崖石刻，数里之外清晰可见。

大藏峰　大藏峰从水中横空出世，岩壁直立，紧依河床，半壁上洞穴内也有架壑船棺、虹桥棺、千年菁草等，堪称大藏，故名大藏峰。峰下卧龙潭碧水清澈，流霞飞翠，巨岩、幽洞和深潭被誉为"大藏三绝"。

玉女峰

接笋峰　武夷山三大险峰之一。它倚于隐屏峰之西，尖锐挺俊，形如破土而出的春笋，半腰横裂三痕，仿佛折断后又连合在一起，故名接笋峰。仰望接笋峰，危岩耸入碧空，宛如一剑劈成，登上峰顶，风光奇异，令人激情不已。

天游峰　在五曲隐屏峰后，六曲北侧，横亘数百丈，巍峨高耸，秀出群峰，常有云雾缭绕，登顶观云海，有如泛游天上。徐霞客称："其石临溪而能尽九曲之胜，故此峰应为第一也。"

三仰峰　武夷山最高峰，山体由三层单斜岩层构成，东陡西缓，似丹梯层叠，错落有致，颇见奇特之处。依高低次序排列，主者为大仰，次者为中仰，再次者为小仰。这三仰东、南、北三面均陡崖峭壁，无论站在九曲溪源还是溪尾，都可远望其巍峨之雄姿。其形如三面旌旗，皆朝向东方，迎风招展，故名三仰。三仰峰上胜景很多，有"碧霄洞"、"棋盘石"等。

人文景点

架壑船棺　架壑船棺又称"架壑船"或"悬棺"，外形像一条船，是古代一种埋葬死人的葬具，它存放在九曲溪西岸和北山的一些悬崖隙缝及山洞之中，成为武夷山中的一种奇怪的现象，为历代学者和往返游人所关注。宋代朱熹认为这是远古时代道路不通，少数民族部落就把这些船棺遗存下来。现在经过研究，对此比较合理的解释是古越人为了防止洪水冲走棺材和防止盗墓而将其安放在离地较高的悬崖绝壁上。这一带丹霞地貌特点，水平状洞穴颇多，十分适合棺木的存放。

仙钓台　峙立在大藏峰西边的仙钓台，尖峭峰岩从水中向上突起直播云空。观仰角度不同，形态亦不同，有的角度像一个头戴斗笠的仙翁，姿态怪异，临溪垂钓；有的角度却像巨大的古船，正扬帆航行。仙钓台又叫钓鱼台，峰岩石壁有石穴叫真武洞，洞内有船棺。

茶洞　茶洞面积只有数百平方米，原名叫玉华洞、外仙洞，因这里所出产的武夷岩茶品质极佳，故名茶洞。但茶洞的名声并非限于茶叶，更在于它"峥嵘深锁"的境界。其东、南、北三面皆被壁立峰岩所包围，只西向有一水流注入九曲溪。

道家圣地

秦汉以来，武夷山一带就被道家选作修炼之地。唐末五代初，杜光夜在《洞天福地记》中将武夷山列入36洞穴之一，至今仍保留有不少道院、宫观遗址。位于大王峰麓的武夷宫，曾是我国南方道教活动中心之一。辛弃疾、陆游、朱熹等文人学者先后在此主持观务，为当时九大名观之一。宋代著名理学大师朱熹，曾在小武夷建武夷精舍，从事讲学和著述。南宋末年扩建后称紫阳书院，明正统年间改名朱文公祠。现存部分建筑，并有多处历代名人石刻。

动植物乐园

武夷山自然保护区是我国东部生物最丰富的自然保护区，大量新物种的发现，也使它很早就成为世界关注的生物标本产地。武夷山现有维管束植物791科、198属、1852种，地质构造复杂，显示出南北植物交合过渡地带的特征。景区内有多种古老的孑遗种、特有种和珍稀种植物及药用植物、名贵竹类等。

武夷山自然保护区，又是庞大的动物宝库，共有野生动物400余种，可以说是动植物的乐园。

庐 山 风 景 区

有"匡庐奇秀甲天下"之誉的庐山位于江西省九江以南，北倚长江，东临鄱阳湖。据有关资料载，西周时曾有匡氏兄弟七人结庐隐居于此，故庐山又名匡山或匡庐。庐山与大江、大湖浑然一体，险峻与秀丽刚柔相济，自古以"雄、奇、险、秀"著称于世。

峰岭绵延的庐山，气势壮观，峭壁耸峙，壑深谷幽。山中的每一个景点，既充满了历史文化的鲜活灵气，又体现了自然生态的原始价值。联合国教科文组织对庐山给予高度评价："庐山的历史遗迹以其独特的方式融汇在具有突出价值的自然美之中，形成了具有极高美术价值，与中华民族精神和文化生活紧密相连的文化景观。"庐山以其雄奇秀美、丰润险峻，充满无限生机与魅力的风姿，成为我国乃至世界名山，为世人瞩目。

在这座完整的山岳型风景名胜区内，散布着50余处景点。瀑泉、山石、植物、新别墅、古建筑相互交融地分布在山峦与山谷之中，与长江、鄱阳湖相依相映，美不胜收。

庐山风光

庐山是座独特的地垒式断块山，素有"地质公园"之称。独特的第四纪冰川遗迹，使其平添几分神秘色彩。庐山又是一座天然植物园，3000余种植物分布在云山峭岭，苍翠斑斓，争奇斗妍。山麓的鄱阳湖候鸟多达百万，为世界上最大鹤群聚集场所，水天之间群鹤共栖，翩翩起舞，构成了鹤飞千点的世界奇观。

庐山作为"世界文化景观"，在中国乃至世界的风景名胜之中，其自然与文化资源丰富，价值独特，相互结合的层位之高，和谐之美，影响之大，都十分突出。

庐山是人文美深化自然美的典型。庐山的历代绘画艺术、建筑艺术等，都融汇庐山自然美的内涵。庐山历代的寺观、亭阁、楼台、桥塔等也以各具风格的造型美，装点增色着美景。庐山的历代别墅建筑，还体现了中外美学思想的和谐交融。

庐山被江湖环绕，一年中有190多天的云雾日，云气冲天，烟云之气常挟于片石孤岭间。动如烟，静如练，轻如絮，厚如毯，层层叠叠似万朵芙蓉展现，汹涌澎湃如千层瀑布倾泻，彩霞映照若万卷锦缎铺天。观赏云雾变幻的景区有含鄱口、五老峰、小天池、大天池、仙人洞等处。

自然景点

龙首崖　在庐山大天池附近，为庐山胜景中的奇绝之处。形似两块巨石，一块直立，深不见底，一块横卧其上，直插天池山腰。有人说，登庐山而不登龙首崖，可说是枉来庐山。此崖名如其景，壁立千丈，犹如龙首昂天。崖顶有松，长于石间。谷中有泉石相激声，万顷松涛声，交织入耳，如遇疾风，仿佛万马奔腾，只见松云翻滚，景状雄奇至极。古人称之为"奇艳"。龙首崖之下有文殊洞、狮子崖、方印石、百丈梯等胜迹。

五老峰　在庐山万松坪附近，海拔1436米，因五峰并列，状似五位老人，故名。五峰中以第四峰为最高，第三峰为最险。从各个不同角度望去，其形状不一，有的像老僧入座，有的似壮士昂首，也有如垂钓之渔翁、沉思之文人。五老峰因唐代李白的歌颂而名声大噪。

含鄱口　在庐山东南含鄱岭中央。左为五老峰，右倚太乙峰。海拔1200余米，为一处豁口。口上建有含鄱亭。站在亭上，可远望波涛浩瀚、水天相接的鄱阳湖，犹如"含于口中"，故名含鄱口。它的两侧和后面均有崇山峻岭，地势险要。在含鄱亭上，不仅能欣赏远处的鄱阳湖和云海、日出，还可以清晰地眺望五老峰、太乙峰以及稍远处耸入云霄的汉阳峰。含鄱口群峰簇拥，气势雄阔，它不仅将鄱阳湖含于口中，且欲气吞长江三峡，景收三楚云烟之势。

汉阳峰　在庐山东南部，为庐山主峰，终年云雾缭绕。峰呈馒头状，但很少能看到馒头之顶。因为它的顶部云笼雾绕，令人时感幽深莫测。汉阳峰顶有石砌的汉阳台，据说月明风清之夜，可观汉阳灯火，故名。台附近有黝黑石碑，刻有"大汉阳峰"四个大字。

含鄱口

三宝树　在庐山岵岭南部黄龙山谷中，靠近庐林大桥。"寺前三棵树，一树一菩提"。三株大树中，两株柳杉，一株银杏。三树以高大、粗壮、奇特而傲立于诸林。相传为晋僧昙诜所植，迄今已逾1500余年。

庐山瀑布 "匡庐瀑布，首推三叠"。三叠泉又称三级泉。泉水自大月山流下，由五老峰东飞流而下，飞泻于大盘石上，折而复聚，汇为三叠。三叠总长达 300 多米，如一幅晶莹夺目的珠帘悬于长空，上叠如飘雪拖练，中叠似碎玉摧冰，下叠若银龙跃潭，为庐山第一奇观，故有"未到三叠泉，不算庐山客"之说。庐山还有黄岩、先开瀑、乌龙潭、黄龙潭等瀑布。先开瀑分东、西两路，西路从山顶直泻而下，悬挂在香炉峰和双剑峰之间，高达几十米，犹如银河倒挂，唐朝诗人李白写下了《望庐山瀑布》著名诗篇：

庐山瀑布

日照香炉生紫烟，
遥看瀑布挂前川。
飞流直下三千尺，
疑是银河落九天。

人文景点

白鹿洞书院 在庐山五老峰谷中。南唐时将此建为"庐山国学"，与金陵国子监齐名。南宋淳熙六年，南宋理学家朱熹复兴御书院，成为理学圣地，古代四大书院之首。是中国古代教育的圣地，并有完备的宗教文化。现存礼圣殿、御书阁、明伦堂、枕流桥、碑、思贤台、延宾馆等历史建筑。

武当山风景区

武当山地处湖北省十堰市丹江口市，旧称太和山、仙石山、玄岳山。它源于陕西省秦岭，是大巴山脉向东延伸的余脉，绵延起伏，有七十二峰、三十六岩、二十四涧、十一洞、十池、九泉、九井等胜境，其他众多奇峰异景环绕天柱峰，形成"万山来朝"之势，蔚为壮观。主峰天柱峰海拔 1612 米，居 72 峰之首，被誉为"柱擎天"。全山层峦叠嶂，谷险峰奇，既有泰山之雄、华山之险，兼具有黄山之奇和庐山之秀，故宋代大书画家米芾誉武当山为"天下第一山"。

武当山植被完整，植物资源丰富，仅明代药学家李时珍所著《本草纲目》中记载的1800种中草药有600种以上选自武当山，故武当山有"天然药库"之称。

武当山风景区将自然景观与人文景观融为一体，不仅风光旖旎，而且是我国一座历史文化宝库。相传上古玄武修仙得道飞升之地，有"非真武不足当之"，故名。武当山作为中国著名的道教圣地，历代道教先人曾在此修炼。据传周代已开始有人在此结茅修炼。唐太宗贞观年间即在灵应峰创建五龙祠，至宋、元，建筑规模不断扩大。明成祖朱棣崇道教，于永乐十年敕建宫观，至永乐二十一年最后竣工，从而形成了九宫、九观、七十二岩庙、三十六庵，建筑面积达160多万平方米，其规模之宏大，构思之巧妙，雕刻之细腻，技艺之精湛，风格之独特皆为罕见。特别是所有建筑的布局都巧妙地利用了峰峦岩涧和奇峭幽壑，更给人以庄严威武和玄妙神奇之感，这以后历代帝王多有扩建和修缮，于是就形成了明代洪翼圣诗中所言"五里一庵十里宫，丹墙翠瓦望玲珑"的宏伟规模。武当山整个建筑体系按照政权和神权相结合的政治意图，既体现了政权的威武庄严，又体现了神权的玄妙神奇，创造了自然美和人文美高度融合的山岳景观。

山岳建筑

武当山现存主要宫观有金殿及太和宫、南崖宫、五龙宫、紫霄宫、玉虚宫、遇真宫、复真观、元和观等六宫二观。此外，还有磨针井、玄岳门等建筑。

武当山金殿

遇真宫 位于玄岳门西约0.5千米。建于永乐十五年。现存主要建筑基本完整。真仙殿为庑殿顶式，遗存元代营造手法。殿内供张三丰铜像，风姿飘逸，极富仙风道骨。

复真观 武当山八宫二观之一，建于明永乐十二年。观内建筑风格奇特，夹墙复道，迂回曲折，空间的分割组合幽深莫测。观内主要建筑有祖师殿、皇经堂、五层楼等。

紫霄宫 建于明永乐十一年，在天柱峰东北展旗峰下，是武当山保存最完整的一组规模巨大的古建筑群。从宫门、碑亭、崇台到大殿，数百级宽阔的石阶层层向上，层层崇台依山叠砌，殿高宫深，鳞次栉比，红墙翠瓦，放眼望去，庄严静穆，颇具皇家道场的雄伟气派。

紫霄宫中轴线上建有龙虎殿、紫霄殿、父母殿等建筑。其中，主体建筑紫霄殿重檐九脊，面阔五间，建于三层崇台之上，平台宽阔，雕栏重绕。殿内斗拱藻井大小不一，层次多变。整体装饰，富丽堂皇，宏伟壮观。殿内有高约 3 米的"真武帝"铜铸坐像和各种泥塑神像，其艺术手法细腻明快，风格朴实，形象逼真，栩栩如生。

南岩　在武当山紫霄宫西约 2.5 千米处，为武当山一绝，是三十六岩中风景最美的一处。这里峰峭岭奇，林木葱郁，上接云天，下临绝涧，风景奇绝。南岩绝壁之上有一石殿，名曰"天乙真庆宫"，建于元延祐元年，全部为石砌仿木结构，是一座巨大的石雕艺术珍品。殿中供奉着"三清"塑像，神态肃穆，气韵生动，壁间环列五百铁铸灵官，形态逼真，极其生动传神。

金殿　俗称金顶，在武当山最高峰天柱峰顶，建于明永乐十四年。殿面阔、进深均为三间。殿体全部是铜铸镏金，仿木建筑，重檐庑殿式。殿内神像、几案、供器均为铜铸，真武帝铜像高大魁伟。真武像旁，侍立金童、玉女等水、火二将，均为铜铸，眉目传神。殿体结构严谨，无铸凿痕迹，虽经 500 年雷电风雨，仍熠熠生辉。登上金顶，可观日出，赏云海，还可俯瞰丹江水库。

磨针井　其是一座布局紧凑、纤巧玲珑的小型道院。宫前立两根铁杵，乌黑发亮。传说"铁杵磨绣针，功到自然成"的故事就发生在这里。传说古代净乐国有一太子入山学道，因心志不坚，欲出山还俗；途中遇见一老婆婆在井边砺磨铁杵，因问磨杵何用，答曰：欲磨杵成针，并释言"功到自然成"的道理。太子始感悟，复入山苦修，终成正果。磨针井之名，由此而得。这位老婆婆，传说是道教玉虚圣祖紫玄君之化身。

武当武术

武当山为道教名山，是享誉中外的武当拳发祥地，武当山武术是中国武术的泰山北斗，是全人类极为珍贵的文化遗产。

武当武术是中华武术一大名宗，素有"北崇少林，南尊武当"之说。武当拳相传为张三丰所创拳术，"以静制动，以柔克刚"、"行如蛇，静如羽"，尚意不尚力，以养练功，防身保健，可延年益寿，祛病御疾，是全人类极为珍贵的文化遗产。

峨眉山与乐山大佛

峨眉山耸立于四川盆地西南边缘的峨眉山市境内，是集自然风光与佛教文化为一体的山岳型风景名胜区，有"峨眉天下秀"之美誉。雄、秀、神、奇的自然风光，独特的地质地貌，丰富的动植物资源，悠久的佛教文化令峨眉山著称于世。

峨眉山山体巨大，气势雄伟，纵横绵延达数十千米，像一道巨大的翠屏，耸立在成都平原上，遥望弯曲柔美的山体轮廓，犹如少女的面容和修眉，于是人们很早就称其为"峨眉"。唐代大诗人李白曾咏诗赞曰：

峨眉山月半轮秋，

影入平羌江水流。

夜发清溪向三峡，

思君不见下渝州。

登临峨眉金顶，绝壁凌空，高插云霄，巍然屹立，可观云海、日出、佛光、圣灯四大奇观；西可极眺皑皑雪峰，东可俯瞰莽莽平川，气势雄而景观奇；中部群山峰峦叠嶂，含烟凝翠，飞瀑流泉、鸟语花香，草木茂而风光秀。

峨眉山具有多雨、多雾的独特气候，日照时间少，且山下、山上温差在 15℃ 左右，所以，素有"一天有四季，十里不同天"的说法。特别是其地处世界生物区系的结合和过渡地带，地质地貌独特，生物土壤气候垂直带明显，拥有丰富的动植物资源，其中有高等植物 3200 多种，有动物 2300 多种，素有"植物王国"和"动物乐园"之称。

峨眉山古建筑

佛教道观

峨眉山是普贤菩萨的道场，是中国佛教四大名山之一，内含丰富的历史文化和佛教文化遗存，人称"佛教天堂"。山上有各具特色的古刹 30 多处，四季晨钟暮鼓不断，香烟迷漫缭绕。著名的道刹有报国寺、伏虎寺、雷音寺、万年寺、仙峰寺、洗象池、清音阁、洪椿坪等。

报国寺　位于峨眉山麓，是峨眉山最大的一座寺庙，又是登山的大门，其寺始建于明代万历年间，于清康熙年间重建。寺内佛殿分为弥勒殿、大雄宝殿、七佛殿和藏经楼四重。倚山而建，一殿高过一殿，其中七佛殿最为雄伟高大。其中报国寺中有三件珍宝：一为七佛殿内的一尊巨型彩釉瓷佛；二为紫铜"华严塔"（今在伏虎寺）；三为明代所铸的大铜钟。

伏虎寺 出报国寺左行 1000 米过虎溪三桥，可到伏虎寺。寺初建于晚唐，清顺治时重修。据说是为防止猛虎为患，故取名为伏虎寺。伏虎寺地处密林之中，但屋顶从来不积存残枝落叶，此乃一大奇观现象，康熙曾赐题"离垢园"。寺内佛殿也分为四重，其中著名的五百罗汉堂是伏虎寺的主要殿堂之一。

万年寺 始建于晋，后又多次修建，明万历时钦赐"圣寿万年寺"，由此而得今名。它为峨眉山六大古寺之首。寺内分七殿，其中无梁砖殿内有一尊铸于宋代的铜铸普贤菩萨像，高 7.5 米，重 6.2 万千克。万年寺还有三件珍贵文物：一是梵文贝叶经；二是"佛牙"；三是"万历御印"。

清音阁 清音阁修建在白龙江和黑龙江之间的山梁上，凌空高耸，造型险峻。唐代乾符四年初建，原名集云阁，清康熙时重修，改名为清音阁。两江水流汇合处有一大石，名曰"牛心石"，水流击石，浪花四溅，如飞花散玉，水声清晰悦耳名曰"双桥清音"。

洪椿坪 是峨眉六大古刹之一。初建于明代天顺年间，明末扩建，筑殿四重，遂成大刹。因寺外有数株洪椿树，而易名洪椿坪。洪椿坪群山环抱，林木苍翠，景色宜人，空气清新，是山中最佳避暑胜地。伫立这里可欣赏到峨眉十景之一的"山行本无雨，空翠湿人衣"的"洪椿晓雨"。

峨眉金顶

金顶海拔 3000 多米，为峨眉山顶一小平原，登上金顶，极目远眺，顿感万象排空，气势磅礴，大千世界尽收眼底。金顶是观赏峨眉山"日出、云海、佛光、圣灯"四奇的最佳处所。金顶寺庙始建于东晋。正殿瓦栓、门、窗铜掺金建造，在阳光下金光闪闪，故名金殿。金殿是外国僧人妙峰禅师在明万历三十年修建，神宗赐额"永明寺华藏寺"。后几经火焚，现所见金殿，为 1984 年重建。殿内供奉一尊铜质普贤骑象，属于一件难得的艺术珍品。

佛光是峨眉山第一大奇观，也是峨眉十景之首的"金顶祥光"。当晴朗的午后或夕阳斜照之际，在金顶上俯瞰，有时会看见五彩光环浮在云

峨眉金顶

端，自己的影子也正好在光环之中，人移影随，颇为有趣，人们把这种奇妙光环叫"佛光"。佛光是太阳斜射空气悬浮的水滴而形成的彩色光环，是一种奇妙的自然景象。

峨眉日出景色十分壮丽。清晨，在金顶下望，只见云雾似海，汹涌澎湃。瞬间，从红色波涛海浪中跃出一抹金黄的光环，先如峨眉，渐如新月；当红日快要升离云海之际，射出万道金光，别是一番景象。

峨眉云海令人心襟动荡。雨过天晴，风起云涌，酷若无涯海面，有时微波起伏，似是风平浪静；有时却似薄纱罩，群峰时隐时现，人站在金顶，宛如在云海中的孤岛之上，随云海漂浮，如入仙境。

峨眉圣灯别有韵味。在没有月光的夜晚，在峨眉山顶有时会看到山间突然一光如豆，继而数点如莹，逐渐增至百千，悠然飘忽，弥漫山谷，好像菩萨撒下夜光珠，所以僧人称为"佛灯"，又称"圣灯"。实际这是由峨眉山磷矿石遇到适宜的温度燃烧而发出的绿光。

乐山大佛

"游峨眉必朝大佛，朝大佛必游峨眉"。乐山大佛风景区与峨眉山遥遥相对，它以精粹的文化遗产和丰富的自然遗产有机结合为特色，以"极世界佛像之大"的乐山大佛闻名于世。乐山大佛始建于唐玄宗开元元年，由凌云寺名僧海通发起建造，历时90年，其工程浩大，令人叹为观止。

乐山大佛

乐山大佛坐落于乐山城东的岷江、青衣江、大渡河三江汇合处的凌云山下，故又称凌云大佛，是一尊依山凿成、背负九顶、举世无双的坐佛。大佛通高71米，雍容大度，气势磅礴，仅其一双脚背就可坐数十人，有"山是一尊佛，佛是一座山"之称。乐山大佛慈祥端庄，继承了印度佛像传统。佛像两壁有唐代石刻佛像90余龛，堪称艺术佳品，极具研究价值。

乐山大佛不仅体型巨大，且雕塑艺术高超，比例适宜，结构匀称，佛体头部和身上都巧妙地设立了富含科学原理的排水系统，以避免水流冲蚀，减弱风化。

乐山大佛风景区除了摩崖造像乐山大佛外，还有秦蜀郡守李冰等开凿的离堆——乌尤山，汉代崖墓群、唐宋佛像、宝塔、寺庙、明清建筑等多处文物古迹。

在乐山市区东侧江面上有一隐形巨佛，由乌龙、凌云和龟城三山构成，全身长达4000多米。它仰卧水上，气势雄伟，体态匀称，形象端庄，如从乐山城东的轮船公司码头望去，只见乌龙山为佛首，其眉眼清晰可见；云山为佛身，肢体自然分明，其身形神态之酷似，堪称天下一绝。

九 寨 沟 风 景 区

九寨沟位于四川省西北部阿坝藏族羌族自治州九寨沟县境，是长江水系嘉陵江源头的一条大支沟。因其沟内建有树正、日则沟、则查洼等九个藏族村寨而得名。沟中地僻人稀，风物景观极富原始自然风貌，被称为"童话世界"。

九寨沟以翠海、叠瀑、彩林、雪峰、藏情这五绝而驰名中外。九寨沟景区面积720平方千米，是世界罕见的集湖泊、瀑布、溪河、滩流、雪峰、森林综合为一体的山岳名胜区与自然保护区。

九寨沟的风景在水，沟内有成梯级分布的大小湖泊100余个，被当地人称为"海子"，多数为钙化湖泊。这些大小不等、形状各异的海子，因其水清澈如镜，水中植物种类和湖底沉积物不同，而水色各异，波光涟漪，随光照角度，四季交替的变化而呈不同的色彩和风韵，湖泊之间有17个瀑布群、11段激流、5处钙化滩流相串相连，形成中国唯一、世界罕见的以高山湖泊群、钙化滩流为主体的自然景观。

九寨沟原始森林密布，动植物资源十分丰富。其中有国家一类保护动物牛羚、大熊猫、金丝猴，是珍稀动植物的天堂。

九寨沟藏羌文化独具魅力，九寨沟艺术团推出的藏羌风情歌舞晚会文化内涵丰富，成为九寨沟的另一道风景线。

九寨沟现规划为树正沟、日则沟、则查洼、曲溪藏寨等多个景区。

九寨沟风光

树正沟景区

树正沟为九寨沟主沟，长约 14 千米，被誉为九寨沟景观的缩影。有盆景滩、卧龙海、芦苇海、火花海、树正瀑布、犀牛海和诺日朗瀑布等景点，是九寨沟海子、瀑布分布最多的地段。景点有卧龙海、犀龙海、树正瀑布和诺日朗瀑布等。

卧龙海　位于树正沟火花海叠瀑群下，水平如镜，清澈透明。水中枯木参差，积年不腐，钙化后玉枝舒展。在湖底有一由乳黄色的碳酸钙沉积物凝结而成的水下泉华堤，宛若一条巨龙偃卧在湖底，山风掠过，摇曳欲飞，栩栩如生。

犀牛海　传说古时西藏有一位叫格萨尔的王子骑一头犀牛游历至此，因迷恋此处，而驱犀牛下海，永留海里，成为此处海神，故名犀牛海。犀牛海湖面宽阔，湖水碧蓝，俯视可见云山叠嶂、树影婆娑，真可谓"树在水中生，水在树上游"。

树正瀑布　位于树正寨附近，400 多个海子组成一组浩大的瀑布群，绵延7000 米而成。主瀑宽 30 多米，落差 20 余米，瀑水从六七米高的悬崖奔泻而下，浪花腾空，如珠似玉，不断升起淡蓝色雾霭，瀑壁的岩石把瀑水拉开成一道道洁白的水柱，卷起一簌簌晶莹的玉珠。仰视飞瀑，急湍奔流，似天河中开，如雷霆在顶。

诺日朗瀑布

诺日朗瀑布　位于树正沟尽端，是九寨沟最宽宏大气、神奇迷人的瀑布。瀑布宽 300 米，呈多级下跌，南段水势汹涌，澎湃咆哮，北段水势悠悠荡荡，如展开的扇面垂下，轻盈妩媚。瀑水从繁茂青翠的林间漫流而下，形成罕见的"森林瀑布"奇观。入冬之后，寒气袭来，飞泉凝固，洁白透明，又宛若玉琢冰雕的水晶宫。

日则沟景区

从主沟树正沟尽端开始，向西侧岔路走去便是日则沟。日则沟长约 900 米，沟内湖泊飞泉众多，著名的有镜海、珍珠滩瀑布、熊猫海、五花海、箭竹海等。

镜海　又名静海，位于日则沟沟口，以水面平整如镜而闻名。每到五、六月份，树木丛生，百草丰茂，山花争艳，湖光月色，倒映水中，人称"玉海琼珠"。到了秋天，泛舟湖上，蓝天、白云、雪峰倒映在碧透的水中，如临画中。寒露以后，湖山滴红流金，各色树木及山果掺杂在黛绿的松林之间，聚集倒映在镜湖中，随风摇摆，斑斓多姿，令人陶醉。

珍珠滩瀑布　由上部的珍珠滩和下部的大瀑布组成。水流漫过斜坡撞击滩石，激起无数水花似万千璀璨的珍珠，剔透无瑕，故名为珍珠滩瀑布。瀑水顺着扇形钙化滩面急速奔流，沿峭壁倾斜而下，如崩山堆雪，飞花碎玉似倾倒出万斛珍珠，跳动不息，珠光四射。

熊猫海　湖水碧蓝晶莹，清澈涤透，宛如一块巨大的翡翠置身于繁花茂林之中。成群的叶子鱼在湖中穿梭游

箭竹海

行，偶尔微风吹来，湖面荡漾，更添几分情趣。过去常有熊猫来此饮水，饮后嬉戏于此，故名熊猫海。

箭竹海　与熊猫海相连，湖面开阔，湖水清澈见底，常有溪水流入，形成百余米的淤积地带。每至盛夏时节，芳草鲜美，飞鸟啼鸣，流水潺潺；浅水沼泽部分，不时有野鸭嬉飞，鸳鸯结伴怡游。此处植物种类丰富，尤其箭竹丛生，故名箭竹海，是熊猫栖息的乐园。

五花海　五花海形如卵圆形，位于日则沟景区的中心位置。湖水碧绿晶莹，有如玉液琼浆。湖底的水藻与沉积物，经阳光反射，呈现出缤纷的色彩。特别是海子的上部像孔雀的彩屏，下部河湾状如孔雀头顶，岸边古松恰似孔雀头上的花翎，故五花海有"九寨沟一绝"和"九寨沟精粹"之誉。峰峦绿树，蓝天、白云倒映水中，湖底色彩步移景异，变幻万千。

则查洼景区

长约17千米。湖泊虽比不上树正沟和日则沟多，但这里的湖泊却是九寨沟最美的湖泊，正是"人间瑶池"之所在，美不胜收。景点集中在沟的尽头，主要有季节海、五彩池和长海。

季节海　进入则查洼，首先看到的便是季节海，季节海有上季海和下季海两部分。湖底色彩斑斓，且景色多随季节而变化，故名季节海。湖畔树木丛生，百草丰茂，与清澈的湖水相映生辉，别有秀色。

五彩池　从季节海上行便是五彩池，池边光滑的黄色石灰化岩石，一块块倒映在碧蓝晶莹的池水中，像是用翡翠玉盘盛着琼浆玉液。池中因有原生藻类植物，经阳光照射，池水呈现出五彩斑斓的瑰丽景象，故名为五彩池。

长海　位于则查洼东端，是九寨沟最大最深的湖泊。周围山峰终年积雪，沿岸绿树幽深，景色四季不同。长海没有出水口，排水靠蒸发和向地下渗透，雨季湖水不溢堤，旱季海水也不干涸，故当地藏民称长海是"装不满、漏不干的宝葫芦"。湖泊四周青山环抱，森林茂密，湖水呈蓝色，湖面蒸腾起淡蓝色雾霭，雪山、白云倒映湖面，景色粗犷质朴、幽静典雅。

黄 龙 风 景 区

地处四川省阿坝藏族羌族自治州松潘县境内，面积700平方千米，以彩池、雪山、森林、峡谷、瀑布著称。景区由黄龙沟、火焰山、丹云霞、雪宝顶、牟尼沟五部分组成。因主景区黄龙沟宛如一条金黄巨龙，蜿蜒奔腾于茫茫林海、皑皑雪峰之间，故名"黄龙"。有诗赞曰：

玉障参天，一经苍松迎白雪；

金沙铺地，千层碧水走黄龙。

黄龙沟距松潘县城约35千米，是终年积雪的雪宝顶下的玉翠山中一条长约七八千米的沟谷。沟谷内遍布碳酸钙化积体。钙化体上，分布着大大小小的

黄龙风光

3400多个钙化彩池和长达2.5千米的巨大钙化滩流以及数不清的钙化瀑布、钙化洞穴。清冽的雪水沿钙化体漫流而下，层层跌落，注入涪江源流。层层彩池，莹红澜绿，如鱼鳞堆叠，似梯田层列，呈八组分布，有的流水叮咚，有的争奇斗艳；条条钙滩，晶莹剔透，飞珠溅玉；道道梯瀑，泻翠流银，

曲折蜿蜒，犹如一条黄龙盘旋而上，直趋谷端的雪宝顶。这景色与传说中的中国女神之西王母的住所可以比拟，享有"人间瑶池"、"世界奇观"之誉。

黄龙风景区不仅以独特的地表钙化岩溶风光闻名于世，也以丰富的动植物资源享誉中外。从黄龙沟底部到山顶，依次分布亚热带常绿和落叶阔叶混交林、针叶阔叶混交林、亚高山针叶林、高山灌丛草甸等；绿树丛林中，可见大熊猫、

金丝猴到溪边饮水嬉戏。特殊的岩溶地貌与珍贵的动植物资源相互交融，浑然天成，构成黄龙景区雄、峻、奇、秀、野的独特景象。

黄龙景区主要名胜景点有黄龙寺、牟尼沟、五彩池、争艳彩池、飞瀑流辉、红军长征纪念馆、洗身洞、盆景池、映月彩池、龙背流金瀑、石塔镇海池、转花玉池等。

彩色梯湖

迎宾池　迎宾池位于黄龙沟南入口处，又名洗花池。由大小不等、形状各异的池子组成一体，顾盼生辉；四周苍松翠柏，碧柳垂枝，风景如画。盛夏山花烂漫，彩蝶纷飞，鸟雀相鸣，仿佛热烈地欢迎中外客人的到来，故名为迎宾池。

盆景池　在迎宾池群北，由多个彩池组成，每个彩池的池壁和池底都是由乳黄色的石灰岩溶液凝聚而成。池中长着各种小古松、古柳等，花木倒映池中，妖娆多姿，妩媚动人，形似一盆盆争奇斗艳的人造盆景。

争艳彩池　由658个彩池组成，因同是一样源头水，但色彩分明各不相同，故而得名。其规模庞大，色彩丰富，居黄龙诸彩池之冠。彩池大小各异，形状不一，晴天泛红荡绿，雨天亦是别具佳景。争艳彩池风景如画，令人流连忘返。

石塔镇海池　位于黄龙沟北部，靠近沟的顶端，三面环山，谷地开阔。在平坦开阔的溪谷中分布着上百个玲珑剔透、水色不同的彩池，错落有致，盈盈池水，溢出堤岸，彩波交织，相映成趣。而在池群中因有一石柱，犹如一座巨塔建在其中，故美其名曰"石塔镇海池"，又因其变幻难测，被人冠以"人间瑶池"之美。

黄龙瀑布

飞瀑流辉瀑布　由迎宾池群高山之上顺流而下，海拔3230米；落差14米，横宽68米。千层碧水飞泻而下，似万马奔腾，水珠飞溅，阳光映照水波下，呈现

黄龙瀑布

万道彩虹，绚丽耀目，令人感到变幻莫测，瑰丽神奇。

水帘瀑布　又名金洞洗身瀑。从飞瀑流辉瀑布继续往前走，迎面便可见此

瀑。瀑布从金黄色的钟乳石壁上直泻而下，将钟乳石壁腰的溶洞遮蔽，故名"水帘瀑布"，其下有钙化滩流与之相连，动静兼备，色彩各异，相映生辉。

牟尼沟景区

牟尼沟位于松潘县城以西约30千米处，可分为扎尕大瀑布、二道海和翡翠矿泉湖三段景区。

此处几乎汇集了自然景观的主要形态：森林、湖泊、瀑布、草甸、温泉、溪流、溶洞、山峰、谷地等自然景观。尤其是山顶白雪皑皑，湖中雪山倒映，山麓林木葱茏，环境恬静清雅。动植物资源十分丰富，是旅游观光和科学考察的首选之地。

黄龙庙会

黄龙后寺在黄龙沟顶，背倚玉翠峰，面朝黄龙谷，古朴幽雅，是一座三层重檐歇山式结构建筑，高15余米。前门楹联：

风声雨声钟鼓声，声声自然；

山色雪色湖烟色，色色皆空。

此联述景、寓意相结合，韵味浓厚、深远。门额正视为"黄龙古寺"，右视为"飞阁流丹"，左视则为"山空水碧"，令人啧啧称奇。

黄龙庙会于每年农历六月举行，届时，四面八方的藏、羌、回、汉等民族群众扶老携幼、肩挑马驮、盛装载食从青海、甘肃等地来相聚。

庙会

当地藏羌民众把黄龙寺奉为佛教圣地。每年都在这里举行黄龙寺庙会。放眼望去，沟内帐篷连营，火光通明，喜庆热闹，歌舞升平。真可谓"香火万家朝六月，羌歌氐舞杂喧阗"，黄龙庙会已成为当地群众每年一度的物资交流盛会。

红军纪念碑园

距松潘县城15千米，园内主要景观是栩栩如生的群雕及灿烂辉煌的"金碑夕照"。纪念碑树立在雪山草地，寓意为"雪山草地树丰碑"，碑顶端塑红军铜像：一手握鲜花，一手握枪，两臂高高举成"V"形，象征万里长征的伟大胜利。碑体用铜合金贴面，呈三角形，象征着第一、第二、第四方面军三大主力北上抗日，无坚不摧的英雄气概。雕群规模雄伟，气势磅礴，新中国成立后川北人民为纪念中国工农红军两万五千里长征而建。

万 里 长 城

万里长城是人类历史上的奇迹之一。它像一条巨龙横亘在中国北方辽阔大地上，它是中国古代最浩大的军事防御工程，穿草原、越沙漠、傍黄河、攀高山，东饮渤海之涛，西抵千里戈壁。漫漫黄河掩不住它矫健的身躯，滔滔大海更衬出它巍峨的雄姿。这一伟大工程，起于春秋，历经秦汉及辽金，及至元明，跨越时空 2000 余年，纵横疆域 5 万余千米。据美国首次登上月球的宇航员报道，从太空中回望地球，中国长城是地球上人工构筑物最为明显的标志，这一举世无双的宏伟建筑，堪称世界奇迹之最。

长城承载着中华上下两千年的丰富历史，凝聚着中华先民的勤劳智慧和聪明才智。它不仅是中国古代文化的象征，更是中华文明的骄傲。古往今来，许多游客都以游览万里长城为人生之快慰。"不到长城非好汉"，毛泽东的诗词名句已成为中外游人的共同心声。

长城的历史，可以追溯到 2500 多年前的春秋战国时期。当时为防御外来侵略，许多诸侯国开始在边境建造数百里或上千里的不封闭的城墙，这种城墙就是最早修建的长城雏形。公元前 221 年，秦始皇统一六国后，将原有北方的秦、赵、燕三国长城连接起来并加固、增建，西起临洮（今甘肃岷县），东达辽东，长万余里，形成当时的"万里长城"，万里长城之名也由此而得。

汉代，北方游牧民族经常南下掠扰农耕地区，于是中原统治者扩建延伸并修筑了障、城、亭、燧等军事防御设施。汉长城东起辽东，西到盐泽（今新疆罗布泊）及至新疆西部，全长超过 2 万里，当时丝绸之路有一半路程就沿着这条长城西行。汉代是历史上修筑长城最长的一个朝代。明代为防御北方蒙古族、女真族的侵扰，因此几乎没有停止过对长城的修筑。据记载，仅从朱元璋建国号的第一年起到弘治十三年就大规模修建长城近 20 次。

长城作为中国古代重要的防卫工事，经过北魏、北齐、东魏、北周、隋、辽、金、明等各个历史阶段的不断营造，尤其是明代 200 多年间浩大的长城修筑工程，使其西起甘肃的嘉峪关，东到辽宁的鸭绿江边，全长 6740 千米。我们今天看到的长城，多是指明代长城。

长城的主体工程是绵延万里的高大城墙，长城沿线还因地理位置的重要程度建成规模不等的其他各类军事防御设施，如关、城堡和烽火台等，满足驻兵、屯粮、防卫、藏武器和军事传递的各种需要。

长城是农耕民族与游牧民族两大经济区域文化碰撞与融合的历史产物，在推动中原地区经济发展及文明进程，稳固统一多民族国家的形成与发展，保障中西交通要道"丝绸之路"的畅通中起到了空前的推动作用。历史在前进，时代在发展。今天的长城虽已失去了昔日的功能，但作为中华民族古老文化的丰碑，它与埃及的金字塔、罗马的斗兽场、意大利的比萨斜塔、巴比伦的空中花园等被誉为世界七大奇迹，象征着中华民族强盛不衰的民族精神。

山海关长城

山海关素有"天下第一关"的美誉。位于河北省秦皇岛市东北 15 千米处，是中国华北与东北交通必经的关隘。明洪武十四年，明开国大将徐达在此建山海卫，并加固长城，建造关隘，取名"山海关"，素有"两京锁钥无双地，万里长城第一关"之说。

山海关的北面万山重叠，气势雄伟，长城从山上蜿蜒而下，与关城相接。关城为四方形，设四门，各门均筑有城楼。东门面向关外，名镇东门。城上建有一座双层箭楼，上层悬挂"天下第一关"匾额。登上城楼，东观大海，波光天际；北望长城，蜿蜒山巅，仿佛直入云端。

在山海关城东 6 千米的凤凰山顶上有著名的姜女庙，是宋代人们根据孟姜女哭长城的传说而建造的。庙内祭面带愁容的彩绘孟姜女泥塑像。庙后有望夫石，传说是孟姜女寻夫之地。

八达岭长城

八达岭长城是万里长城的精华，它以其雄伟壮丽的自然景观、丰富浓厚的文化内涵，成为长城最杰出的代表。八达岭长城宛如蛟龙，盘旋卧于北京西北 80 千米的延庆县境内，群山峻岭之间，形势壮观，气势雄伟磅礴。历史上八达岭长城是护卫京城的最重要的关隘，素有"北门锁钥"之称。从明代洪武年间到万历年间前后修筑达 18 次之多。八达岭南通北京，北往延庆，西连宣化、大同，因其四通八达，故称八达岭。

八达岭长城秋色

八达岭长城以瓮城为中心，长城墙体由巨大整齐的条石筑成外壁，平均高 7.8 米，最高处达 14 米，墙基宽 6.5 米，顶宽 5.8 米，城上设有砖砌宇墙和垛口以及敌楼、墙台。关城设有东、西二门，西门上题"北门锁钥"；东门上题"居庸外镇"。八达岭长城是居庸关的外口。

自古以来就是交通要道和军事重地。几千年来的风雨沧桑留下了丰厚的历史文化遗产。现此处建有我国清末铁路工程专家詹天佑铜像和纪念馆、中国长城博物馆与八达岭野生动物世界等。

居庸关长城

位于北京市昌平区西北部。据《吕氏春秋》载，秦始皇修长城时，称劳役犯人为庸徒，集中迁居于此，称为阝居，后取名居庸关。

居庸关是长城主要关隘，是古代北京西北军事防御重地，明代更把其当

居庸关

作护卫京师西北门户。现在的居庸关长城建于明洪武元年，城垣西至金柜山巅，东达翠屏山。居庸关城内遗存一过街塔基座，又称云台，建于元至正五年，云台用大理石砌筑，正中辟券门。券门和券洞上有元代精美佛教图像的石刻。台顶四周的石栏杆望柱、栏板和挑龙头等都保持元代建筑风格。

历史上居庸关就以景色秀美闻名。金代曾以"居庸叠翠"被列为燕京八景之一。登上关城半山亭远眺，西边金柜山长城，如蛟龙腾跃，直冲云空；东边翠屏山长城坐落在河套里，依山盘旋，跨高速公路而过；周围还有九仙山、桦木峰、银洞崖、妙沙沟等回环拱卫，城下深谷长涧碧流，林木葱茏。突显居庸叠翠之精华——叠岭、重峰，山黛千叠，清碧凝翠，莽莽苍苍。

慕田峪长城

慕田峪长城位于北京市怀柔区。据史载，北齐时曾在此修筑过长城，明朝开国大将徐达在北齐长城遗址上重新修建。城关建筑独特，敌楼密集，关隘险峻，城两侧都设有垛口。东南面三座敌楼巍然建成在一正关台之上，为长城的建筑独特之处。慕田峪长城依山就势构筑，其势险峻峥嵘，如巨龙飞腾盘旋，使人赞叹不已，素有"万里长城慕

慕田峪长城

田峪独秀"之美誉。风景区内群山环抱，清幽静谧，山谷流泉不绝，这里春季百花吐蕊洒芳，争奇斗妍；夏季满山翠绿，流水潺潺；秋季红叶漫山遍野，景色宜人；冬季白雪皑皑，分外妖娆。

司马台长城

在北京密云县东北与河北滦平县交界处。始建于明洪武初年。其建筑有"中国长城之最"之称。整段长城设计奇特，有敌楼多达30多座，座座形态各异，结构独特，其中望京楼海拔986米，登临其上，可东望"雾灵积雪"，西观"卧虎蟠龙"，南瞰"水库明珠"，北眺"燕山叠翠"。司马台长城景区自然景观独特，天梯、天桥、天池、鸳鸯泉等自然景观与长城人文景观交相辉映。

金山岭长城

位于河北省滦平县与北京市密云县交界地带。史料记载，北齐、五代、辽、金时代就曾设置关隘和修筑城墙。明永乐八年在前代长城基础上重新修筑。不久，明隆庆二年，戚继光和其胞弟戚继美又再一次主持修筑。

金山岭长城气势雄伟，建造艺术精粹，堪称我国万里长城的精华。其中尤以敌楼设计巧妙，造型多样。敌楼有方形楼、圆形楼、扁形楼、拐角楼，有平顶式、穹隆顶式、船篷式、四角钻天式、八角藻井式，可谓千姿百态，体现了建筑风格的多样化。

黄崖关长城

黄崖关长城以自然景观雄、险、秀、古以及人文景观新、奇、幽、雅而著称。位于天津蓟县，始建于北齐天保七年，明代又加固大修，并增建敌楼和烽火台。全段长城建在陡峭的山脊上，关隘东有悬崖为屏，西以峭壁为依，历来为京东军事要地，被誉为"蓟北雄关"。此地战台敌楼、水关烟墩、古寨营盘等各项防御设施完备，并有凤凰楼、北极阁、长城碑林、名联堂、博物馆和布局精巧的八卦关城。近年来又兴建了水上游乐场、长寿园、八卦迷宫游乐园等设施，开辟了王帽顶旅游小区。

嘉峪关长城

嘉峪关是现在长城诸多关城中保存最为完好的一座。位于甘肃省嘉峪关市西，古称河西第一隘口，是著名丝绸之路的必经之路，也是明代万里长城的西部终点。

嘉峪关长城，南靠终年积雪绵延千里的祁连山；北倚龙首山、合黎山与祁连山对峙；西接玉门关。明代征虏大将冯胜奉令追歼元朝在河西走廊残余势力，

嘉峪关

得胜后为巩固边防，见此峡谷像个瓶口，易守难攻，认为此处为咽喉之地，便在明洪武五年奏请明皇帝批准在此建造关隘，留下了扼守河西走廊的第一要隘——嘉峪关。

关城呈梯形，东、西城垣设门，城门悬"嘉峪关"及"天下第一雄关"匾额。两门上筑有对称城楼，城四角各建一座角楼，南北城墙中段各有一座敌楼，西有砖砌罗城，东、南、北三面筑有围墙，南北连接长城。城楼、敌台和垛口为砖包砌，其余用夯土建造。全关由外城、内城、瓮城、罗城及城壕组成。嘉峪关城建造精巧，楼阁飞檐凌空，雄伟壮观，亭台古朴典雅，玲珑华美。登楼远眺，戈壁风光，祁连全景，一览无余。

周口店猿人遗址

北京人遗址

周口店北京猿人遗址

位于北京市房山区周口店村西龙骨山。1929年，中国古生物学家裴文中在此发现了第一个"北京人"头盖骨化石，引起了各方面专家、学者的极大关注，此化石其特征与猿类接近，以后又陆续发掘人类化石、文化遗物和大批脊椎动物化石，证实50万年以前北京地区已有人类活动。此后又陆续发掘头盖骨4具，头骨碎片9块，面骨6块，下颌骨15块，牙齿152颗及断裂的股骨和腕骨等，分属40多个男女老幼个体。这些人类祖先被称为"北京猿人"、"北京直立人"。当时担任北京大学地质系主任的美国地质学家葛利普教授，则把"北京猿人"简称"北京人"。由此，"北京人"这个称呼一直被沿用至今。

周口店西、北、东三面群山环抱，峰峦逶迤，景色秀丽。东南沃壤千里，周口店河向南蜿蜒流淌。"北京人"生活在群山环抱中的崖壁上的一个巨大的天然洞穴，东西长约140米，南北宽度不等。大约距今六七十万年以前，"北京人"发现了这个天然洞穴，并在洞穴中栖息、繁衍了大约30万年，在洞内遗留了大量残留的食物和用过的各种石器以及用火遗迹，还有一部分遗骸。北京猿人的发现和研究，奠定了我国在全世界与人类研究中特殊的不可替代的地位。周口店遗址是世界上迄今为止人类化石材料最丰富、植物化石门类最齐全，而又研究进展最深入的古人类遗址。

北京猿人

山顶洞人遗址

1933年，考古学家在北京龙骨山顶部发现旧石器时期晚期的人类化石，根据科学测定距今约1.8万年，在学术界称为"山顶洞人"。在洞穴里还发现了一个完整的头盖骨和一些残骨，分属七个不同个体，他们均为北京人的后裔，从骨质上分析已比北京人的体质有了很大的进步，能掌握人工取火及钻、磨、锯等技术，并具有美学观念。山顶洞人代表一万多年前新人的类型，是研究人类进化的重要实物资料。

新洞人遗址

考古学家于1973年在龙骨山东南角发现一处极有价值的古人类遗址。洞里发现人类牙齿化石一枚，经科学测定，距今约10万年前，介于北京人和山顶洞人之间，命名为"新洞人"。经研究表明，新洞人已开始使用火，而且已经吃熟食。这一发现，为研究北京人的发展演化提供了可靠的依据。

周口店北京人遗址是震惊中外的重大发现。从理论上证实了"达尔文进化论"的正确——"从猿到人"的伟大学说是人类进化的程序。周口店北京人及其后代是形成古代中原民族的最早族源之一，是中华民族的祖先。北京人创造出的颇具特色的石器文化，对中国华北地区旧石器文化的发展产生深远的影响。

颐 和 园

颐和园原名清漪园，位于北京西郊海淀区的颐和园是我国现存建筑规模最大、保护最完整的清代皇家园林和行宫。建成于清乾隆年间，咸丰十年英法联军侵掠北京，此园惨遭焚毁。光绪十四年慈禧太后挪用海军经费重建，历时十年，竣工后改名"颐和园"。

颐和园占地面积约 290 公顷，其中水域 220 公顷。园内各式宫殿、寺庙和园林建筑 3000 余间，分三个活动区域：仁寿殿为主体的政治活动区；玉澜堂、乐寿堂为中心的生活居住区；万寿山和昆明湖组成的风景游览区。

颐和园北依万寿山，南临昆明湖，"虽由人造，宛自天成"，在园林建造上，无论假山曲径，花木楼阁，还是堤埂垒砌、亭桥造型，无处不体现中国传统造园的技艺之精巧。在建筑上，其充分利用山坡和湖岸的自然走向，重点突出，主次分明，既体现了皇家园林雍容磅礴的气势，又不失东方园林婉约清丽的风姿。相得益彰的整体园林艺术建筑和丰富的自然及人文景观，使颐和园誉满天下，赢得了"中国皇家园林博物馆"之称。

政治活动区

东宫门是颐和园的大门，宫门五个，三明两暗，檐下是光绪手书"颐和园"匾额。门前御道丹陛之云龙石上雕刻着二龙戏珠，象征皇帝的尊严。慈禧年间，东宫门只有她、皇帝和皇后可以进出。

从东宫门进入仁寿门，迎面一座石峰为屏，石峰后便是仁寿殿。清乾隆时称其"勤政殿"，是皇帝处理政务的处所。光绪年间重建后改名仁寿殿。仁寿两字，来源于孔子《论语》"仁者寿"，取施仁政者寿长之意。殿内正中的金字大匾题书"寿协仁符"，也是此意。殿中间有高台，名地屏床。地屏床中间设有屏风、宝座、御案。宝座后两侧还有掌扇。地床前、左、右三面均设有台阶。是清慈禧和光绪进行内政和外交活动的场所。

生活居住区

玉澜堂　位于昆明湖畔，仁寿殿西。原为乾隆帝游园休憩之所，光绪十八年重建后作为光绪帝的寝宫。正殿即玉澜堂，有东、西两配殿。光绪二十四年戊戌变法失败后，慈禧曾幽禁光绪于此。她为断绝光绪同外界联系，下令封堵了玉澜堂与宜芸馆之间的通道，在通往仁寿殿的霞芬室和通往湖岸的藕香榭内砌起砖墙。堂内宝座、御案香几以沉香和紫檀木镶嵌雕刻而成，花纹精细，造型美观。

颐和园长廊彩画

乐寿堂 东邻德和园大戏楼，西接长廊，是慈禧的寝宫，门厅称"水木自亲"。"乐寿堂"黑底金字横匾为光绪帝手书，堂前有慈禧乘船游乐的码头。堂西内间为慈禧寝宫，东内间为更衣室，正厅设有屏风、宝座、御案、掌扇等。正殿阶上左右分列铜鹿、铜鹤、铜瓶等六件物品，有"六合太平"之寓意。

德和园 位于仁寿殿北，主要由颐乐殿和大戏楼组成。大戏楼高 21 米，共三层，底层舞台宽 17 米。三层舞台之间均有天地井连通，可以表演升仙、下凡、入地等情节，底层舞台下有水井、水池，皇家戏班子可设水法布景。戏台对面的颐乐殿，是专为慈禧看戏所建，其他陪同看戏的王公大臣，只能坐在戏台东、西两侧的廊子里。

风景游览区

万寿山 原名金山、瓮山。乾隆十五年为庆祝皇太后 60 诞辰，选圆静寺旧址建大报恩延寿寺，次年将山改名万寿山。万寿山前山以八面三层四重檐的佛香阁为中心，组成巨大的主体建筑群。从山脚的"云辉玉宇"牌楼，经排云门、二宫门、排云殿、德辉殿、佛香阁，直至山顶的智慧海，形成一条不断上升的中轴线。东侧有"转轮藏"和"万寿山昆明湖"石碑。西侧有铜铸的宝云阁。后山有宏丽的藏传佛教建筑四大部洲和屹立于绿树丛中的五彩琉璃多宝塔。山上亭台楼阁还有重翠亭、景福阁、写秋轩、画中游等。登临山顶，可俯瞰昆明湖上的秀美景色。

长廊 是沿万寿山南麓昆明湖北岸构筑的蜿蜒曲折的廊道，它像一条玉带把前山各组建筑连为一体，有很高的园林艺术价值。它东起邀月门，西讫石丈亭，中穿排云门，两侧对称点缀留佳、寄澜、秋水、清遥四座重檐八角亭，廊长 778 米，共 273 间。内梁上绘有精美的彩色图画 1.4 万多幅，有"画廊"的美称。沿廊而行，廊外景物随步而移，令人目不暇接，欣赏廊内壁画，宛若翻阅一幅包罗万象的历史风情画卷。

排云殿 原为乾隆为皇太后寿辰而建的大报恩延寿寺，慈禧重建时改为排云殿，专为其祝寿之用。"排云"二字取自郭璞诗"神仙排云出，但见金银台"，乃自比神仙之意，慈禧显然是把自己当作排云而出的神仙，母仪天下，接受文武百官的顶礼朝拜。

排云殿依山而筑，黄瓦玉阶，富丽堂皇，殿前有排云门、二宫门，两边分列四配殿，排云门与二宫门之间有长方形莲池，上架金水桥。排云殿正殿两侧有耳殿，中间有复道相连。正殿内正中有宝座，陈设一对高大的麻姑献寿瓶和一对象驮宝瓶，寓意"太平有象，象驮空瓶，平长三级，喜庆有余"。慈禧在此举行"万寿庆典"的铺张极为惊人，仅60大寿就使用白银达700余万两，相当于清政府一年财政收入的1/8。如今排云殿仍保留当年慈禧受贺的陈设。

佛香阁　为颐和园的标志，是我国古建筑中的精品之一。在万寿山前山，排云殿后，八面三层四重檐，高41米，下有

佛香阁

21米高的石台基，阁中有8根坚硬的大铁梨作为擎天柱，气势宏伟，是全园的中心建筑。清乾隆时在此筑九层延寿塔，至第八层"奉旨停修"，改建佛香阁，咸丰十年被英法联军所毁。光绪年间在原址重建，供奉佛像。在佛香阁四周游廊里俯视昆明湖和万寿山前山景色，美不胜收。

智慧海　是一座无梁佛殿，由纵横相间的拱券结构组成。通体用五色琉璃砖瓦装饰，色彩绚丽，图案精美，尤以嵌于壁面的千余尊琉璃佛独具特色。殿内所供高大观音坐像，为清乾隆时所建。殿前有一座琉璃牌坊，其前后的石额为"众香界"、"祇树林"、"智慧海"、"吉祥云"，构成佛家的一首三字偈语。

镇海神牛　在颐和园昆明湖东堤，卧伏在雕花石座上，以其神态生动，形似真牛闻名。建造时取夏禹治水时，以铁牛镇压水患的故事而建立。牛背上还铸有八十字的篆体铭文《金牛铭》。

昆明湖　在万寿山前，原为北京北郊众多泉水汇聚成的天然湖泊，曾有大泊湖、七星泊、瓮山泊等名称。元朝定都北京后，为接济漕运用水工程，经水利学家郭守敬主持，开辟上游水源，使水势增大，成为大都城内宫廷用水的蓄水库。明代荷花满湖，湖旁建有寺院亭台，成为风景游览区。清乾隆建清漪园时，将湖开拓，成为现在所见规模。始建时取汉武帝在长安开凿昆明池操演水战的故事而命名昆明湖，沿用至今。昆明湖上主要景点有西堤及西堤六桥、东堤、南湖岛、十七孔桥等。

十七孔桥　在昆明湖上，由17个孔券组成，长150米，飞跨于东堤和南湖岛之间，状若长虹。其造型兼有北京卢沟桥、苏州宝带桥的建筑特点。建于清乾隆时期，是为营造"长虹卧波"园林意境，在昆明湖东堤上设置的重要景点，它也是颐和园内最大的石桥。桥栏望柱及桥头石雕皆饰以狮子、异兽，造型各

异，精美生动，为乾隆时石雕佳作。

谐趣园　乾隆皇帝下江南游无锡寄畅园时，感觉寄畅园的布局结构别具一格，就命随从官员绘了图样，带回北京万寿山仿建，初名惠山园。清嘉庆十六年重建，取"以物外之静趣，谐寸田之中和"之义，遂改名"谐趣园"。

园中所有建筑均绕中间水池而展开，形成独具一格的园中之园。水池四周用太湖石砌成泊岸，沿岸遍栽垂柳。园内的嘱新楼、涵远堂、饮绿水榭等13座亭台轩榭全部绕中间的水池展开，其间以游廊相接，循廊前行，景色各有千秋。西北玉琴峡利用天然地势造就一道山泉，再现了江南小桥流水的园林景致。

园中五座风格各异的桥梁以知鱼桥最为著名。桥名取庄子和惠子的一段辩论，相传庄子和惠子一次在水边观鱼，庄子说："鱼儿在水中游得很快乐。"惠子说："你不是鱼，怎知道鱼快乐？"庄子反问："你不是我，怎知道我不知道鱼游得快乐？"

北 京 天 坛

天坛居北京六坛（天坛、地坛、日坛、月坛、社稷坛、先农坛）之首，位于北京正阳门外，永定门内大街东侧。始建于明永和四年，建成于永乐十八年，历时14年。它的严谨的建筑布局，奇特的建筑结构，瑰丽的建筑装饰，可以说是我国现存的一组最精致、最美丽、最大的古代祭祀建筑群。天坛不仅是中国古代建筑中的明珠，也堪称世界建筑史上的瑰宝。

天坛包括圜丘及祈谷两坛，有垣墙两重，形成内、外坛。主要建筑在内坛，北部以祈年殿为中心，包括皇乾殿、神库等在内的建筑群，是每年正月"慕祀皇天上帝，以祈年谷"的地方。南部以圜丘为中心，包括皇穹宇、回音壁等一系列建筑物在内的建筑群，是皇帝每年冬至祭天的地方。在这两组建筑之间，有一高出地面4米、长360米的神道贯穿南北。

天坛可称为"天圆地方"模式的建筑。历代皇帝都称自己是天子，自然地对天特别崇拜，故而祭天地仪式就特别隆重。古人认为天是圆的，地是方的，故在建筑造型上把天坛的北围墙及主要建筑如圜丘、

天坛

祈年殿、皇穹宇等都设计成圆形格局。南围墙却为方形，象征"天圆地方"。同样，为了象征天，天坛建筑上所用的琉璃瓦全部都使用天蓝色。登上圜丘，举目四望，蓝色的琉璃瓦和天空浑然一体，四周矗立的白石棂星门宛若天门，置身其中，宛如进入天上宫阙。

祈年殿　祈年殿是明清皇帝于每年正月祈祷五谷丰登的场所。该殿创建于明永乐十八年，原名大祀殿，嘉靖二十四年改建，易名为大享殿。乾隆十六年改为祈年殿。次年将原来的蓝、黄、绿三色琉璃瓦一律改为蓝色。光绪十五年，殿遭雷击焚毁，次年重建。现存建筑是光绪二十二年所建。

祈年殿矗立在一座三层圆形的白石台基上。每层都绕有雕花白石栏杆。殿高38米，三层蓝色琉璃瓦檐，逐层收缩向上，象征与天相接。全殿无一砖一石，材料全部采用木质，仅用28根巨大木柱和36根木方桷支承，在建筑艺术上达到很高造诣。殿内有四根龙井柱，代表四季，中层12根金柱，象征着一年的12个月，外层12根檐柱表示12个时辰，内外檐柱共24根，象征24个节气。殿上面全凭枋桷榫相环接，形成高大的圆殿顶。为了调节殿顶空间，装有蟠龙藻井，与地面正中一块天然龙凤花纹的圆形大理石相对。

圜丘坛　在天坛南部，是皇帝冬至日祭天的地方，故又称祭天台、祭台、拜天台等。明嘉靖九年始建。坛圆形，共三层，各层栏板望柱及台阶数目均用阳数，又称"天数"，即九及九的倍数，符"九五"之尊。坛面除中心石是圆形外，全部坛面石块均为扇面形，数目也取阳数，每层都有汉白玉栏板望柱，均为九的倍数。这源于古老的观念，古人认为九是阳数之极，表示至高至大，皇帝是天子，也至高至大，所以整个圜丘坛都采用九的倍数来表示天子的权威。

坛外有外方内圆矮围墙两层，四面各有一座汉白玉棂星门。其附属建筑有皇穹宇及其配庑、神厨、神库等。有一点特别之处，站在圜丘坛最上层中央的圆石上轻声说话，声音却显得震耳洪亮，这是因为声波传到四周的石栏后，又迅速折射回来，与原声汇合，则音量加倍。

皇穹宇　皇穹宇建于明嘉靖九年，乾隆十七年重建，是供奉上帝和皇帝祖先牌位的地方。建筑风格也是以圆形为基调，以宝顶为圆心向外扩展，单檐蓝瓦圆攒顶。殿内斗拱层层上叠，天花逐步层收缩，形成美丽的窿穹圆顶。其穹顶彩画以青绿为基调，以金

回音壁

龙为主要图案，或描金或洒粉贴金，显得辉煌华丽，具有极高的艺术价值。

回音壁　皇穹宇四周的圆形磨砖对缝砌成的圆围墙就是有名的回音壁。这个建筑根据物理学原理，声波可沿内弧圆形围墙连续反射性传递的原理，两人分别站在东西墙根，都面向北，一个人靠墙低声说话，另一个人便可听到很清晰的声音，而且声音悠长，非常奇趣，给人造成一种"天人感应"的神秘气氛，所以称之为"回音壁"。在皇穹宇附近，还有三音石、圜丘等胜景。

外坛斋宫　位于祈年殿西南，坐西朝东，建筑为方形。绿色瓦顶，表示皇帝向天称臣，虔诚敬奉之意。它是专门为皇帝祭祀之前需提前三天到斋宫斋戒所设的别宫。在斋宫东宫门北侧建有一座钟楼，内悬明朝永乐年间铸造的一口专为皇帝祭祀大典时所设的素面大钟，称太和钟。

丹陛桥　是连接圜丘坛和祈年殿的由南至北为中轴线的大道。这条大道中间定为神道，是留给"天神"专用道；左为御道，专供皇帝行走；右为王道，为王公大臣行走。丹陛桥北高南低，由南向北步步升高，有如登临天庭之感。

承 德 避 暑 山 庄 及 外 八 庙

承德避暑山庄坐落在河北省承德市峰峦叠翠的塞北群山之中，是我国现存最大的皇家园林。清初，承德只是一个几十户人家的小村落，因有一股长年涌水的不冻泉而时称热河。到18世纪初正是清朝国力强盛之时，康熙皇帝每年秋季狩猎佳际，都要亲率王公大臣、各级官兵万余人去长城外的木兰围场"围猎"。由于木兰围场与北京相距较远，康熙又十分偏爱热河，认为此处"自然天成地就势，不待人力假虚设"，故决定在此修建一座大型行宫。康熙五十年，康熙皇帝亲自题写"避暑山庄"牌匾后，这座塞外行宫从此闻名遐迩。

雍正十年，雍正在其父皇康熙诞辰80周年之际，将热河改名为"承德"，以颂扬父皇的德政，"承德"一名自此延用。乾隆皇帝差不多每年都要到承德消夏理政三四个月。避暑山庄因此成为除紫禁城外清王朝的另一个重要场所，承德也成为清王朝仅次于北京的第二政治中心，"塞外名都"之名并非虚传。它是清代帝王每年夏秋两季日常起居、处理朝政和举行庆典的地方。宫殿布局严谨、建筑

避暑山庄

朴素。

承德避暑山庄又称热河行宫或承德离宫，共有124组建筑，总面积5.64平方千米，相当于颐和园的二倍，故宫的八倍，迄今为止也是世界现存最大的皇家园林。其园林建筑处处体现出"集天下景色于一园，移山缩地于一方"的君王思想。乾隆曾作诗赞叹：

山中秋信得来真，树张清荫风爽神。

鸟似有情侬客语，鹿知无害向人亲。

随缘遇处皆成趣，触绪拈时总决尘。

自谓胜他唐宋者，六家咏未入诗醇。

山庄整体布局巧借地形，因山就势，分区明确，景点丰富，具有独特的风格。山庄以朴素淡雅的山村野趣为基调，广采博纳中国南北不同的建筑手法与风格，将北方凝重浑厚的建筑特色与南方柔美的装饰技艺巧妙地结合在一起，使山庄在整体上既有帝王苑囿雍容磅礴的气势，又不失江南园林妩媚清秀的画境。

避暑山庄宫墙绕平原、跨山峦，绵延10余千米。墙体皆由石块砌成，色近虎皮，俗称"虎皮墙"。于避暑山庄"虎皮墙"上，眺望墙内，但见宫殿园林相得益彰，古朴典雅；墙外车水马龙，川流不息。历史与现实同现，构成独特的文化氛围。

避暑山庄的内部，大体可区分为宫殿区和苑景区，苑景区又可分为湖洲区、平原区、山峦区。四大区域各具特色：宫殿区古朴典雅；湖洲区名胜荟萃；山峦区浑然天成；平原区辽阔幽静。清统治者为了加强各民族团结，在山庄东北部和北部还修筑了一组雄伟的富于民族特色的建筑群——外八庙，它们都面朝山庄，象征民族团结和中央集权。

宫殿区

位于山庄南部，由正宫、东宫、松鹤斋、万壑松风四组建筑组成，每组建筑又包括若干个单元建筑。

正宫在宫殿区最西边，四周有围墙，其平面为南北向的长方形，形成一个封闭式的空间，布局严谨。主要建筑有丽正门、避暑山庄门、淡泊敬诚殿、四知书屋、烟波致爽殿、云山胜地楼，并按顺序排列在一条中轴线上。

淡泊敬诚殿是清帝举行盛大典礼的地方。它的名字取诸葛亮"非淡泊无以明志，非宁静无以致远"的千古名句。此殿全部用楠木建成，门、窗、梁、柱均保持本色，不彩不绘，因此又称楠木殿。清帝每年万寿节和举行庆祝大典时，均在此接见国内各民族首领、王公大臣和外国使节。

烟波致爽殿是避暑山庄寝宫正殿，为康熙三十六景第一景，面阔七间，建筑高敞，室内布置精巧富丽，每当春夏或雨后初晴，空气清新，令人心旷神怡。

其殿名是根据该地"四围秀岭，十里澄湖，致有爽气"而题。1860年，英法联军入侵北京，咸丰帝携慈安、慈禧等后妃从北京至热河避难，即居于此殿，并在此签字批准了丧权辱国的《北京条约》，翌年驾崩于此殿东暖阁。咸丰驾崩后，慈禧与恭亲王奕訢策划"辛酉政变"也在此处。两太后与新皇帝由热河间道回京，旋发政变，将年号改为"同治"，东西太后"垂帘听政"，当时年仅27岁的慈禧开始了擅权统治中国数十年的历史。

云山胜地在烟波致爽殿北，是一面阔五楹的两层楼，一层中间设扇门，二层设廊，康熙曾为此处题名。一楼两间原有小戏台，是帝后日常听曲看戏的场所，二楼西间设有佛堂，供奉一座玉观音，是帝后中秋节祭月赏月的地方。

苑景区

苑景区是山庄除宫殿区以外的全部面积。乾隆有诗云："山庄山水佳，天然去雕饰"。这里囊括碧波荡漾的湖洲区，有峰峦叠翠的山峦区，有嘉树成荫的平原区。

湖洲占地57公顷，其中水面29公顷，洲堤28公顷，布局是以堤、岛分割湖面，相当灵活。全区布局是以山环水，以水绕岛，成为山庄风景的中心，呈现一派江南景色，康熙曾赞曰："天然风景胜西湖。"主要建筑有水心榭、金山亭、文园狮子林、月色江声、如意湖、如意洲、烟雨楼等。

金山位于避暑山庄澄湖东侧，由康熙三十六景第十八景的"天宇咸畅"和第十二景的"镜水云岑"两组建筑组成。康熙帝南巡，欣赏江苏镇江金山景物，便命能工巧匠于山庄内仿造此景，筑亭台楼阁于危岩怪石之间，三面环湖，一面临溪，一派江南风格。

平原区在湖洲区以北，其范围是从澄湖北岸起，东接宫墙，西至山麓，地势平坦辽阔，绿茵如毯，颇具北国草原雄浑、空旷的迷人风韵。平原区以万树园为中心，四周散落着20多处景点，其中有亭碑、轩、寺庙、蒙古包等，格调多样，内容丰富。

文津阁在避暑山庄平原区的西部，仿浙江宁波天一阁形式修建。它是外观二层、内为三层的砖木结构，上悬乾隆御书"文津阁"匾额。它与北京故宫文渊阁、圆明园文源阁、沈阳故宫文溯阁统称"北方四阁"，为皇家藏书楼。

万树园在避暑山庄平原区西北部，北倚山麓，南临澄湖，有乾隆御书"万树园"碑，列为乾隆三十六景第二十景。这里绿草如茵，古木葱郁，南部存有乾隆手书《绿毯八韵》诗碑一座。

山峦区在避暑山庄西北部。山区峡谷纵横，植被良好，山峦陡峭，溪流潺潺，瀑布飞悬。动物种类很多，自然生长着鹿、狍子、山鸡、山兔、画眉、杜鹃、啄木鸟等20多种飞禽走兽。山峦间有清代修筑的40多处亭、台、楼、轩、斋、寺庙等建筑。

外八庙

位于避暑山庄的东部、东北和北部，周围山峰林立，叠岭逶迤。这些寺庙主要以东部的磬锤峰为中心，以西部的双塔山为主体，依山就势，分布在武烈河东岸和狮子沟阳坡上，与园林巧妙结合，布局如行云流水，采用"昏在神似，仿中有创"的建筑原则，气魄雄伟，构成寺庙景区胜地。

康熙出于政治目的而开辟避暑山庄，同样为了进一步安抚边疆各少数民族，利用蒙古族对喇嘛教的崇拜和服从观念而把喇嘛教作为精神统治工具而修建寺庙。在康熙、乾隆主持下修建的外八庙环绕避暑山庄，形成以山庄为中心，百川归海、众星捧月之势，象征着边疆各族臣民朝向清朝中央的趋势，政治寓意深刻。由于这十几座寺庙中有8座寺庙直接由清政府改治派任喇嘛，又由于这8座寺庙都在京师之外，因此被称为外八庙，外八庙也成了这些寺庙的代名词。这八座寺庙，现存7座，分别是溥仁寺、普宁寺、普乐寺、安远庙、殊像寺、普陀宗乘之庙、须弥福寿之庙。

外八庙

苏 州 园 林

有"东方威尼斯"之誉的苏州"人家尽枕河"、"水巷小桥多"，可谓人杰地灵，风景秀美。散布城区的典雅淡朴的古典园林又给人以"虽居闹市而有山林之趣"的感叹，所以自古就有"江南园林甲天下，苏州园林冠江南"之说，因此苏州又被称为"园林之城"。

苏州园林在布局、结构、风格上都独具特色。工匠师们善于把大自然的山水美化浓缩到"咫尺之地"，在有限空间塑造假山、奇峰、巨石、碧池等，巧妙地运用对比、衬托、借景以及角变换、层次配合和小中见大、以少胜多等种种造园手法和技巧，将亭、台、楼、阁、泉、石、花、木组合在一起，在都市中创造出人与自然的和谐居住氛围。

苏州古典园林具有"本于自然，胜于自然"、"建筑美融合自然美"、"富有诗情画意"、"意境内涵丰富"的四大特色，在世界园林艺术中独树一帜。沧浪亭、狮子林、拙政园、留园被称为苏州四大园林，分别代表着宋、元、明、清四个朝代的艺术风格。1994 年苏州园林首批列入《世界遗产名录》的有拙政园、留园、网师园、环秀山庄四座古典园林。这四处园林各具特色，系统全面地展示了苏州古典园林的布局、结构、造型等以及装饰、家具、陈设等内容。现在沧浪亭、狮子林、怡园、耦园等古典园林被列为世界文化遗产名录。苏州古典园林不仅对于研究中国造园建筑学、人文学、美学、民俗学等方面，乃至在世界园林发展史上都占有重要的地位。

拙政园

拙政园是目前苏州最大的古园林，位于苏州市东北隅，是苏州四大名园之一，也是全国四大名园之一。初为唐代诗人陆龟蒙的住宅，元代时为大宏寺。明正德年间御史王献臣买寺建园，并借用晋文学家潘岳《闲居赋》中"灌园鬻蔬……此亦拙者之为政也"的语意，取"拙政"二字为园名。

拙政园占地 48 公顷，全园由东园、中园、西园三部分组成。东园以

拙政园

平冈草地为主，凿池垒山，竹林古木参差，并以秋香馆、兰雪堂以及天泉亭等茶室、亭榭点缀其间，景物空阔畅朗，形成极富田园情趣的特色园景。

中园为全园精粹，整体布局以水池为中心，空间开阔，层次深远，建筑精巧。主体建筑为远香堂，是一座结构精巧、四周玲珑透空的四面厅，在此放眼四周景色，如览长幅画卷。堂南小池假山，竹木扶疏，重峦叠翠；堂北为主景所在，池水清澈旷朗，池中建有东、西两山，风景如画。

远香堂东侧有枇杷园和海棠春坞。远香堂西北建有四面环水的见山楼，登临其上可观虎丘胜景，如面向东南即可观全园景色。远香堂西是倚玉轩，与倚玉轩隔一花街相对的香洲，又名芳洲，俗称旱航，形似画舫，颇具特色。在远香堂西南，有小沧浪水院，小飞虹桥悬架其上，分割了水面，并与小沧浪水院形成了一个虚拟空间，这里轩榭精美小巧，别有情趣。

留园

位于苏州市留园路。原是明朝徐泰时的私人花园，清嘉庆年间刘蓉峰改建，

易名为"寒碧山庄",亦称"刘园"。光绪年间,盛康据有此园,加以扩建,取"刘"字谐音,改名为"留园",取"长留此园天地间"之意。

留园亭榭富丽,装饰精雅,尤以建筑空间的处理艺术著称,即擅于利用许多的建筑群,把全园的空间巧妙分隔组合,变为若干各具特色却又不失整体艺术的景区。这些景区用曲廊相得益彰,随形而变,顺势而建,意境深远,变幻无穷。

留园的园景布局可分为中、东、西、北四区,中部和东部是全园的精华部分。中部以山水为主景,水池为主体。池西、北面假山屹立;池东、南面楼、廊、亭、轩错落,形成对比的格局。东部重檐迭楼,曲院回廊,重点突出冠云峰而构筑的一组建筑群。冠云峰为苏州园林中湖石峰最高者,雄峙居中,而"瑞云"、"岫云"两峰屏立左右,相传此峰为宋代"花石纲"遗物。西部为自然风光,颇多情趣。北部是田园景色,饶有风味。留园集园林之大成,古代称"吴中第一名园"之誉。其造园玲珑紧凑,与拙政园的疏朗境界,并称苏州园林两绝。

网师园

建在苏州城东南葑门十全街,初为南宋史正志所建,名"万卷堂",又名"渔隐"。清乾隆时宋宗元重建,借"渔隐"原意,改称"网师园"。网师园园林与住宅院落浑然一体,以玲珑精致、小中见大为特色,有曲折迂回、移步换景之妙,堪称苏州园林的代表作,全园分为花园和住宅两大部分。东部园林入口处为封闭式的住宅建筑,分为轿厅、大厅和撷秀楼三处建筑,屋宇高敞,装修典雅。花园紧贴住宅西侧,以水池为中心,有三道边门可通园内。

网师园花园中心水池构思巧妙,面积虽小,但布置却十分适宜,水面聚而不分,环池有花木、山石、石桥、水阁、亭廊相互映照,池岸低矮,别具情趣。池的南面有"小山丛桂轩"为园内主要建筑,池的北面有看松读书轩、集虚斋、五峰书屋等。池的东北角有临水而筑的"竹外一枝轩"。

网师园主次分明,相互映衬,充分利用了赋、比、兴的艺术手法,营造出一个艺术和生活氛围十分完美的园林空间。

其他园区及建筑

环秀山庄　坐落在苏州市景德路西段,黄鹂坊桥东。原为五代广陵王钱元璙金谷园故址,明代为宰相申时行的宅府,清代为汪氏"耕荫义庄"的一部分,起名环秀山庄。园景以假山为主,水池为辅,素有"独步江南"、"天然画本"之称。

环秀山庄最突出的特色就是以湖石叠堆假山。此园虽然面积不大,但假山峥嵘峭拔，兀立其间，气势颇为雄伟。一池清水，回绕于主峰之下。山体形态逼真，结构严密，其主要轮廓由主峰和环绕在周围的几个次峰组成，层次分明。其局部又叠有无数涡洞和皱纹，一石一缝，交代妥帖，设计奇特，构造灵空，似浑然天成，全无流露人工堆砌的刀斧凿痕。

环秀山庄内还建有补秋山房、半湾秋水、平房山阁等建筑，面对主峰，各自成景。环秀山庄可称为古典园林艺术中的一座瑰宝。

耦园 位于苏州市城东小新巷，其总体布局为住宅居中，花园分东、西两侧，这在江南园林布局之中是独有的。东花园以山池为主，南、东、北三面临河。园中主体建筑为城曲草堂，其东南为"双照楼"，是观园内外景色的理想之处。城曲草堂南正面为主景大假山，陡峭挺拔，气势雄浑。园中东南有曲池，有阁跨水而筑，被称为"山水间"。西园建在住宅西部，以"织帘老屋"为主体建筑。其周围构筑廊轩，间置湖石。其南面假山上有云墙相隔，下有山洞相通。综观耦园，处处追求双隐双归的意境，小处见大，抒情写意兼具，烘托一种自然恬静之美。

怡园 位于苏州市人民路，于清同治、光绪年间由园主顾文彬在原明尚书吴宽旧宅遗址上建成。怡园博采众长，吸收各园林的成功经验，集众长处于一园。怡园分为东、西两个部分，东部以建筑庭院为主，并配以湖石，复缀花木。由东部到西部，有复廊与南北两入口相通。西部景区为园中主景，主要以山水闻名，环池筑石峰，遍栽花木，配置建筑，参差自然，水湾曲折，树木苍翠。主要建筑有藕香榭，另有锁绿轩、面壁亭、南雪亭、画舫斋等。假山位于藕香榭西北部，上面建有沧浪亭、螺髻亭。怡园亭、榭、廊、舫小巧雅致，山池花木曲折幽深，层次分明，引人入胜。

西园 在苏州城内留园路。始建于元代至元年间，包括戒幢律寺和西花园两部分。戒幢律寺布局严谨，殿宇宏伟，为江南名刹之一。其大雄宝殿西的罗汉堂驰名中外，罗汉堂西南的西花园以放生池为主体，亭台馆榭环池而建，曲槛回廊、山石花木映于其间。"苏台春满"四面厅为主要建筑，湖心亭屹立水中，曲桥贯通两岸，构筑十分巧妙。

元代名园狮子林 苏州四大名园之一，是元代园林的典范，位于苏州城东北园林路，原为菩提正宗寺的后花园。它以太湖石堆砌巧妙的假山而著称，有"假山之王"之誉。因有很多石峰像形态各异的狮子，故名。座座假山犹如迷宫，山洞幽深曲折，令人啧啧称奇。假山边矗立飞瀑亭、湖心亭等水中建筑，山水相依，别具风格，有苏、黄、米、蔡四大宋代名家书法碑帖60余块，至今饮誉世间。

虎丘 为"关中第一名胜"，四面环水，山幽石奇，坐落在苏州市西北部。虎丘塔、试剑石、枕头石、剑池等虎丘十八景颇为著名。其中，年逾千载的虎丘塔是宋代古塔，为七级八面砖砌结构，是苏州市的象征。登临其上，可俯瞰全城气象万千的秀丽景色。

寒山寺　它位于苏州市阊门外枫桥镇，始建于南朝梁时。寺院黄墙绿树，庄严幽深，内有山门、大殿、枫桥夜泊楼、南罗汉堂等建筑。寒山寺最著名之处在于其"夜半钟声"。现钟楼内悬挂着 1964 年依旧钟式样重铸的大钟。

都 江 堰 与 青 城 山

都江堰

都江堰　都江堰位于四川都江堰市西岷江上游，是秦代蜀郡郡守李冰及其子为治理岷江水患而率众修建的一座大型水利工程。迄今已有 2250 多年历史，是全世界至今为止唯一留存修建年代最久、以无坝引水为特征的宏大水利工程，堪称"世界水利史上的奇迹"。

纵贯蜀郡的岷江，其上游汇集百川，奔腾而下，挟带泥沙淤积河床，灾害频繁。李冰父子在前人治水的基础上，根据当地地理条件，巧妙地利用地势和弯道水流规律，凿山引水，修建了浩大的水利工程。从此，广阔的成都平原滋养孕育了"水旱从人，不知饥馑，时无荒年"的天府之国。时至今日，都江堰这古老的水利工程仍然发挥着防洪、排沙、灌溉、航道等效益，在中外水利工程史上占有重要地位。

都江堰

都江堰工程由鱼嘴、飞沙堰、宝瓶口三部分组成。鱼嘴是建于江心的分水堤，形若鱼口，由此把岷江水分而导入内、外两江，外江是岷江正流，内江经宝瓶口流入成都平原灌溉千亩农田。飞沙堰用于泄洪，调节由鱼嘴来的水流量，避免过多流入内江。宝瓶口是人工开凿玉垒山，形成离堆，引岷江水入内江的总入水口，因形似瓶口故而得名。都江堰水利工程是我国科技史上的一座丰碑，是古代劳动人民智慧的结晶。

二王庙　是为纪念李冰及其子二郎而建的祖庙。坐落在都江堰岷江东岸玉垒山麓。李冰父子的彩色塑像分别奉祀于大殿及后殿，庙内石壁嵌李冰父子及其后代治水经验格言的石刻碑文等，治水碑文为：

遇湾截角　　逢正抽心
乘势利导　　因时制宜

青城山

位于四川省都江堰市西南，是我国著名的山岳风景名胜区，主峰大面山海拔1300米，因林木葱茏，四季常青，群峰环绕，状如城郭而得名。青城山山形多变，清溪长流，古木苍润，植被丰富，素有"洞天福地"、"人间仙境"、"青城天下幽"之美誉。它以幽甲天下的自然景观和众多的文物古迹驰名中外。

青城山是邛崃山脉南段的东支，地质构造复杂，层峦叠嶂，幽谷深潭、古洞苍岩纵横其间。有8大洞，36翠峰，32小洞，108景。

青城山景区分青城前山和青城后山。前山景色优美，文物古迹众多；后山自然景物神奇绮丽，原始古朴如世外桃源。道教宫观主要分布在前山，多建于绿荫丛林之中，或隐或现，意境幽深。其上还有各种风格和造型的亭、桥、坊、阁40多座，供游人歇足赏景。青城后山以完好的自然生态著称，里面有飞泉、五龙、神仙、红岩，四条深邃、葱茏、奇险的沟壑，沟内有50多处雄奇绝妙的自然景观，构成了一幅幻化无穷、令人神往的精美画卷。其主要

青城山

景点有飞仙观、三龙水晶溶洞、桃花溪公园等。

青城山是中国道教文化发源地和天师道的祖山、祖庭之一，有"昆仑下都"之誉，建有巍峨庄严的道教宫观20余处。

青城山及其风物传说多为道教内容，具有玄妙深远的意蕴，使云雾缭绕的山林景色充满神秘色彩，"青城天下幽"名不虚传。

主要景点有上清宫、建福宫、天然图画、天师洞、祖师殿等。

上清宫　上清宫在青城山巅的高台山，始建于晋代，明末毁于火灾，清代重建。其建筑雕梁画栋，宏伟壮观。宫内大殿主祀道教始祖老子塑像，正殿板壁上刻有老子《道德经》五千言，宫前岩上有"天下第五名山"、"青城第一峰"等石刻，宫内有鸳鸯井、麻姑池等古迹。鸳鸯井一方一圆，泉涌暗通，故名；麻姑池形如半月，四季不竭不溢，传为仙女麻姑浴丹之处。

建福宫　坐落在青城山麓、丈人峰下，始建于唐代。宫前清水潺潺，宫周林木苍翠，现存两院三殿，院内有花木、假山等景物及壁画、楹联等文物，其中楹联长达394字；宫后有明庆符王妃梳妆台等古迹。建福宫与青城山的彩色牌楼，与楼阁交叠的游廊连成一体，组成了山门风景区。

天然图画　天然图画西距建福宫1000米，为清光绪年间建造的一座楼阁。此处苍岩壁立，层峦叠翠，碧绿欲滴，宛如翠屏，正如陆游诗中所言"云作玉峰时北起，山如翠浪尽东倾。"置身于此，犹如画中，故有"天然图画"之称。

天师洞　在青城山腰，是青城山宫观胜景最佳的地方。观始建于隋大业年间，名延庆观，唐初改称常道观。现存殿宇为清末重建。是由三清殿、三皇殿、天师殿、黄帝祠以及连接这些殿宇的楼阁廊庑组成的建筑群，布局巧妙，错落有致。观内还有唐玄宗裁决佛道之争的手书诏石碑及明代董其昌、清代郑板桥书法珍品等文物。因观后岩洞有张道陵天师的石刻像，故名天师洞。

祖师殿　祖师殿又名真武宫，始建于唐代，在天师洞后侧山腰，是一清幽超俗之地。唐代诗人薛昌、杜光庭、宋代张愈都曾在此隐居。宫殿内有八仙图等壁画和诗文刻石。

布 达 拉 宫

布达拉宫位于西藏自治区拉萨旧城西北，拉萨河畔的玛布日山上。"布达拉"或译普陀，梵语意为"佛教圣地"。它是世界上海拔最高的融宫殿、寺宇和灵塔于一体，规模空前浩大的宫堡式建筑群。始建于公元7世纪，是藏王松赞干布为迎娶文成公主所建，后世多有修葺。清顺治二年达赖五世受清朝册封又重建布达拉宫，即现在所见到的规模。达赖五世于清顺治十年由哲蚌寺移驻布达拉宫，从此布达拉宫成为历任达赖喇嘛的冬宫，也是原西藏地区政教合一的统治中心。

布达拉宫由玛布日山的南麓奠基，依据山势蜿蜒修至山顶，主要包括宫殿、佛堂、灵塔殿以及南面广场和北面广场、龙王潭。主体建筑由红宫、白宫两大部分组成，红宫居中，白宫横贯两翼。布达拉宫主楼共13层，全部采用木石结构，五座宫顶覆盖锦金铜瓦，金光璀璨，气势雄伟，有"高原圣殿"之誉。其建筑格式体现了藏族传统的碉房形式和石木结构的特点，殿堂均吸收汉族建筑特色，并融汇了印度、尼泊尔等富有宗教特色的格局，创造出藏族独具一格的建筑艺术风格，成为藏、汉、蒙、满等各族人民共同智慧的建筑结晶。

宫内藏有大量雕塑、壁画、明清两代的敕书、印鉴、礼品、匾额以及佛像、经卷、法器、供器、珍宝等文物，有大小佛像20余万尊，是研究西藏历史、政治、宗教、文化、建筑的宝库。7世纪保存下来的法王修行洞内尚存松赞干布和文成公主的塑像。历代达赖灵塔殿内的灵塔建筑极为精美，尤其是五世达赖灵塔和十三世达赖灵塔，缀玉镶珠，光彩绝伦。

布达拉宫依山垒砌而成，群楼叠嶂，殿宇嵯峨，气势雄伟，有横空出世、气贯苍穹之势，整个建筑群蔚为壮观，充分体现了以藏族为主，汉、蒙古、满等各族能工巧匠的高超技艺和藏族建筑艺术的伟大成就，是中华艺术的一颗璀璨的明珠、世界文化艺术的瑰宝。

红宫

红宫位于布达拉宫中心位置，外墙粉刷红色，为全宫主体建筑，其建筑最为豪华，它由历任达赖喇嘛的灵塔和其他佛堂组成，是历代达赖喇嘛圆寂的地方，也是虔诚的教徒瞻仰的场所。宫内有八座用纯金包裹的达赖喇嘛灵塔，塔内藏有各种珠宝玉器，是宫殿宝物的荟萃之地。除此之外，红宫中还有司西平措、萨松朗杰、曲结竹普等宫殿和佛堂。

十三世达赖灵塔　塔高 14 米，建成于 1936 年，其塔身外包裹的黄金达 1.2 万两，镶嵌的珠宝达 10 万余颗，还用 22 万颗珍珠由金线串编织成一座 6 层重檐珍珠塔。据《十三世达赖喇嘛灵塔清册》载，十三世达赖喇嘛灵塔内"藏尽了能为众生造福的无穷宝物和佛舍利"。

达赖像

西大殿　为红宫中最大的一座宫殿，是五世达赖喇嘛的享堂。一些重大佛事活动均在此举行。乾隆二十五年御赐匾额"涌莲出地"高悬其中。大殿四周绘满壁画，正中为巨幅松赞干布画像，其四周为五世达赖传奇一生的壁画。东壁的壁画描绘的是五世达赖 1625 年赴京觐见顺治皇帝的场景。

萨松朗杰　为红宫中最高的宫殿，殿内供有乾隆皇帝的画像和用汉、藏、满、蒙四种文字写的清朝皇帝牌位。清代每逢藏历年初一和皇帝生日，清代各世达赖都要来这里向乾隆画像和御座朝拜。

白宫

白宫建在布达拉宫的两翼，外墙粉刷白色，是布达拉宫主体建筑，是历代达赖生活起居和从事宗教政治活动的地方。由布达拉宫的正面沿阶梯形墙栏的铺石路而上，通过"彭措多朗"大门便进入了白宫气势恢宏的德阳厦——东平台。以前每逢喜庆节日，达赖喇嘛高级僧侣官员都会在此赏玩歌舞跳袖表演。由东平台扶梯而上，便是各宫殿的松格廊道。廊道内雕梁画栋，布满壁画。通过廊道便可抵达白宫东大殿。

措钦厦　措钦厦即东大殿，是白宫最大宫殿，清朝驻藏大臣常在这里为达赖喇嘛主持坐床、亲政大典等仪式，是西藏地方政权进行重大宗教、政治活动的神圣场所。措钦厦内供奉着清朝顺治皇帝赐给五世达赖的金册金印。

东、西日光殿　它们是白宫最高建筑，是历代达赖喇嘛生活的两套寝宫。由于这里阳光普照，故称日光殿，殿内分设经堂、习经室、客厅、卧室等。里面存放有达赖喇嘛所用的金银器皿，珠宝珍玩，陈设十分富丽，在这里可远眺拉萨周围群山，拉萨全城风光尽收眼底。

罗布林卡　在拉萨城西，是西藏最著名的园林，从七世达赖至十四世达赖的200年间，不断修葺扩建，始成今日规模。历代达赖把这里作为夏宫，每年四到九月在这里处理政教事务，举行庆典。全园分格桑颇章、金色颇章和达旦米久颇章三组宫殿建筑。每组建筑各有宫区、宫前区、园林区三部分，园内建筑豪华壮美，林木苍翠。每年藏历六月三十日雪顿节期间，这里是演出藏戏和市民游园的中心场所。

平遥古城

平遥古城是一座历史悠久的文化名城，位于山西省中部偏南，是中国目前保存最为完整的四座古城之一。平遥古城始建于西周宣王时期，距今已有2700年的历史。现所见古城是明代洪武三年为防御外族武装南侵，在原城垣基础上扩建而成。平遥古城保存完整，它是由完整的城墙、街道、店铺、民居、寺庙组成的一个庞大的古建筑群。城内大街小巷1000余条，主要街道两旁基本保存了17至19世纪建造的商业店铺。城内文庙、财神庙、市楼、县衙署、吉祥寺等古建筑井然有序；现保存完好的古城墙是明代扩建的砖石城墙。

明清时期古城为繁华之地，经济繁荣、商业发达，有"拉不完、填不满的平遥"之称，尤其是钱业票号独冠天下，银票可在国内外通兑，创中国古银行业之先河。平遥人也因最善经商办金融，而有"中国犹太人"之称。平遥古城是国内现存最完整的一座明清时期中国古代县城的原型，是中国汉族城市在明清时期的杰出范例，它保存了其所有特征，而且在中国历史的发展中为人们展示了一幅完整的文化、社会、经济及宗教发展的历史画卷。

古城建筑

平遥城墙是山西现存历史较早、规格最大的一座县城城墙，高 12 米，周长 6.4 千米。墙体内部用土夯实，外表为青砖砌裹，顶部铺砖排水。外墙每隔 5 米筑有敌台一个，四角各有角楼一座，四周城墙上共有垛口 3000 个，小敌楼 72 座，传说这是寓意孔子三千弟子、七十二贤人。环城有护城河，深、宽各 3~4 米，城门外设有吊桥，以利防御和通行。

平遥古城素有"龟城"之称。平遥城共有城门六道，南北各一，东西各二。每道城门都突出墙体外部，有里外二门，呈瓮形，以利防守而设计。从平面图上看，南北两门像龟的头尾，东西四门像龟的四只脚。南门里、外两门直通，像龟的头部向外伸出，恰巧南门外有两眼水井，喻为龟的眼睛。北门的外门向东弯曲，极似龟尾东甩。东西四门分别向头的方向弯曲，犹如乌龟四脚爬行，仅有东门瓮城的外城门径直向东开。传说是造城时恐怕乌龟爬走，将其左腿拉直，拴在距城 10 千米的麓台上。这个看似虚妄的传说反映出古人对乌龟的极其崇拜。在古代，寿长通灵的龟是作为一种吉祥之物被人们膜拜，秦汉以后又把龟作为长寿的象征。

南大街上耸立一座市楼，居全城中心，古时有朝、午、夕三市，于此筑楼，故名市楼。市楼建于清康熙二十七年，楼体为二层三檐，屋顶为歇山式，外观壮丽优美，为雄浑古朴的平遥城增添了几多秀色。登上市楼，可俯瞰市景。古城以市楼为中心，由 4 大街、8 小街、72 条弯曲小巷组成庞大的八卦图案，构思巧妙，结构严谨。以南大街为中轴线，对称分布着左城隍、右街署；左文庙、右武庙；东道观、西寺院，这种布局充分体现了封建礼制"左祖右社"、寺庙对称、文武相衬的对应观念。

古城街道呈十字形，商店、铺面沿街而设，多为布局严谨的四合院，铺面建筑多高阔，檐下绘有彩画，梁头雕刻华丽，古色古香。铺面之后是居民住宅，多为二进四合院，二门建有垂花门楼，正中砖券窑洞木构插廊，无论格局或造型工艺上都体现了鲜明的地方特色，是人们了解现存明代建筑风格的实例。

"日升昌"票号

平遥为晋帮商人的重要发祥地之一。清代康熙时，晋商势力不仅称雄江北，而且伸延到江南。晋商的一些大商号已经形成了山西设点号、在外地设分号、联网式、跨地区的经营组织系统。顺应历史发展，一种新的解款方式"票号汇"是我国第一家创办"汇兑"的日升昌票号，兼营存银和放银，开创中国金融发展史上汇兑的先河。

日升昌票号成立三年后，分号已经发展到山东、江苏、河南等省，使北方五省商人往苏州贩货每年需要保镖运银数百万两的状况，变成"俱系会票（汇票）往来"。清末，山西票号又增加到 33 家，国内 85 个城市和东京、新加坡、莫斯科等地共有分号 400 多个，而分号最多，业务最大，号称"汇通天下"的票号当属平遥日升昌。平遥古城也因而成为中国近代金融业的摇篮。如今"日升昌"票号旧址已被改建为博物馆，但沿街原木排门和镏金的招牌"日升昌记"，仍显出曾经"钱霸中原"的辉煌气派。

丽 江 古 城

　　丽江古城位于云南省西北部的横断山脉南麓、怒山以东的山地之中。古城始建于宋末元初，相传因该城形似一方大砚而得名大砚镇。从 1253 年忽必烈率蒙古铁骑南征大理时驻军开始，直至清初的近 500 年里，丽江地区皆为中央朝廷管辖下的纳西族木氏先祖及木氏土司商业世袭统治。

　　丽江古城是纳西族聚居的古老城镇，是中国历史文化名城和国家风景名胜区。

丽江古城俯瞰

　　由于这里地处滇、川、藏交通要冲，历史上商旅活动频繁，成为远近闻名的集市和重镇。明初古城区有居民千余户，已具城镇规模，明末最为繁荣，明代地理学家徐霞客曾描述当时丽江城"民房群落，瓦屋栉比"的壮观景象。

　　古城北倚象山，西枕狮子山，海拔 2400 米，它古朴如诗，处处透出自然和谐。清澈的玉泉水分三条支流穿城而过，途中又分成条条细流，入墙绕户，与散点状井泉构成一个完整的水系，供应古城居民生活、城市消防等用水。

　　四方街是古城贸易和商业中心。主道和小巷的布局是有机地分散，又是紧密地结合，之间通过大小各异的木桥、石桥相通，密如蛛网的巷道没有一条走不通的死巷。古城所有大小路面全部由五花彩石铺成，雨季清洁，旱季无尘，路面经行人数百年走磨，石纹毕现，别具一格。

古城建筑

　　丽江古城保留了大片明清年代的民居建筑，为木结构青瓦楼房，它们随地势高低而就，错落有致，美观适用，融入了汉、白、藏民居的建造传统，形成独特风格。常见的有"三坊一照壁"、"四合五天井壁"的两层木结构楼房。许多四合院门窗多雕饰花鸟图案，融合了纳西、白、汉等民族建筑精华。庭院内种植花木，摆设盆景，家家养花。形成了"家家泉水，户户垂杨"的高原水乡风貌。

丽江周边保存有束河民居和白沙民居建筑群以及福国寺、五凤楼、大宝积宫和玻璃殿等众多文物古迹。丽江纳西人历来重教尚文，许多人擅长诗琴书画。闻名遐迩的东巴象形文字、绘画、舞蹈、东巴经、纳西古乐等东巴文化，历史悠久，内涵丰富。丽江古城是研究纳西族独特的人文环境，是地方历史文化和民族民俗风情的"活化石"。

古城风情

丽江古城一景

走进丽江古城，最引人注目的是那些穿着纳西族传统服装的妇女们。古代纳西人是一个以女性为中心的世界，女性是纳西人古代社会的支柱，这种迹象在今天仍然可一睹风采。不管时代如何变迁，她们都穿着传统服饰，在历史进程中坚持着传统。不仅服饰、语言，就是日常的生活传统，也是由她们承继。正是由于妇女们的传统和坚持，使丽江古城成为世界遗产。

黑龙潭公园　位于丽江古城内北部象山脚下，因公园内有一黑龙潭，潭面宽阔，碧清如玉，故又称玉泉公园。黑龙潭水源从山麓古老的栗树丛下岩石间奔涌而出，流淌汇集成潭，水质清纯甘美，晶莹碧翠，犹如一块美玉蜿蜒穿过城区。玉泉公园中主要景点有得月楼、五凤楼、泉心百花洲等，其中得月楼是玉泉公园的主体建筑。

白沙壁画　闻名于世的丽江壁画，分布在古城及周围十五座寺庙内，这些明清壁画，具有多种宗教及各教派内容互存的突出特点。遗存于丽江白沙村明代的白沙壁画是丽江壁画的代表。其中大宝积宫内的壁画属于白沙壁画的上乘之作，共12幅，最大的高2.07米，宽4.48米，绘有187个人物形象。内容以藏传佛教的神佛群像为主，兼有汉传佛教和道教的故事。把不同教派的佛、菩萨、神仙、真人放在一幅画里，构思超凡，布局周密，人物形象逼真，笔法洗练，具有唐宋时期汉族风格并兼蓄纳西、藏、白族绘画特征。

纳西古乐　纳西古乐亦称"丽江洞经音乐"，原是中原汉族的道教洞经音乐，15世纪中叶被丽江木氏土司引进并流传至今，成为融汉族道教洞经音乐、儒教曲礼音乐和纳西先民音乐为一体的古典音乐。它既具有古朴典雅的江南丝竹之风，又融入了纳西族传统音乐的风格。纳西古乐系统地保留了我国唐、宋、元词曲中的音乐成分，音色典雅，空灵清纯，是世界上无与伦比的神奇乐种，被国际音乐界誉为"未经污染的音乐"、"宇宙之声"、"中华民族音乐瑰宝"。著名的《白沙细乐》古乐是集歌、舞、乐为一体的大型古典音乐套曲，被誉为"活的音乐化石"。

东巴教与东巴文化

东巴教是纳西族原始宗教，笃信万物有灵，为多神教。平常从事东巴教的人称为东巴。东巴均为男性，集巫、医、学、艺、匠于一身，是纳西族古文化的主要传承者。纳西族人把东巴尊为智者。东巴一般是代代承继成为世家。

东巴文字　东巴文字又名纳西文字，是由于纳西古代文字保存于东巴教而得名，是一种兼备表意和表音成分的图画象形文字。东巴文字共有1400多个单体字，被称之为"活着的象形字"，是研究人类文字史和文字发展之谜的珍贵史料。

东巴经　东巴经专供东巴经师使用，绝大多数是用已有上千年历史的东巴象形文字写成。其内容除宗教外，还记载有民谣、谚语、劳动、生产、风俗等。如今分别收藏在中国及欧美一些国家图书馆、博物馆中的2万多卷东巴经古籍，记录着历经沧桑的纳西族千百年辉煌的历史文化，是"纳西族的百科全书"，对研究纳西族的历史、文化具有重要价值。其中最为珍贵的是舞谱《磋模》，它包括数十种古乐舞的舞蹈艺术，属于极为罕见的珍贵文献。

玉龙雪山与白水台

玉龙雪山　坐落于丽江古城北侧，由延绵3000米的13座山峰组成，总面积770多平方千米，因山顶终年积雪不化，如蜿蜒飞舞的玉龙盘卧而得名，有"南滇第一峰"之称。

玉龙雪山气势磅礴，造型清秀玲珑，以险、奇、美著称，主峰扇子陡，海拔5596米，酷似一把打开的巨扇，倚天耸立，直插云霄，银光闪烁，是世界上纬度最低的冰川。玉龙雪山因冰川

玉龙雪山

类型齐全，被中外专家们誉为"天然冰川博物馆"。

清代纳西族学者木正源曾形象地归纳出玉龙十二景，即"三春烟笼、六月云带、晓前曙光、暝后夕阳、晴霞五色、夜色双辉、绿雪奇峰、银灯炫焰、玉湖倒影、龙甲生云、金沙碧流、白泉玉液"。

玉龙雪山地势垂直，山体错落明显，具有典型的立体气候特征，从山顶到山下，分寒带、温带、亚热带三种气候。

云南风情

因而使丽江"数九寒冬花仙子，慢春三月飘白雪"，形成特有景观，是集冰川雪海、叠泉飞瀑、原始森林、高山草甸等为一体的多姿多彩的旅游区。

玉龙雪山动植物资源十分丰富，有"植物宝库"、"天然高山动物王国"、"药材王国"之称。

白水台　在哈巴雪山脚下的玛喀山附近，为纳西族聚居地，有"仙人遗田"的美称。四周苍松翠柏，涌泉涓涓，奇岩怪石，风景如画。每年农历二月初八，纳西族人都会来此祭祖，届时可以欣赏到东巴文化的精粹。

安徽古村落

位于著名风景文化旅游城市黄山市域内的黟县，始建于秦代，这里山川秀丽，民风淳朴，历来被世人誉为"桃花源"。南唐诗人许坚赞道：

黟县小桃源，烟霞万里间。

地多灵草木，人尚古衣冠。

清代诗人曹文植也咏诗云：

青山云外深，白屋烟中出。

双涧左右环，群木高下密。

曲径和弯弓，连墙若比邻。

自入桃源来，墟落此第一。

在黟县域内散布着许多保存完好的古村落，而西递、宏村就是其中最具代表性而各具特色的两处村落。

西递、宏村是封建时期以繁荣的商业经济为基础所创立的人类居住类型的历史例证，其建筑和街道布局反映了中国历史上长期稳定存在的社会经济结构，特别完好地保存了中国传统的乡村住宅，这两处古村落也因此被列为世界文化遗产。

世外桃源——西递村

位于黄山南麓，距黟县县城约 8 千米，古称西川或西溪，取自村中三条溪水源东向西流之意；后因徽州府西古驿村道从外穿过，设有"铺递所"，遂改称西递。素有"桃花源里人家"之誉。西递是一个以血缘关系为纽带，依托徽商商业经济力量发展起来的同族聚居的村落。西递村奠基于北宋时期，发展于明代景泰年间，鼎盛于清代，至今已有 900 多年的历史。村落占地 12.96 公顷，至今保存有古朴典雅的明清时代的古民居 200 多幢，有"中国明清民居博物馆"之称。

西递村四周青山环抱，溪水环流，村落呈形如一艘古船，依山傍水，与山水自然和谐。从远处望去，西递村一片线条简洁的黑瓦铺成的屋顶和高大的白墙，黑白相间，错落有致。建筑临水而建，清水细流，小巷幽深；众多的庭院园林更是西递村的一个亮点，这些庭院用园林布局中借景、隔景、分景等手法，融内外景色于一体，构成一幅幅美丽的自然图景。

村内特色建筑"天井"是徽派建筑的重要组成部分。其四周围合，中见天空，形成四合院，雨水从四面流向中庭，有人说这是出于徽商"肥水不流外人田"的思想，有关学者解释说是源于远古"穴居"遗风。西递村前矗立着明代牌坊和走马楼，是中国石坊建筑的瑰宝；村内有陈设典雅的书香门第，有雄伟宏丽的祠堂，有端庄凝重的官邸，还有精美的砖木、石雕、古桥、古井等。西递民居布局结构装饰及文化内涵，为国内古民居建筑群所罕见，堪为徽派古民居建筑艺术之典范。

画里乡村——宏村

宏村位于黟县县城东北，始建于南宋，至今已有近千余年的历史。古宏村人以其聪明和智慧，开创"仿生学"之先河，村落整体规划布局合理，建造了古水系牛形村落。纵观全村就像一只昂首奋蹄的大水牛：从村外引入村内的河水穿墙入院弯弯曲曲进入每家每户，被喻为"牛肠"；村边的四座桥为"牛腿"；村中的月塘为"牛胃"；南湖为"牛肚"。如此水系，堪称中国古代建筑艺术之绝唱，成为当今世界建筑规划的一大奇迹。

宏村背倚雷岗山，面临虞山溪，村外山清水秀，桃红柳绿，村内古民居粉墙黛瓦，清渠绕户。这里有精雕细刻、涂金重彩的清代盐商营建的豪宅"承志堂"、"敬修堂"；有 400 多年的参天古木、盛开于高墙深院的百年牡丹；更有那波光粼粼的月沼、南湖和九曲十弯，绕家穿户，贯通月沼、南湖的水圳，宛若一条轻柔的丝带在村中缓缓飘动，与村外独特的自然景观、人文景观融为一体，有"中国画里乡村"之美誉。

宏村布局以水系为主，结合道路、建筑，统一规划和建设。湖的四畔砌石立岸，广植红杨、翠柳，湖中筑堤连通两岸，临岸修建祠堂、书院、绣楼、宅第。村内楼舍多沿水圳而建，设置出入水口，引水入院，形成清秀雅致的宅院"水园"。巷弄纵横交叉，与水圳构成水陆相邻的"水巷"。整个村落渠水长流不断，户户庭院花繁叶茂，生机勃勃。由于水的活用赋予村庄、宅院以诸多生气和灵性。由"水巷"、"水园"、月沼、南湖、水圳等水系空间与传统建筑群及山水树木的整体组合，体现了宏村建设布局上的科学、美学和艺术价值，是宏村最重要的历史标志和文化艺术标志。古人咏诗赞宏村：

何事就此卜邻房，花月南湖画不及。

浣及未妨溪路远，家家门前有清泉。

宏村是在古代风水说指导下按规划建设的古村落，宏村水系也是我国古代人民利用自然、改造自然取得收益的一项成功的水利工程，具有极高的科技和历史文化内涵。近年来，西递、宏村吸引了大批的专家学者和数以万计的国内外游客，受到广泛赞誉，被称为"古民居建筑艺术宝库"、"古老东方文化的缩影"。

曲 阜 孔 庙　孔 府　孔 林

曲阜位于山东省西南部，是一座具有5000年文明史的极具旅游特色的"东方圣城"。世界文化遗产曲阜孔庙、孔府、孔林就坐落于曲阜市内。

曲阜享誉全球，被称为"东方古老文化的高峰"，源于它与世界上最伟大的哲学家、伟大的文化巨人、中国儒学学派的创始人孔子的名字紧密相连。在2000多年的漫漫历史长河中，儒家文化逐渐成为中国的正统文化，并广泛影响着东亚和东南亚各国，成为整个东方文化的基石。曲阜孔庙、孔府、孔林是中国历代民众纪念孔子、推崇儒学的表征，它以丰厚的文化积淀、悠久的历史、宏大的规模、丰富的文物珍藏，以及历史艺术价值而著称于世。曲阜也因此被世人尊崇为世界三大圣城之一。

孔庙

孔庙是我国最大的祭祀孔子的场所，整个建筑群布局严谨，雄伟壮丽，金碧辉煌，宛如一座帝王宫殿。孔庙原为孔子故宅，孔子去世后，鲁哀公为其立庙。历代帝王不断重修，规模逐步扩大。占地 21 万平方米，主体建筑大成殿与北京故宫太和

孔庙

殿、泰山岱庙天贶殿并称我国三大宫殿。

孔庙共九进院落，对称布局，贯穿在一条南北中轴线上。平面呈长方形，南北长 1300 米，前有圣时六、棂星门、大中门、弘道门、奎文阁、十三御碑亭。从大圣门起，分成三路。中为大成门、杏坛、寝殿、圣迹殿等，分别是祭祀孔子及先儒圣贤的地方；东为诗礼堂、故井、崇圣祠、鲁壁等，是祭祀孔子上五代先祖的地方；西为金丝堂、寝殿、启圣王殿等，是祭祀孔子父母的地方。

全庙 1 坛、1 祠、1 堂、5 殿、17 碑亭、53 门坛、共计 466 间。四周筑以高墙角楼，庙内还竖立历代碑刻 2000 余块。

大成殿 始建于宋代，属于当年祭祀孔子的正殿，是孔庙的主体建筑。大成殿面阔九间，重檐歇山式顶，黄色琉璃瓦，建于两层石砌高台上。殿内四周廊下环立 28 根擎檐雕龙石柱，而两山廊檐及后檐下的 18 根石柱上均雕 72 条团龙，寓意孔子"弟子三千，贤者七十二人"。殿前檐下的 10 根云龙石柱，每根柱都雕以双龙戏珠，上缀朵朵浮云，下托山海波涛，龙姿生动活泼，栩栩如生。

大成殿建筑设计精致严密，规模宏大，装饰华丽，不仅荣居全国孔庙之冠，就是在宫殿建筑中亦前所未有，规格超过了北京故宫太和殿的标准。据说当年孔子的后人得知乾隆皇帝到曲阜祭孔子前，唯恐皇帝发现龙柱超过规制，特意用黄绫将这些龙柱包起来。

大成殿前露台宽敞，旧时祭孔时在此舞乐，故名舞乐台。历代帝王的重大祭祀活动均在大成殿内举行。殿内正中高悬"万世师表"等 10 方巨匾，3 副楹联，均为乾隆皇帝手书。大成殿东西两屋陈列着历代碑刻共计 2000 多块，为书法、绘画、雕刻的艺术宝库。

杏坛 相传孔子曾在这株杏树围绕的地方讲学，后人建亭植杏，纪念这位伟大的教育家。

十三碑亭　亭亭相连，巨碑林立。亭内立的主要是唐、宋、金、元、明、清各代帝王修庙、建庙、祭庙的碑刻53块。

鲁壁　在孔庙东侧，有一处"孔宅故井"，井旁有一堵墙壁，壁前立有一石碑，上刻"鲁壁"二字。

据史书记载，秦始皇焚书时，孔子九代孙孔鲋将《论语》、《孝经》、《尚书》等儒家经典简册砌于墙壁内，得以幸免。汉景帝时，鲁恭王刘余扩建宫室范围，拆毁孔子故宅，在墙壁内发现了这批简册，称"古文经书"。这就是所谓的"鲁壁藏书"，为纪念此事，孔子后裔在院中另砌一壁，称"鲁壁"。

中国曲阜孔子文化节　它是最具中国传统人文特色的国家级旅游节庆活动，每年于孔子诞辰期间隆重举行。届时，可观赏到盛大的孔庙开庙仪式、祭孔仪式，还可参与孔子家乡修学游、鲁国故城民俗游、论语书法碑刻游、千年孔府美食游、炎黄寻根朝圣游等各种特色文化旅游活动。

孔府

位于孔庙的东侧，是孔子嫡孙世袭衍圣公的府衙。孔子的嫡系长支为奉祀孔子，一般多住在阙里故宅，后随爵位的晋升，府衙的规模逐渐扩建。

孔府占地12万多平方米，分中、西、东三路布局，有厅堂楼房467间。西路是从前孔府接待达官显贵的地方，现在已改建成旅馆；东路是家庙；中路是孔府的中心部分。其前区为官衙，后区为内宅与花园。孔府是中国封建历史上保存年代最久远、面积最大、特权最高的贵族庄园，有"千年孔府"和"天下第一家"之称。

孔林

孔子及其后裔的专用墓地。孔子去世后"葬鲁城北泗上"，其后子孙结冢而葬，再因为历代王朝对儒家思想的推崇，不断增建，遂成今日之规模。孔林有坟冢10万余座，树木10万余株，历代石仪85对，墓碑4000余通，还有众多

孔林

的楼、亭、坊、殿。孔林延时 2000 余年，葬人 78 代，是世界上历时最长、规模最大、保存最完整的家族墓地。

孔子墓　在孔林中部，其右侧为孔子之子孔鲤墓，其前面为孔子之孙孔假之墓。这种墓葬的布局，古时称作"携子抱孙"。孔子墓前筑有享殿，用来供奉孔子的塑像。孔子墓前东侧有三座亭，是宋真宗、清康熙及乾隆皇帝来此祭孔时停留过的地方，叫作"驻跸亭"。为了便于观游，陵内已修筑了 3500 米长的环林路，游人可乘车游览陵内各处。

孔尚任墓　位于孔林东北隅。清代文学家孔尚任是孔子第六十四代孙。著有历史传奇剧本《桃花扇》。墓前植有桃树数株，表达了后人的怀念。

大 足 石 刻

大足石刻是在重庆市西 165 千米的大足县境内的石窟艺术作品的总称。共有石刻造像 5 万余尊，铭文 10 万余字，散布于全县 40 余处，其中以北山、南山、宝顶山、石篆山、石门山摩崖造像规模宏大，雕刻精美，取材多样，保存最为完整，是中国晚期石窟艺术的杰出典范。

大足石刻开创于初唐永徽元年，历经五代，鼎盛于宋，余续延至明、清、民国，上下千余载，可谓源远流长。它穿越历史时空，塑造栩栩如生的艺术形象，全面记载了唐代以来的宗教坛仪、文化艺术、民族风尚、神话传说。大足石刻以佛教造像为主，儒教、道教兼而有之，而且内容丰富，题材多样，有别于前期石窟，并以其独树一帜的民族化、世俗化、生活化特色促进了石窟艺术的历史进程，成为中国乃至世界石窟艺术史上的最后一座丰碑，被誉为"宗教艺术宫殿"和"东方石刻圣地"。

大足石刻以大量的造像形态和文史资料，从不同的侧面展示了中国唐宋时期石窟艺术的风格和民间宗教信仰的发展变化，是我国中晚期石刻艺术的典范。由于它汲取了全国各地石刻造像的优长，成群英荟萃之势而独具特色，把我国石刻艺术引入一个新的里程碑。

大足石刻纵贯千余载，横融佛道儒，造像精美，完好率高，伴随它的各种经文、傍题、颂词题记等石刻铭文有 1 万余字，具有极高的历史和艺术价值，被誉为"神奇的东方艺术明珠"。

北山石刻

位于大足县城城北 2000 米处的北山之巅，开凿始于唐景福元年，历经五代及两宋，前后跨越 250 余年，形成现在的规模。以北山佛湾为中心，由一碗水、观音坡、佛耳岩、营盘坡和北塔坡五处组成。

北山佛湾造像分南、北两段，长约 500 米，形如新月，龛窟狭小密如蜂房，共有 290 号龛窟，造像近万尊。造像以雕刻细腻精美闻名于世，尤以观音造像最具特色，被称为"晚唐两宋石刻艺术陈列馆"。

心神车窟是其中的石刻精粹，窟正中之蟠龙"心神车"，奇伟稀贵。右壁普贤菩萨骑着白象，嘴角微翘，眼帘平垂，面目清秀，体态丰盈，肌肤细润，被誉为"东方的维纳斯"。左壁文殊菩萨端坐在怒吼的青狮背上，仪态安详，似有所思。特别是六臂观音，造像更是丰腴圆润，雍容典雅。

宋刻数珠手观音，是神像人化的代表作，其身段苗条，服饰华丽，裙带飘拂，亭亭玉立，眉梢嘴角间流露出微妙的喜悦，神情俊逸，仪态妩媚，人称之为"媚态观音"，显示了我国古代匠师精湛的雕刻技巧。

转轮经藏窟更是宋代石刻造像中技艺精湛的典型作品，造像展示了观音冰肌玉肤的脸庞，神情静恬绝尘，令人称绝，被誉为"石窟艺术皇冠上的明珠"。

在北山石刻区内，有一座楼阁式砖塔。塔内外雕刻造像极多，如塔外第一层八根角柱上刻龙盘、八个力士像。塔内外壁嵌砌 100 多幅浮雕，有佛像、菩萨、人物以及各种花卉图案，这在其他砖塔中极为罕见。

普贤菩萨头像

宝顶山石刻

在大足县城东北的宝顶山上，自古佛教徒朝山进香，有"上朝峨眉，下朝宝顶"之说。始刻于南宋淳熙六年，历时 70 余年建成。山间石刻造像数以万计，气势磅礴，奇伟壮丽。以大佛湾和小佛湾规模最大。

大佛湾呈马蹄形，全长 500 米。雕刻分布在南、东、北三面悬崖上，相传当年石刻创始人赵智凤先生先以小佛湾为蓝图，后在此雕刻，有巨形雕刻 30 余幅，最著名的有六道轮回、千手观音像、华严三圣像、释迦涅槃圣迹图、广大宝楼阁、九龙浴太子等。其布局层次分明，构思严谨，逻辑性强，内容涵盖面广，几乎将一部佛教经典悉数收罗，堪称是世界上规模最大的石刻连环画。为弘扬佛法、教化众生而设的佛教密宗道场造像群，在国内诸石窟中更是别具一格。

小佛湾 又名大宝楼阁，也是宋代名僧赵智凤创建，现存造像 500 余尊，石壁四垣遍布佛像。塔身除雕像外，刻满了大藏经目录。

圆觉洞　在大佛湾的南岩，为大佛湾雕刻中的精华。壁刻"宝顶山"三字为宋书法家魏了翁手笔。洞正壁刻佛像三尊，左右壁为十二圆觉菩萨，造像庄严，形态逼真。壁间雕楼台亭阁、人物鸟兽、花木泉石，极富生活气息。洞顶泉水经洞内细沟流出洞外，"叮咚"作响，悦耳如禅音。

千手观音像　宝顶山千手观音是全国石窟中独一无二的。她共有手眼1007只，雕刻在88平方米的岩壁上。观音端坐在莲台上，头戴宝冠，面容端庄，头上方双手亦捧着坐佛，身侧千只"手"如孔雀开屏般地从上、左、右三个方向伸出，呈椭圆形布满岩石上。构图形式如孔雀开屏，烦琐不乱，极富形式美。每只手上都有一只慧眼，并握有一件法器。千只手的工艺精巧传神，百态不一，绝不重样，如此宏大壮观的千手观音像，是世界上绝无仅有的。

其他石刻群

石门山石刻　在重庆市大足县东。石门山石刻圣府洞，刻于宋代。现存造像十余龛，共千余躯，其特点为儒、释、道并存，尤以六号观音窟最为奇伟。其正壁镌无量寿佛，左为如意观音、右为正法明王观音。左右壁的五尊观音立像，手中所持法器各异，均有名称，为国内罕见。

石篆山石刻　在重庆市大足县西南，山上的子母殿和千佛崖造像，为宋至明代所刻造，其特点如石门石刻三教并存。儒教的石刻为三皇，道教为老子、圣母，佛教主要刻有毗卢佛、文殊、普贤和地藏菩萨等。其中尤以老君像雕刻最为精致。

南山石刻　南山又名广华山，有"南山翠屏"之称。南山摩崖造像开凿于南宋，是一处全国罕见的集中反映道教神系最完备的石刻造像区。共有六龛窟。以三清古洞、圣母洞、龙洞为典范之作。三清古洞正中凿方形石柱，上连洞顶，正面凿龛，上面刻有玉清、太清、上清像。圣母洞正壁刻三圣母坐龙头椅，技艺干净利落，神态庄重静穆。龙洞刻石龙一尊，龙身矫健卷曲成三段，昂头张口，右爪攀崖，左爪上伸，有凌云之势，形象传神。

敦　煌　莫　高　窟

被誉为"东方艺术明珠"的敦煌莫高窟又名千佛洞，位于甘肃省敦煌市鸣沙山东麓断崖上，是我国著名的三大石窟之一，也是世界现存规模最大、内容最丰富和保存最完好的佛教艺术宝库。

莫高窟自十六国前秦建元二年开始开窟造像，据说当时有一名叫乐尊的僧人西游到敦煌鸣沙山下，时近黄昏，忽见对面的三危山上放射出万道金光，状如千万尊佛像在万道金光中忽隐忽现，乐尊领悟此乃圣地，故凿窟造像，并留在这里坐禅诵经。自此之后莫高窟又经历北魏、西魏、北周、隋、唐、五代、宋、西夏、元等10多个朝代的开凿，千余年从未停止，其中隋、唐为全盛时期。

莫高窟现存石窟492个，壁画4.5万平方米，彩塑2400余尊，唐宋窟檐木构建筑五座。石窟共分上下五层，错落有致，南北绵延1600余米。

敦煌石窟全景图

莫高窟中最大的石窟面积268平方米，最高石窟高40多米，最小的石窟高不足1米，最精巧玲珑的莫过于5座唐宋的造窟窟檐建筑，堪称中国现存古建筑的珍贵标本。洞窟形制分为禅窟、中心柱式、方形佛殿式和覆斗式。

敦煌莫高窟所处岩壁疏松，不适宜雕刻，故窟中造像多以泥塑、壁画为主，泥制彩塑各具特色，壁画绚丽多彩，以壁画为背景，把泥塑、壁画两种艺术融为一体，这是莫高窟一大特色。除此之外，第十七洞还出土历代各种佛经写本、帛画以及有关历史、天文、地理等各种珍贵文物5万余件，被认为是世界上古代东方文化最伟大的发现。

莫高窟周围还有西千佛洞、榆林窟、东千佛洞、水峡古石窟等，它们共同组成了敦煌莫高窟完整的艺术系统。

敦煌壁画与造像

在敦煌艺术中为数最多、成就最高的是敦煌壁画，如果把现存492个石窟的壁画展开，有4.5万余平方米，连接起来可组成一个长达25千米的画廊。

壁画题材多选佛像、经变人物等，主要表现为佛教活动，也广泛涉及劳动人民从事劳动的场面、古建筑的各种类型及各阶层人物生活习俗的诸多方面，反映了不同造窟时代的社会文化背景。更加弥足珍贵的是壁画直观地将历代绘画造型的结构布局、人物造型、线描勾勒、敷采设色等方面各个时期艺术风格及其传承演变以及中西艺术交融展现在人们面前。敦煌壁画可以说是"壁画艺术的长城"，宛如一座包罗万象的"墙壁上的图书馆"。

藏经洞与敦煌学

藏经洞　藏经洞为清光绪二十六年莫高窟道士王圆禄偶然发现，现编号为第十七窟。洞内藏有佛教经卷、社会文书、刺绣、绢画、法器等文物图书 5 万余件，其中有汉、藏、梵等各种文字写本的大量佛经、道经、儒家经典，还有史籍、诗赋、小说、民间文学、地志、户籍、账册、状牒等。藏经洞的文献几乎包括了中国古代历史文化的方方面面，堪称百科全书，为稀世珍品，件件价值连城。

当年敦煌文物发现的消息传开后，一些外国侵略者闻风而至，采用各种手段攫取了许多珍贵文物，现在敦煌研究院研究敦煌文献，只能从国外买进文献胶卷，这是外国侵略者侵略中国造成的一起历史悲剧。

敦煌学　敦煌文献有着丰富的内涵和珍贵

敦煌壁画

的价值，随着藏经洞的发现，敦煌艺术更引起了中外学者的极大关注。几十年来，众多中外学者对藏经洞内包括各个朝代的经卷、文书、绢画、法器以及其他珍贵文物不断进行研究，形成一门专门学科——敦煌学。敦煌石窟是我国古代人民智慧和艺术的结晶，是世界珍贵的文化遗产，中国有专门的敦煌研究保护机构——敦煌研究院，世界上亦有专门的学科——敦煌学，敦煌不但属于中国，也属于全世界。

敦煌泥塑

泥塑造像是莫高窟的艺术主体，塑像分单身像和群像，最大的高达 33 米，最小的仅 10 厘米，有佛、菩萨、弟子、天王、高僧、力士等，人物形象生动，彩绘精美富丽，亲切自然，惟妙惟肖。敦煌彩塑从形制上可分为两类：一为影塑，近似浮雕；二为圆塑，是脱离墙壁的立体塑像。

敦煌彩塑大体分为三期，各有独特的风格：北魏至北周时期，造型塑像鼻梁隆直，眉长眼鼓，具有犍陀罗的风格；隋唐时期，唐代是敦煌塑像艺术最高峰时期，塑像身材比例匀称，丰腴圆润，表现出唐代"浓丽丰肥"的风格；五代至清时期，五代至宋初大体保持唐风，但神韵不及唐代。敦煌彩塑艺术成就卓越，堪称是一所"巨大的雕塑艺术陈列馆"。

秦始皇陵与兵马俑坑

秦始皇陵

秦始皇陵位于陕西省西安市临潼区东骊山北麓，北临渭水。建于公元前246年至公元前208年，是中国历史上第一个规模比较完善的帝王陵寝，其规模之巨大、陪葬物之丰富居历代帝王陵之首。

陵园布置仿秦都咸阳，呈东西走向。陵园分内、外城两重，呈现出一个南北走向的"回"字。外城为长方形，内城为正方形。陵冢坐落在内城西南，坐西面东，现存陵冢高76米。

秦始皇陵以其陵墓为主建筑，四周陪葬坑、墓坑等400多处。主要陪葬坑有铜车、马坑、珍禽异兽坑、马厩坑以及兵俑坑等，历年来已出土了5万多件重要历史文物。

兵马俑坑

兵马俑坑是秦始皇陵东侧的一组大型陪葬品，秦兵马俑1974年刚一出土，就以其雄伟的气势、卓越的雕塑艺术震惊海内外，秦俑的发现被誉为"二十世纪最重要的考古发现"。现在，"世界第八大奇迹"已成为秦兵马俑的代名词。

兵马俑现已发掘的四个兵马俑坑，其中一、二、三号坑上已对外开放，并更名为秦始皇陵兵马俑博物馆。秦兵马俑大小都是仿真人、真马制成，现已出土大约有8000件。陶俑人物个性鲜明，从神态、表情、姿势、衣着等方面反映出不同年龄、兵种、官职的人物的精神面貌和心理状态，真可谓千人千面，栩栩如生。陶马更是刻画精制、自然，匹匹劲健有力；形象逼真生动，而且比例非常匀称、和谐，符合解剖学原理。兵马俑是秦代强大军队的缩影，布局排列如军阵，气势浩大。

兵马俑虽然是陶俑，但俑坑中兵俑所持武器均为实用兵器，俑坑中出土的各种青铜器数万件，是古代兵器的宝库。陵冢西侧还出土了两辆大型铜车马，无论是铸造技术还是焊接工艺均卓然超群，是中国迄今发现年代最早、形制最大、结构最完整、装饰最豪华、结构系架最逼真、最完整的古代铜车马，被誉为"青铜之冠"、"国之瑰宝"。

开发篇

遥望天都一客松，
莲花始俗两飞峰。
且持梦笔书奇景，
日破之涛万里红。

KAIFA 開 发

　　用世界性的视野和胸怀来关注风景名胜,体现了人类及个体对自然、对人类文明发展的关怀与珍重。本章介绍的是我国开发出的被列入世界遗产预备清单的景区、景点等,它们将成为明天的世界名胜。

北 京 古 观 象 台

　　北京古观象台又称明清观象台,属于一座砖砌的高台建筑,位于北京东城区建国门内立交桥西南部。它是世界最古老的天文台之一,也是世界上保存有天文仪器最早、保持连续观测时间最长的一处天文台。由于观测历史久远,仪器设备齐全,建筑完整,在国际上享誉盛名。

　　观象台始建于明正统七年,原为元大都城东南角楼旧址,称观星台,清代改建为观象台。台上设有大型铜铸天文仪器简仪、浑天仪、浑象仪等,台下有紫微殿、漏壶房、晷影堂等附属建筑群。

　　明崇祯年间,徐光启、李天经等人又先后研究制造了极限大仪、平悬宿仪、交食仪、平面日晷、候时钟、望远镜、列宿经纬天球等。

　　清康熙八年至十二年,新制了天体仪、赤道经纬仪、黄道经纬仪、地平经仪、象限仪和经限仪。康熙五十四年又研制了地平纬仪。乾隆九年,开始设计和制造我国古代历史上一件大型铜铸天文仪器玑衡抚辰仪。

古观象台

　　古观象台现保存有紫微殿、漏壶房、晷影堂、司天台等建筑和清代制造的天体仪、象限仪、纪限仪、赤道经纬仪、地平经仪、地平纬仪、黄道经纬仪、玑衡抚辰仪八种天文仪。

　　古观象台现辟为北京古代天文仪器陈列馆,属于北京天文馆。它是了解我国古代天文成果、学习现代天文知识的理想之地。

卢 沟 桥

卢沟桥横跨在北京市西南约 15 千米的永定河上。因永定河原名叫卢沟河，故这座桥就以卢沟命名。卢沟桥始建于金大定二十九年，清康熙年间毁于一场洪水，后又重建，是北京地区现存最长、最古老的一座联拱石桥。

卢沟桥为联拱墩式结构，规模宏伟，结构精巧，工艺高超，造型优美自然。全长 1665 米，宽 7.5 米，桥身下有 11 孔涵洞，桥墩呈船形。并铸有银锭锁、三角柱，起牢固和分水作用。

整座建筑具有极高的科学性。桥身用坚固的花岗岩建造，桥两侧汉白玉精雕护栏上各有望柱 140 根，每根望柱上均雕刻伏卧石狮。精致细腻，神态各异，栩栩如生。桥的东西两端各有一对石华表，两侧还各筑有一座正方形汉白玉石碑亭，亭柱上雕刻饰精美盘龙纹饰。其中一座碑亭内立有康熙帝重修卢沟桥碑；另一座碑亭内立有乾隆帝御书"卢沟晓月"牌。

历史上卢沟桥是北京通往南部的交通咽喉，地理位置极其重要。它以"卢沟晓月"的清幽景致被列为"燕京八景"之一。

卢沟桥

卢沟桥还是一处最具有重要历史纪念意义的地方。1937 年 7 月 7 日著名的"卢沟桥事变"就发生在此。1987 年 7 月 7 日，在卢沟桥畔宛平城城内街 101 号建成抗日战争纪念馆。

目前，卢沟桥已不再具有实用功能，而是作为全国重点文物来供人们寻幽探奇，参观凭吊。

北 海 公 园

北海位于北京市西城区故宫和景山的西北。是中国现存历史悠久、规模宏伟的一处帝王宫苑，距今已有 800 多年历史。

十世纪初，辽统治者欣赏北海山清水秀，环境优美，在此建有琼岛，作为游乐场所。金时开始大兴土木，营造离宫别馆、亭台水榭，建造大宁宫，修建苑囿。元代划入大都皇城归为皇家内苑，并把北海中心的山称"万岁山"，水域改称太液池，并在山顶和山腰修建了以广寒宫为中心的若干殿室。明、清时期仍为皇家内苑。以后陆续扩建，明时在太液池北修筑五龙亭。清顺治时又在广寒殿旧址建造白塔。至清乾隆时期又在北岸修建了蚕坛、阐福寺、西天梵境、小西天、万佛楼、镜清斋等，在东岸修建了濠濮间、画舫斋等，为今天北海的规模和布局奠定了基础。

北海布局以琼岛为中心，白塔为主要标志，永安寺、长廊、团城、静心斋、濠濮间、五龙亭等人文景观及园林建筑错落有致，遥相呼应，亭台楼榭隐现于幽隧的山林之间，穿插分布，富于变化，构成颇具特色的中国皇家山水园林。北海的布局承袭江南园林的风格，但仍不失北方园林的艺术特点。

北海九龙壁

北海内存有许多珍贵文物，如九龙壁、白玉佛、"琼岛春阴"碑、金代太湖石、元代玉瓮、中国书法瑰宝《三希堂法帖》石刻等。1925年北海被辟为公园，新中国成立后又进行了全面规划修整。

北海是中国园林艺术的杰作之一，现有的园林建筑及风貌反映了中国传统的造园风格和高超的建筑技艺。

北海白塔　建在北京北海公园琼华岛上。塔呈宝瓶形，是一座喇嘛塔。塔基是十字折角形的巨大石块砌成的须弥座，座上置覆钵形塔身。塔身顶冠以高大挺拔的塔刹，正面有刻着梵文咒语的壶门式焰火门。塔前矗立一个高台，上面建一琉璃小殿，名善因殿。此殿与白塔连为一体，是白塔重要组成部分。琼华岛白塔，高耸入云，岛周围又有永安寺、画舫斋、濠濮间等建筑，加之古木参天，情趣万千。

九龙壁　在北海北岸天王殿西。是一座彩色琉璃砖影壁，由424块七色琉璃砖筑成。建于清乾隆二十一年，壁高6.65米，长25.86米，用青白玉石作座基，上有绿色琉璃须弥座。画面绘有九条色彩艳丽的巨龙奔腾于云海波涛之中，每条龙形态各异，栩栩如生。九龙壁是中国古代艺术品杰作。

琼华岛　在北海公园太液池南部，因白塔建其上，素有"白塔山"之称。岛上众多的建筑依山取势，交相错落地掩映在苍松翠柏之中。建筑群主要分布在岛南、北、西三面。岛南是以永安寺为主的建筑群，从山麓到山巅有法轮殿、普安殿、正觉殿三重大殿；岛北面山麓沿岸一排临水游廊像一条彩带将整个琼岛拦束起；岛西主要建筑有悦心殿、琳光殿、庆霄楼，另外还有存放乾隆时模刻珍品《三希堂法帖》的阁古楼；岛东建筑不多，但古树葱郁，景色清幽。乾隆游此时亲笔题"琼岛春荫"碑，为燕京八景之一。岛上由太湖石组成的假山和山洞，为琼岛的另一景观。

静心斋　静心斋原名镜心斋，清乾隆二十二年建，在北海北岸，1913年改今名。有"乾隆小花园"和"园中之园"之称。站在静心斋正门便可望见隔水的琼华岛。四周以短墙围绕，角边围墙为透空式。斋内主要建筑有叠翠楼、沁泉廊、画峰室、抱素书屋、韵琴斋、焙茶坞、枕峦序、罨画轩等，其中叠翠楼为全园最高处。

北海琼华岛

五龙亭　五龙亭位于北海岸西部，建于明万历三十年，原为明清帝王在北海钓鱼和观赏焰火之用。五龙亭临水而建，主次分明，绚丽多彩，远望如五龙盘虬游动。其中最大的亭子名"龙泽"，其东、西两边各有两亭。亭与亭之间用"S"形平桥相连。亭顶式样富有变化，采用左右对称布局，顶部覆盖绿筒瓦黄剪边琉璃瓦，檐下梁枋施小点金旋子彩画，显得金碧辉煌。

濠濮间　建于清乾隆二十二年，为北海中园林艺术精品，有三间水榭，在北海东岸，是帝后及大臣休息宴饮之场所。北邻画舫斋，东北面有叠砌玲珑的山石环绕，布局精巧，回旋变化于咫尺之内，极富幽深之感。

画舫斋　画舫斋是皇帝召集名画家作画之所。在北海东岸，隐藏在土石山林之中。主体建筑以水池为中心，坐北朝南排列。故又称水殿。画舫斋布局紧凑，建筑精巧，是北海的园中之园。

团城　团城在北海公园南门外西侧，原是太液池中的一个小岛，后金时始建宫苑，元时建成了一座高5米、面积为4500平方米的圆形小城堡，有昭景、衍祥东西两门。城上有承光殿、占籁堂、敬跻堂、余清亭、沁香亭、朵云亭等建筑。承光殿为城上的主体建筑，殿内有玉佛一尊。城中央琉璃亭内还有玉瓮，又名为"渎山大玉海"，为稀世之宝。此外，还有著名的栝子松"遮荫侯"和白皮松"白袍将军"，使团城更添历史凝重感。

赵　州　桥

赵州桥又称安济桥，横跨于河北省赵县赵州镇南面的汶河上，是我国现存最早的石拱桥，也是首创敞肩拱而举世闻名的桥梁。

赵州桥建于隋代，是由隋代著名工匠李春和多位石匠集体设计与建造。此桥为单孔圆弧石拱，呈南北走向，全长 50.82 米，宽 9.6 米，净跨 37.02 米，在古代，它是当时世界跨度最大的石拱桥，1958 年以前，它一直是我国跨度最大的石拱桥。

赵州桥

赵州桥设计周密，采用 28 道拱券单独砌筑合拢的方法，横向上采用了铁拉杆，把 28 道拱券联为一体；在纵向拱石之间采用腰铁相连，以加强联系；而且桥身宽度采用拱脚宽、拱顶窄的"收分"方法，使全桥更加坚固。

赵州桥突出的建筑成就，是开创了在大拱的两肩上对称地叠置四个小拱的敞肩式石拱桥形式。这种科学设计不仅可以减轻拱桥的重量，提高排泄洪水的能力，而且也增加了桥梁的整体美感，使桥形外观显得"线条柔和，构造灵空，即稳重又轻盈，寓雄伟于秀丽"，在世界桥梁史上开了先河。

赵州桥桥面两侧 24 块石栏版上，刻有飞动的行龙浮雕。44 根望柱大多形似竹节，中间有 12 根雕有狮首像，精致雄伟。整个结构与周围的景致协调，远望全桥犹如"初月出云，长虹饮涧"，在中外桥梁史上都被视为典范。

赵州桥是古代桥梁建筑的奇迹，在漫长的岁月里，曾经受住多次地震和炮火的考验。

永 乐 宫

永乐宫原址在山西省芮城县城西的永乐镇。相传此处是八仙之一吕洞宾的故乡，人们为祭祀吕祖，便将其旧宅改为祠，后不幸毁于大火。

元中统三年朝廷下旨"升观为宫"，在旧址上修建"大纯阳万寿宫"，因宫在永乐镇，便直称为永乐宫。新中国成立后因修三门峡水利工程，于 1959 年将全部建筑迁至现芮城县城北 3 千米的龙泉村东侧。

永乐宫建筑规模宏大，总面积 8.68 万多平方米，在长约 500 米的中轴线上，耸立着五座庄严雄伟的古代建筑，即元代所建龙虎殿、三清殿、纯阳殿、重阳殿与明代重建的宫门。这些主体建筑的东西两侧用围墙组成一个中心院落，三清殿、纯阳殿、重阳殿等主要建筑物集中在后半部，其他附属建筑在中心院落之外另筑一道外围墙。主次分明，错落有致。

在殿宇平面设计上，承袭了辽金建筑的减柱法，即开阔了殿堂内的空间，又为绘制壁画留出了广阔的天地和充足的光源。永乐宫总体建筑庄严古朴，比例适度。外观宏伟壮丽，飞檐凌空，斗拱交错，平棊藻井，构造精巧。宫内所有的彩画、泥塑、木雕、琉璃等都十分精细，具有很高的艺术价值，是我国建筑史上的精品。

永乐宫壁画总面积 960 平方米，绝大多数产生于元代。全部壁画具有两种不同的风格，龙虎殿、三清殿为一种，纯阳殿和重阳殿为另一种，而以三清殿最为精美。永乐宫现存主体建筑及其壁画多为元代建筑，是我国现存最早的道教宫，也是我国元代建筑中保存最完整的一组古建筑群。

纯阳殿壁画

三清殿 又称无极殿，为宫内主体建筑，宽七间，深四间，雄伟壮丽。殿内供奉上清、太清、玉清神像。四壁及神龛内均绘满彩画，内容是诸神朝拜道教始祖元始天尊图像，共有帝君、福星、金童、玉女、天丁、力士等 290 多尊，画面 400 多平方米、290 多幅，其人物众多，神态各不相同，是元代壁画的上乘之作。

龙虎殿 又称无极门，清代以前为永乐宫山门，宽五间，门额悬"无极门"竖匾，门墩有六头石狮，殿内后部有壁画，有神荼、神史、神将、土地、城隍等 26 位神像。

纯阳殿 又称吕祖殿，因吕洞宾道号纯阳子，故名。殿宽五间，深三间，内奉吕洞宾。四壁绘有"纯阳帝君仙游显化图"，描绘吕洞宾从降生到成仙度人，共 52 幅，每幅自成一体又相互连贯，是研究宋、元社会风貌、民间生活的重要资料。

重阳殿 又称七真殿，殿内供奉道教全真派领袖王重阳及其弟子七真人。殿内壁画描绘王重阳从降生到度化七真人成道，共 49 幅，是研究道教发展史的重要资料。后面还有诸神朝拜三清图像。

古魏城 在古永乐宫门前广场南部，古城系西周武王分封之小诸侯国魏国的都城。《诗经》中著名的《伐檀》、《硕鼠》等七篇华章，即诞生于此。故而，芮城又雅称"古魏"。

真武庙 又称玄帝庙（玄武庙），在纯阳殿东侧墙外，为单檐歇山顶的殿堂建筑。庙内原供真武大帝神祇，民间俗称"祖师"，是道教供奉的北方之神。

吕公祠 在三清殿西侧墙外，是一座小型宫观建筑，有前楼、后楼、东西两厢等。今东西耳房及两侧厢房陈列有永乐宫搬迁展览、名人书画、道教文物及养生学有关资料古籍。

吕祖墓 或称"三仙坟"，在古永乐宫东北角。墓园内存有吕洞宾、宋德方和潘德冲墓冢及碑刻等。

佛宫寺释迦塔

佛宫寺木塔

佛宫寺释迦塔地处山西省应县西北佛宫寺内，又称应县木塔。该塔始建于辽清宁二年，是世界上现存最大、最古老的木构塔式建筑。塔建在4米高的两层石砌台基上。塔高67.13米，塔底层呈八角形，四周建有重檐和回廊。塔身外观五层，塔内四层，每层有暗层，所以实为九层。全塔共用斗拱54种，二层以上均用斗拱挑出平座，全都围以栏杆。

塔第一层的释迦牟尼全身塑像，高11米，神情慈祥庄重，端坐在莲花台之上，墙壁绘有如来、金刚等画像；二层正中有一方坛，上有一佛、四菩萨，即释迦牟尼佛、东西胁侍菩萨、普贤菩萨、文殊菩萨；三层八角座坛上塑四方佛；四层坛座上端坐释迦牟尼佛、阿难像及两尊菩萨；五层释迦牟尼佛坐在中央，八大菩萨分坐八方，均庄严肃穆。游人置身塔顶，凭栏展望，远处巍巍恒山，层峦叠嶂。云烟缭绕，塔下应县城区尽收眼底。

应县木塔属辽代作品。虽经历数次地震、连年战火，但仍岿然不动，完整地保存了辽代中国传统高层木结构建筑风格，表现了中国古代木结构建筑的突出成就，堪称世界建筑史上的一大奇迹。

1974年在塔内发现了大量辽代经书、绘画，是研究辽代社会的重要史料。其中手抄本和辽代木版印刷本，是校勘经典和研究宗教及当时印刷工艺的重要实物资料。

丁村民宅

山西省襄汾县城南的丁村，保存明、清两代民居院落40处。最早的建筑追溯至明万历年间，较晚者建于清康熙、咸丰年间，基本保持明、清时的村落布局。

丁村民宅均是坐北朝南的四合院格局，包括正厅、厢房、门楼、牌楼、牌坊、观景楼、绣楼等建筑。全部建筑大体包括北院、中院、南院三个建筑群组，其整体布局规划严谨，疏密均匀，错落有致。

明、清两代建造者在院落布局、大门设置、房顶坡度以及门、窗、隔扇上装饰雕刻等都有变化，风格各异。明代建筑院门多选在东南角，清代则不拘方位，活泼多变。

丁村民宅的建筑以传统的砖、木、石为材料，不仅美观，而且坚固实用、抗震性强。建筑形式有厢房、正堂、过厅、门楼之分，位置不同，造型各异。各建筑构件上的石雕、木雕，题材丰富，有人物、花卉、飞禽走兽、戏曲故事、历史传说等，造型优美，刻工流畅精致，是我国明清民居中的雕刻艺术佳作。

丁村民宅是山西现存明、清时期民间建筑的突出代表，并完整地保存了明清北方民居建筑的原貌，是研究中国北方民居的实物资料。

古 镇 同 里

同里是江南一座美丽幽静的千年文化古镇，位于江苏省苏州市。它以"小桥、流水、人家"的水乡风貌和人文荟萃、文物古迹遍地的特色而驰名中外。独树一帜的建筑风格、规划严谨的镇区布局、淳厚古朴的人文环境使其不愧有"东方威尼斯"、"明清建筑群"、"天然摄影城"的美称。

同里古镇区面积约 1 平方千米。镇外五湖（同里湖、南里湖、叶泽湖、庞山湖、九里湖）环抱，镇内街巷交错，河道纵横，路由桥通，家家傍水，户户通舟。10 多条河流把镇区内分割为 5 个小岛，而 49 座建于各个年代、风格迥异的古桥又将分隔的土地连成一体，形成了以河道为骨架的浓郁的水乡风貌。

同里现有的和正在恢复的著名旅游景点有"一园"（退思园）、"二堂"（崇本堂、嘉荫堂）、"三桥"（太平桥、吉利桥、长庆桥）、"丁字河道"、"明清商业街"、"历史文物陈列馆"、"南园茶社"，正待开发的景点有"耕乐堂"、"罗星洲"、"珍珠塔"和"陈去病故居"等。

同里的民居多建于明清，因其自古人才辈出，宋至清代举人以上的就有 119 人之多。他们故土难离，衣锦还乡后，建宅造园，安度晚年。据《镇志》记载，从公元 1271 年至

古镇码头

1911 年，共建宅第园林 35 处，寺观祠宇 47 座，保存较完好的明代建筑有三谢堂、待御堂、承恩堂、五鹤门楼、仁济道院等 10 余处；清代建筑有退思园、务本堂、耕乐堂、任氏宗祠、嘉荫堂、崇本堂、陈去病故居等。现存最深的深宅大院有九进，为江南古镇之罕见，形成了独特的"明清建筑群"。

同里因其独特的自然水乡景观、浓厚的文化底蕴，深受影视界朋友的青睐，被称为天然摄影城。自 1983 年至今，已有 100 多部影视片在同里拍摄。1999 年 4 月 18 日同里镇与中国电影家协会和江苏电影家协会共同建立了"中国同里摄影摄制基地"，这一活动更加促进了中国乃至世界影视业的发展。

同里以典型的水乡古镇风貌，丰富的历史人文景观，浓厚的历史文化底蕴而享誉海内外。

水 乡 周 庄

周庄风景

被誉为"江南第一水乡"的周庄位于江苏省昆山市西南，处于澄湖、白蛇湖、淀山湖和南湖的环抱中。面积 36 平方千米，已有 900 年历史。镇区内保存着完好的宋代"水陆平行"、河街相邻的"井"字形格局和"小桥、流水、人家"的风貌。因条条水巷游人如织，条条河道轻舟荡漾，"镇为泽国，四面环水，咫尺往来，皆须舟楫"而有"水中桃源"之称。吴冠中曾盛赞"黄山集中国山川之美，周庄集中国水乡之美"。

周庄古名贞丰里，唐代诗人刘禹锡、陆龟蒙曾居此。北宋周迪功郎在此设庄，始称周庄。元代中期发展成市镇。现存建筑大都为明、清时期建造，风格集苏帮、徽帮、绍帮之长。

周庄因其特殊的自然环境、悠久的历史文化，造就独特的自然与人文景观。全镇有古宅大院百余处，以有"江南民居之最"之称的"七进五门楼"的沈厅和"桥从前门进，船从家中过"的张厅，还有冯元堂、戴宅、澄虚道院、迷楼等古建筑；这些各具风采的古建筑与富有水乡特色的过街骑楼、临河水阁、穿竹石柱等林立于水巷两岸；造型迥异的 14 座石桥横跨于河道之上，构成水乡独有的韵味。

周庄之美，美在水，美在建筑，更美在两者交融带出的氛围和感受。

周庄内有大小河流 30 多条，它们纵横交错，四条主河道形成"井字形"，构成了水乡神韵。水面上白雾蒙蒙，妇女们在水边洗菜洗衣，小船轻轻摇过，留下"吱吱嘎嘎"的摇橹声。周庄人与水的亲和力令人羡慕。

周庄的桥形态各异，有拱形的、有直梁的，它们伏卧水面，古意朴拙，耐人寻味。其中最知名的要数处于周庄城中心地段的双桥。它由世德桥和永安桥纵横相接组成，似古钥匙，故俗称"钥匙桥"。1984 年著名画家陈逸飞把此桥绘成油画，名为《故乡的回忆》，1985 年此画被选为联合国首日封图案，自此以后，周庄随双桥的名声一起蜚声世界。

周庄民居，傍水而筑。粉墙黛瓦的深宅大院，雕梁画栋的临水楼阁比比皆是。民居、寺观、古桥、牌坊、街市……以其独有的格局和传统特色，使周庄成为典型的水乡之镇。整个小镇的独特信息和韵味都在这色彩纷呈的建筑文化氛围中充分体现出来。

客 家 土 楼

土楼是客家人自卫防御的坚固楼堡，是世界上独特的山区民居建筑，是我国古代建筑的一朵奇葩。主要分布在闽西和闽南客家人居住的地方，是客家人古老的民居建筑，体现着聚族而居的传统民俗风情。

土楼建筑始于晋、唐时期，当时中原地区连年战乱，许多汉人举家南迁，因为南迁的汉人中有一部分后到，被称为"客家"。他们辗转来到福建山区，根据当时交通不便、建筑材料缺乏、时有盗匪抢劫的现实情况，几个或多个家族联合起来建造了结构精巧、坚固耐用的独特山区民居——土楼，并世代相传，居住至今。

客家土楼在福建永定和南靖两县有千座以上，大多是清代以前建造，是世界独特的民居建筑博物馆，最具代表性的是永定县境内的振成楼、承启楼和遗经楼。振成楼建于 1912 年，是圆楼中设计最精彩、格局最丰富、保存最完好的一座土楼；承启楼始建于明末，是福建省现存最高大的一座圆楼，1986 年邮电部以此楼作为"福建民居"邮票发行；遗经楼建于清代，为方形土楼建筑之典范。

土楼最大特点在于造型大，属于集体住宅区。其形状有方形、圆形、半圆形、椭圆形等，其中以圆楼最为著名。最普通的圆楼可居一二百人，较大型的圆楼可住七八百人，有的大型圆楼住宅多达三圈，环环相套，紧凑别致。

土楼的优点是墙壁较厚，不易倒塌，既可防震、防潮、防盗，还起保温隔热作用，体现了我国古代人民高超的建筑艺术水平，被称为世界上绝无仅有的神话般的山区建筑。

杭州西湖

被称为"人间天堂"的杭州西湖像一颗灿烂的明珠镶嵌在杭州城西面。其三面环山，一面环城，它是"具有东方艺术风格的巨型山水盆景"，闻名于世，是我国十大风景之一。

西湖在古代是一个浅海湾，后来由于自然演变及人工改造成为举世闻名的西湖。西湖轮廓似椭圆形，水面面积 5.66 平方千米，周长 15 千米。湖水碧清如玉，湖底较平坦，平均水深 1.5 米。白、苏二堤将湖面分成外湖、里湖、岳湖、小南湖、西里湖五部分。湖中有孤山、公墩、小瀛洲、湖山亭四岛。

西湖四周山峦叠翠，花木繁茂，"峰岩洞壑之间镶嵌泉池溪涧；青碧黛绿丛中点缀楼阁亭榭"，著名的西湖十景就掩映在山水林竹之间；而新西湖十景更以其秀雅艳丽装点着

俯瞰杭州西湖

"天堂明珠"。西湖四季风光如画，春华秋实，夏荷冬雪，处处成景；日娇月媚，晴好雨绵，时时迷人。宋代苏轼咏赞西湖曰："水光潋滟晴方好，山色空蒙雨亦奇。欲把西湖比西子，淡妆浓抹总相宜。"西湖宛若一面晶莹的明镜，映照出"人间天堂"的神秘和魅力。

在以西湖为中心的 60 平方千米的园林山水风景区内，分布着主要风景名胜 40 余处，重点文物 30 余处，融自然、历史、人文、艺术于一体。在众多的风景名胜中，西湖十景、新西湖十景为胜景中之胜景。

西湖胜景

平湖秋月　在杭州西湖白堤西端，三面临水，面对外湖最开阔处。秋日夜空，明月皓然，清辉流泻于如镜的湖面上，宛如一幅绝美的秋夜月色图。前人有诗赞曰："万顷湖平长似镜，四时月好最宜秋"。

苏堤春晓　苏堤是北宋苏轼任杭州知州时，开浚西湖修筑而成的湖中堤。堤岸桃柳相夹，堤上有画桥六座。漫步苏堤，观晓雾之中，西湖渐醒，新柳拂面，鸟语花香，意境颇为深远，故称"苏堤春晓"。

三潭印月　小瀛洲是浚湖而筑，故呈"岛中有湖，湖中有岛"的建筑格局。

此处湖面上建有石塔，塔身中空，且有五个圆孔。每当皓月当空，塔内烛火透过圆洞倒映水面，宛如一个个小月亮，与天上的月象相映成趣。又因旧时传说湖中有三个深潭，故有"三潭印月"之称。月夜泛舟，便可领略"月印三潭潭印月，湖含石塔塔含湖"的优美景象。

花港观鱼　在苏堤映波桥与锁澜桥的小绿洲上。整个公园由牡丹亭、鱼乐园和花港组成。其中牡丹亭和鱼乐园中的红鱼池为主要景点。岸上牡丹争奇斗艳，池中金鱼游戏不停，将"花"、"港"、"鱼"有机融合在一起，形成独特景观。

黄龙吐翠　坐落于梅霞岭北麓的黄龙洞，初为佛庙，后成道院，寺幽洞壑，亭台精巧，更有茂林修竹，清泉怪石，藤萝虬结，苔痕常绿，回廊临池，融自然、人工之景于一体。

龙井问茶　龙井是杭州名泉，以从山岩间汩汩流出的清冽甘泉而闻名。泉水久旱不涸，井周古树参天，藤萝密布。泉傍茶室，是"问茶"的理想之地。

龙井问茶

满陇桂雨　满觉陇又称满陇，位于西湖南高峰下。桂花为杭州市花，每当三秋金桂香沁肺腑之际，是游玩"烟霞三洞"的最好季节，可尽享桂花之香。

九溪烟树　"九溪十八涧"是发源于西湖南杨梅一带的山溪的誉称。涓涓溪流，穿林绕坞，曲折迂回于重叠的山岭之间，风景怡人，使人流连忘返。

云栖竹径　地处西湖西南五云山麓，由石板、鹅卵石铺成的石径，恬静幽僻。西侧翠竹成荫，曲径蜿蜒，又有清溪依傍，水声潺潺，令人心旷神怡，驻足观赏。

湖心亭与其他

湖心亭　湖心亭始建于明嘉靖三十一年。因在杭州外西湖中央而得名。昔人有诗赞云："百遍清游未拟还，孤亭好在水云间。停阑四面空明里，一面城头三百山。"

孤山　位于西湖的西北角，因山上植梅树，又名梅屿。孤山东西狭长，四周湖水环绕，形如一头牛卧于水中。山上有西泠印社、文澜阁等古迹。

虎跑泉　与龙井、玉泉并列为三大名泉。而"龙井茶叶虎跑水"，历来被誉为"西湖双绝"。传说唐代有高僧名性空，夜梦神仙指引，有二虎刨地作穴，泉水喷涌而出，便将此泉命名"虎跑泉"。

白堤　是一条游览长堤，两侧栽有垂柳碧桃，每到春天，柳垂绿丝，桃吐丹霞，远望如湖中锦带。唐代诗人白居易曾吟"最爱湖东行不足，绿杨阴里白沙堤"的诗句以示赞美。

西湖游船　西湖游船是杭州西湖一道美丽的风景。自1992年始，杭州举办了多次"西湖国际游船节"的大型旅游节庆活动。

桂　林　漓　江

桂林市地处广西壮族自治区东北部桂江岸边，是中国著名风景游览区和历史文化名城，已有两千多年历史。自秦代设象郡始，桂林即成为南北经济文化交流的重镇。大自然鬼斧神工所赐予桂林的奇山丽水，早在宋代就已名扬天下。现在景区内遗留的庙宇、楼台和历代文人雅士的碑刻题记，让人"看山如观画，游山如读史"。

桂林四周被山峰环绕，山峰多从平地拔起，有如玉笋万竿；碧澄清丽的漓江自北向南流过，宛如一条玉带环绕奇峰耸立的桂林城，可谓"千峰环野立，一水抱城流"。古人以韩愈的诗"江作青罗带，山如碧玉簪"来形容它的山水之美。

"桂林山水甲天下"，而漓江是桂林山水的精华。漓江发源于广西桂林东北兴安县猫儿山，全长437千米，流经桂林、阳朔、平东，在梧州流入西江。桂林至阳朔83千米的河段则是漓江最美的水域。两岸青山常绿，江水清澈；山峰倒影，景色变幻；衬以三五农舍和点点渔舟，形成一幅美丽的山水画长卷。

漓江

自古以来，漓江风光就以山清、水秀、洞奇、石美这"四绝"而称誉于世。南宋抗金名将李纲游漓江后写道："无从学得王维手，画取千山万壑归"。叠彩山、象鼻山、伏波山、独秀峰、七星岩、芦笛岩等景点，奇景绵延，令人缓步入画。"几程漓水曲，万点桂山尖"的诗句，正是描写此段漓江的最生动写照。

桂林漓江著名景点以三山（叠彩山、伏波山、象鼻山）、二岩（七星岩、芦笛岩）为代表。

叠彩山　又名风洞山，位于桂林市东北部的漓江之滨。因山上岩石层层横断，有如"铺锦叠彩"而得名。山上建有叠彩楼、于越阁、仰止堂、叠彩亭、一拳亭等楼阁。山风洞是叠彩山最为奇特之处，山洞南北对穿，仅能过人，四季清风徐徐。山上还有石刻230多件。

桂林山水

伏波山　位于漓江畔，与独秀峰东西相望，半接陆地，半枕江流，因此名伏波。此山景致优美，风光旖旎，岩洞奇特，素有"伏波胜境"之称。山腰建有观景台，登临山顶极目四望，桂林全景，尽收眼底。山下还珠洞内存名人题字及200多尊唐代石刻塑像。

象鼻山　原称漓山，在桂林阳江和漓江汇流处，因酷似一头巨象伸长鼻子吸水，故称象鼻山。象鼻山的鼻、身间隔处，有一南北贯通的穿洞，形如圆月，人称水月洞。每当月明之夜，观水月洞倒影，堪称奇绝。明代时象鼻山顶建有一座古塔，塔身刻有普贤菩萨像，故名普贤塔；依其形状，又称剑柄塔。传说此山是一负剑神像所变，背上的剑柄就是如今所见的古塔。

七星岩　古称栖霞洞，全长800多米，是桂林最大的溶洞。洞内深邃宽阔，分六个洞天，洞中温度常年保持在20℃左右，是冬暖夏凉的洞天福地。洞内钟乳石、石笋、石幔姿态万千，悬石鲤、白玉长廊、银河鹊桥、仙人晒网、狮子戏珠、大象卷鼻等景观交相辉映，奇幻多姿，犹如人间仙境。现存有题刻诗文120多处。

芦笛岩　它是一个地下溶洞，在桂林西北7千米处的光明山上，因洞口有芦荻草，可制作牧笛而得名。洞内由大量天然钟乳石组成各种景物，有的像盘龙宝塔；有的如轻纱罗帐；有的似帘外云山，有"天然艺术宫"、"新的童话世界"之誉。

泸沽湖

泸沽湖又称左海湖，是滇、川交界处的一个秀丽的高原湖泊。群山环护的泸沽湖呈马蹄形，面积52平方千米，湖东有一山梁伸入湖心，如同一条俯身喝水的蛟龙，这就是美丽的长岛半岛。湖中还有分属滇、川的里格、务比等四个小岛。湖水清澈碧蓝，目可及底。平均水深45米，盛产鲤鱼、细鳞鱼等。湖周苍峰翠峦，森林资源极为丰富；湖区还是许多珍奇生物的聚集地。

泸沽湖畔居住着土著民族摩梭人，他们至今保留着母系社会的独特风俗习惯，男不婚，女不嫁。有"阿注"关系的男女，过着夜聚昼离的"走婚"生活。

这种母系社会遗风被称为"母系社会的活化石"，泸沽湖畔也被称之为"神州大地女儿国"。

泸沽湖北岸的狮子山，又叫夏姆神山，是摩梭人心中的保护神——夏姆女神的化身。传说夏姆女神保佑着山下的摩梭人人畜兴旺，平安幸福，马壮羊肥，故狮子山在摩梭人心中是一座神圣的山。每年农历七月二十五日，摩梭人都在此举行祭祀女神的盛大仪式——"转山节"。在这烟波浩渺、清澈碧透的湖面上，可以看到身着盛装的摩梭姑娘，轻摇猪槽船，唱着动听的民歌，漂荡"明镜"之上，与湖光山色融为一体，构成了一幅迷人的天然风景画。

节日与婚俗

狮子山转山节　农历七月二十五日，是摩梭人一年一度的转山节，届时摩梭人都以十分虔诚而崇敬的心情在狮子山举行隆重而盛大的祭祀仪式。早晨，他们带着食物和美酒，围绕狮子山或泸沽湖游转，称"转山"或"转海"。然后，在传统的祭祀地点点燃一堆堆树枝，霎时火光四起，烟雾升腾，气象氤氲。随着有节奏的祈祷声，人们虔诚地向狮子山女神顶礼膜拜。祭毕，人们便在此吃野餐，举行对歌、跳舞、赛马等娱乐活动，此时也是青年男女寻觅阿注的好时机。

摩梭人的婚俗　阿注婚是泸沽湖区摩梭人最普通的婚姻形式。"阿注"是摩梭人走婚生活双方的互称，也称"阿夏"、"阿肖"。男女双方建立阿注关系，但仍居住在各自的母亲家，男子只是夜晚到阿注家过夜。阿注双方所生的子女，属于女方家庭成员，姓氏随母，由女方家庭抚养。

居民与生活

摩梭民居　摩梭人传统的住宅是木楞房，由原木垛成，屋顶坡度较小，以木板为瓦，并用石块压住。这种住宅既坚固，又简单易造。比较典型的院落是四合院式，由正房、东厢房、西厢房、门楼组成。其中正房每家都有，正房内厅是家庭活动的中心；西厢房称经楼，供喇嘛居住；东厢房称花楼，由成年姑娘居住。摩梭房屋的布局，反映了阿注婚和母系家庭以妇女为中心的特点。

摩梭人家　泸沽湖畔的摩梭人至今仍保留着母系氏族的遗俗。家庭组织为母系大家庭，妇女是家庭的核心，享有崇高的社会地位，有权力支配着家庭的一切。财产按母系继承，一个家庭的人口可在数十人以上，但家庭成员均和睦相处，尊老爱幼，有谦有让，充满了宁静和谐的生活气氛。

神农架自然保护区

在长江以北、汉水以南的湖北省西北部大巴山山脉，有一片群峰耸立、云雾缭绕的原始森林，这里群山嵯峨，峡谷幽深，古木参天。相传神农氏曾在此处采药为民治病，不畏山高路险，白天"架木为梯助攀缘"，夜晚"架木为屋避风寒"，故此地便得名"神农架"。

神农架为大巴山的一部分，山体由石灰岩、砂页岩和千枚岩等构成，山势陡峻，山峰海拔多在2500米以上，素有"华中屋脊"之称。神农架三座最高的山峰分别被命名为神农顶、大神农架和小神农架。主峰神农顶海拔3000多米，气势磅礴，直插云天，雄踞于群峰之上，被誉为"华中第一峰"。

神农架神秘瑰丽，是我国中部最大的原始森林，森林覆盖率占林区总面积的86%以上，是一座天然的绿色宝库。

神农架自然保护区为中国东、南、西、北动植物区系的荟萃之地，也是地球同纬度少见的亚热带森林生态系统保存完好的原生态森林。保护区内有54种我国及世界珍稀保护动物、30余种珍稀保护植物和千余种珍贵药材。1990年被联合国教科文组织纳入世界人与生物圈保护区网，成为东亚地区生物多样性保护样板之一。

春天神农架满山翠绿，万紫千红的鲜花点缀其间，是神农架最美的时节；而秋天是神农架景色最壮观的时节，此时层林尽染，景色万千。

神农架还是盛传"野人"出没之地，更有动物白化之谜，使这座险峻深邃、古老幽奇的神农架蒙上了一层扑朔迷离的神秘色彩。

神农架以古老和神秘而著称于世，雄奇的山峰，幽深的峡谷，奇特的喀斯特地貌，构成了许多风光旖旎的奇特景观，有风景垭景区、燕天景区、神农架祭坛等。

风景垭景区

在神农架自然保护区南部，木鱼镇西侧，景区内包括神农顶、风景垭、板壁岩、金猴岭等景点。

神农顶 位于风景垭旅游区的中心地带，峥嵘雄伟，耸入云天，雄踞群峰之上，为巴山第一

神农氏采药图

峰。峰顶常年云雾萦绕，使人难识其真面目。神农顶顶端岩石裸露，石林耸天，一片原始洪荒的景象。而在神农顶的山腰则分为箭林竹林带、冷杉林带、杜鹃林带三个层次，景色各异，又相映生辉，别有意境。

风景垭　位于神农架林区西南部，取其风景优美而命名为风景垭。因盛夏凉风拂面，如沐春风，故称凉风垭、春风垭。风景垭峰奇谷幽，怪石嶙峋，树木繁茂，人称"神农第一景"。

板壁岩　板壁岩一带茂林修竹，野花烂漫，以姿态各异的岩石群著称。北坡的"恋人细语"和南坡的"雄鹰展翅"等奇石怪景神形兼备，令人遐想。板壁岩以"野人"出没而著称，据说此地多次发现不明动物的毛发、粪便、脚印。

燕天景区

位于神农架自然保护区北部，主要由燕子垭与天门垭组成。

燕子垭　与天门垭南北相望，相映成趣，宛若九天仙界，是观云海、佛光的绝佳位置。燕子垭西侧，依山建有步云梯、会仙桥和燕舞亭，其中会仙桥是观云海的最佳处。燕子垭的名字因坐落于附近的燕子洞，洞口呈穹形，洞内有暗河，多石笋峭立，岩壁上密布着数以千计的燕巢，无论春夏秋冬，都会有数以万计的短嘴金丝燕来回飞翔，成为奇景，洞因此为名。

天门垭　天门垭面南而开，峰垭耸立，古树参天，烟云细绕，峭壁环围。西侧山体呈三级台阶，一级比一级陡峭，相传神农氏在此搭架。峰顶有留名寨，雄浑巍峨，古木环抱，四周全是悬崖绝壁，传说为神农氏尝百草时晋天之处。寨下横一独木小桥，悬空而架，相传神农氏曾将记载药物的紫竹筒失落于桥下，此桥故名"失书桥"。

红坪峡　红坪峡又称红坪画廊，是天门垭景区内一条宽不足百米、蜿蜒15千米的峡谷，为神农架风景绝佳处。谷内溪水清澈见底，两旁三十六峰、八寨、八岩、七塔、六洞、三瀑、五潭、四桥，交相辉映，有"红坪画廊"之称。其中天洞、乌龟石、宝剑岩、青蛙洞、百步梯、仙女峰、映平潭等都十分有名。

千家坪　位于大神农架东南，是罕见树种所在地之一，有国家一级保护植物，称"中国鸽子树"的大珙桐，距今约有1000万至8000万年，是被称为"活化石"的珍稀树种。

杉树坪　杉树坪是当今世界中纬度地区少见的原始森林，以国家三级保护植物秦岭冷杉为主要树种。林间许多树木喜并肩互生，称"姐妹树"或"连理树"。树干上青苔遍布，丝藤缠绕。寻觅林间偶尔可见"头顶一颗珠"、"文王一支笔"等珍稀药材。

武山湖　在松柏镇以南，因其倚靠武山，故得名。两岸陡崖连壁，风光奇绝，有神农架"水上画廊"之美誉。湖口有一宽300多米的瀑布，飞流直下，声震谷天，非常壮观。在其对面还有一铁索桥凌空而卧，探身桥面，颤巍巍，晃悠悠，险中有乐。其湖水湛蓝，曲径通幽。

神农架祭坛

神农架祭坛的主体建筑是神农巨型牛首人身雕像，它立于群山叠翠之间，双目微闭，似在思索。雕像高 21 米，宽 35 米，相加为 56 米，寓意中华 56 个民族紧密团结。祭坛左右立着高 10 米的图腾柱，柱上的大、小牛首寓意神农氏为牛首人身，子孙后代繁衍之意。图腾柱的前方则是展示神农氏一生业绩的两幅大型浮雕。登

神农架祭坛

上 340 级台阶，便可到雕像前的瞻仰台。祭祀区内地面是代表天和地的圆形和方形图案。

云 南 石 林

石林位于云南省彝族自治县，是一座巨大的自然石景艺术宝库，此处是闻名世界的喀斯特地貌之一，千姿百态的奇峰怪石拔地而起，汇成一片"石海"，有"天下第一奇观"之誉。

石林的形成，是"沧海桑田"的结果。大约在两亿多年以前，这里是一片汪洋大海，沉积了许多厚厚的石灰岩。随着地壳运动，岩石裸露地面，因受到地应力作用而产生了纵横交错的垂直裂缝，因酸性大的液体不断渗入使裂缝扩大成沟谷，最后沟谷间只留下陡峭的岩石，这样便形成了繁密分布的石林。

石林总面积 350 平方千米。进入"林区"，仿佛走进迷宫，那绮丽的石峰、石笋、石柱、石芽，好像一下子都鲜活起来：有的像古朴的宝塔，有的似巨大的利剑，有的像一群厮杀的武士，还有的像母子嬉戏等，令人叹为观止。千奇百态的石林妙趣横生，使人目不暇接。

石林附近是彝族撒尼人的居住地，历史悠久，文化灿烂，被誉为"文化宝库中的一颗明珠"，世界著名的叙事长诗《阿诗玛》产生于此，石林也因阿诗玛的传说被誉为"阿诗玛的故乡"。火把节是彝族人民的盛大节日。每年农历六月四日，彝族群众身穿节日盛装从四面八方拥向石林欢度节日。白天，整个石林

人山歌海，一片欢腾，石林也仿佛穿上了节日盛装。夜晚，人们举着熊熊的火把，通宵达旦，载歌载舞，火光映红了天空，染红了石林。

旖旎的自然景观和独特的人文景观相辉映，构成了石林这道神奇的风景线。主要景点包括石林湖、大石林、小石林、外石林、乃古石林等。

云南石林

石林湖　进入石林风景区，首先看到的便是碧波粼粼的石林湖，湖中有一组石峰傲然耸立，湖光峰影，仿佛一个巨大的盆景。其中名为"出水观音"的石柱，形态奇异，令人赞叹大自然的鬼斧神工，绕过湖岸，即到大石林的大门。

大石林　是石林主要游览区，入口处有朱德元帅所题"群峰壁立，千峰叠翠"的石刻。由此穿羊肠小路，可见一片秀美的大草坪，这里四周石峰挺拔，参天林立，异常壮观。步入巨峰对峙的石门，右侧的石峰上镌刻"石林"两个大字，由此便可进入"密林"之地。这里峰石如林，群岩竞秀。著名的剑碧池畔峰林叠嶂，壁立如削，天光云影，四周群峰，尽映池中。其中，有一石峰兀立水中，犹如一柄利剑直刺青天，称为剑峰。

小石林　与大石林相连，又自成一体，群峰环列似一座古城堡。这里岩石稍显疏散，地面比较平坦，桃、李、梅、茶等花木装点其间，明净开阔，幽静淡雅。以碧潭侧畔的阿诗玛石峰最为著名，它秀颀高挑，风姿绰约，其后又有一峰相连，侧视宛若一位背篓少女在深情地眺望远方，这就是撒尼人传说中阿诗玛的化身，其中包含一个古老美丽的传说。撒尼人世代怀念、呼唤阿诗玛。如果对着石峰喊"阿诗玛"，就会传来同样的喊声。

外石林　在大、小石林之外，此地有众多石峰星罗棋布，峰外有峰，林外有林，令人目不暇接。西南边有狮子山如雄狮高踞，其上建有一亭，可鸟瞰大、小石林；东边有五老峰，像五位老人闲坐吟诗。石峰中有著名的偕子游、书生赶考等奇景。

乃古石林　距大石林12千米。乃古，当地撒尼语为黑色的意思，这里岩石灰黑，故称乃古石林。进入乃古石林，只见黑森森的一片怪石如大海怒涛冲天而起，气势磅礴，又像壁垒森严的古代战场，令人抚今思古。各种造型生动的怪石数不胜数。石质古朴黝黑，深沉玄奥，更增添了一种神秘和苍茫之感。

西安碑林与古城墙

在西安市三学街陕西省博物馆内，西安碑林以浩瀚的藏品、卓越的艺术价值和丰富的文化内涵，被誉为"东方文化的宝库"。

碑林始建于北宋哲宗元祐年间，是为保存唐开成年间刻成的《十三经》而建造。后经历代维修补充，规模不断扩大，清初始称碑林。新中国成立后又予以整修，增添了许多珍贵石刻。

西安碑林中现共藏有汉、魏、隋、唐、宋、元、明、清历代碑碣2300余件，展出1000余件。藏品时代系列完整，时空跨越两千多年，篆、隶、楷、行、草各体俱全，精品林立，令人叹为观止。游历于此，可以一睹秦代李斯"画如铁石，字若飞动"的小篆风采，还可以领略汉碑《曹全碑》流宕隽秀的字体，亦可观瞻唐代欧阳询等书法名家的手笔刻石及宋代苏轼、元代赵孟頫、明代董其昌、清代林则徐等名家的墨迹刻石。

碑林中存有唐代《开成石经》，即《十三经》，被誉为世界上最重的书，也是世界上最古老的石质书库。共有114石，两面刻有《周易》、《尚书》、《诗经》等完整的《十三经》文字。有些石刻还具有重要的历史文献价值。许多碑头、碑侧、碑座均雕有各种优美的形状和花纹，具有较高的美学研究价值。

碑林博物馆

孔庙　孔庙旧址是西安碑林博物馆的重要组成部分，始建于北宋末年，但保存至今的均为明清建筑。进入博物馆，首先映入眼帘的是斗拱繁复，高大而不失精巧的"太和元气坊"，其南是照壁，其北是泮池。进入"棂星门"，便可看到处于中轴线上的仪门；穿过仪门，可见东西两庑和相互对称的六座碑亭。整个建筑在参天古柏衬映之下，分外古朴典雅。

石刻　西安碑林中的"石刻艺术室"、"陕西古代佛教造像展"集中陈列着精选近200多件各个时代的具有代表性的石刻艺术作品，其中如东汉双兽、陕北画像石、昭陵六骏、唐菩萨像等，都是罕见的杰作，表现了中华民族进取向上的气势和精神，不仅在我国雕刻史上具有突出地位，而且是世界文化宝库中的珍贵财富。

西安古城墙

西安古城墙是明代初年在唐长安城的基础上修筑起来的，经过近年整修已形成了古城墙、环城林和护城河三位一体的旅游风景区，也是西安这座历史文化名城的重要标志之一。城墙规模之大，保存之完整为世界瞩目。

城墙始呈长方形，周长 13.75 千米，墙体高 12 米，墙底厚 15 至 18 米，每隔 120 米修有一个墩台，俗称"马面"。全城共有马面 98 个，每个马面上建有一座重檐歇山式二层敌楼。

城墙四角各有一座角楼，墙外有护城河环绕。城墙有东、西、南、北四座城门，各城门之间有闸楼、箭楼、正楼三重及瓮城。全城共有登城马道 11 处，还有垛口 5000 多个，做瞭望、射击、掩护之用，整座城墙构成了一个严密坚固的军事防御体系。

西安古城墙汇营城设计之精华，集各代建筑师运筹技艺之巧思，既可显示古代军事防御功用，又是中国古代建筑艺术的杰作，是军事科学与实用建筑相结合的一个开创，以其深厚而凝重的历史文化底蕴吸引着世界各地游客游历于此。

丝 绸 之 路

汉、唐时代，我国的丝绸深受中亚、西亚和欧洲人的喜爱。汉代张骞两度出使西域，开辟了横贯亚洲内陆的东西商路交通要道。从此，历代商旅往返不断，形成著名的丝绸之路。它作为历史上连接亚洲、非洲、欧洲的东西交通要道，对世界文明发展史产生过重大影响。丝绸之路东起长安（今西安），西及埃及、罗马，南至印度。

中国境内的丝绸之路，始自陕西省西安市，经甘肃省河西走廊到达新疆维吾尔自治区，在新疆维吾尔自治区内分为北、中、南三路，西行出境，目前已被定为国家级、省级文物保护单位的古城址、古遗址、石窟寺、古墓葬、石刻、建筑等达 133 处，沿途还有相关的丰富的可移动历史文物，至今保存完好，是研究古代中外经济、文化发展与交流的重要资料。

丝绸重镇

天水　为古丝绸之路南路的必经之地，是由陕西进入甘肃的第一个重镇。这座古城位于甘肃东部、渭河南岸，为川、甘、陕三省的交通咽喉。天水风光旖旎，气候宜人，素有"小江南"之称。这里名胜古迹众多，有伏羲庙、玉泉观、李广墓、麦积山石窟等。

兰州　古代曾称金城，文化积淀深厚。城南北有皋兰、凤凰二山拱卫，滚滚黄河穿城而过，地势险要。作为汉、唐时代古丝绸之路上的通津要邑，对沟通古代中原和亚、非、欧各国人民的友好往来，发挥了历史性的作用。

兰州文物古迹以丝绸文化为纽带，有石窟寺庙、长城关隘、古城遗址、塔碑楼阁、历史文物等各种类型。兰州自然风景有青山碧水、大漠戈壁、高山草原，更有雄浑的黄土高坡、冰川雪山、丹霞奇观和浓郁的风土人情。白山、黄河大桥、刘家峡水库、炳灵寺、拉卜楞寺等名胜古迹闻名天下。

武威　丝绸之路由东向西进入河西走廊的第一重镇就是武威。武威又名凉州，是汉代河西四郡之一。唐代时商业兴隆，经济发达。该城又被称作"铜奔马的故乡"，闻名于世的汉代铜奔马亦称"马踏飞燕"就出土于此。城区现存主要名胜古迹有文庙、古钟楼、海藏寺、罗什寺塔等。

张掖　位于河西走廊中部，也是河西四郡之一。所谓"张掖"，即"张中国之臂掖，以通西域，断绝匈奴右臂"之意。该城古称甘州，为河西粮仓。马可·波罗曾在此停留长达一年之久，张掖因有世界上最大的室内卧佛和甘肃独有的裕固族风情而著名。

酒泉　古称肃州，位于祁连山主峰之下。早在公元前 5 世纪，这里就是通往中亚、西亚的交通枢纽，汉唐以来，成为东西方经济文化交流的中转站，迄今已有 2100 多年历史。酒泉名胜古迹遍布，自然风光独特优美。市境的祁连雪峰、冰川、草湖水面、原始森林、戈壁沙滩以及长城烽燧，是探险旅游、科学考察、旅游观光的理想之地。

嘉峪关　与酒泉仅 12 千米，两市毗邻而立。1958 年，国家在古丝绸之路的一片戈壁滩上建成了一座以"嘉峪关"命名的钢城。如今，嘉峪关市已成为丝绸古道上一座发展较快、独具魅力的工业城市和旅游城市。

俯视嘉峪关

丝绸咽喉

敦煌因靠近三危山，古称三危，位于甘肃省的最西部，与东部的酒泉、张掖、武威并称河西四郡。敦煌是丝绸之路上的著名通道——河西走廊的西端门户，丝绸之路由长安进入河西走廊抵达敦煌，再分南、北两道，西进穿过大漠与戈壁。所以古时商旅们需要在此进行一番整顿与休息，才能穿越茫茫大漠。如果锁住敦煌境内的玉门关和阳关，就等于切断了丝绸之路，所以敦煌被称为古丝绸之路上的咽喉。敦煌为丝绸之路旅游的热点城市。名胜有莫高窟、鸣沙山、月牙泉、阳关、玉门关、汉代长城边寨烽墩等。

鸣沙山与月牙泉

鸣沙山—月牙泉　地处敦煌市区南 5000 米处，沙岭起伏绵延，极为壮观。游人如从山顶下滑，将发出悦耳的"呜呜"声，"鸣沙"之名由此而得。在鸣沙山环抱之中，有一月牙泉，因形状酷似一弯新月而得名。月牙泉水色湛蓝，清澄如镜，犹似镶嵌在沙海中的一颗晶莹闪光的宝石，泉边草木摇曳，与周围沙山相映衬而成一幅美丽的画卷。

玉门关　在敦煌西北 90 千米的戈壁滩上，是汉代以来通往西域诸国最西边的边防关口，丝绸之路经过敦煌后，出了玉门关就是西域。玉门关在古时候是西域美玉输入中原的关口，因而得名。

古阳关　地处敦煌西南的南湖乡西侧，因为在玉门关之南，古代南为阳，所以称为阳关。自汉代以来，古阳关始终为丝路南道的必经关口。如今，在古阳关缓缓的沙丘顶上遗留一座烽火台，其不远处是一排新建的曲形长廊，长廊大门有一副对联："悲欢聚散一杯酒，东西南北万里程"。横批为"阳关古道"。

丝绸枢纽

新疆所辖地域，是丝绸之路上最富传奇色彩的地区之一，也是东西方文明的聚集点。这一地区的丝绸之路，在汉代即以天山以南的南、北两道著称；后来天山以北的一条丝路逐渐繁荣起来，被称为北道。隋唐时期依次把这三条路线称为南道、中道和北道，是新疆交通的枢纽。从这里向四面延伸，向北可去阿尔泰，向西可去伊宁，向西南可去喀什，向南可去库尔勒。从敦煌经柳园穿过星星峡入疆，是目前游人选择的最佳路线。除此之外，还有一条是离开敦煌，西出阳关，穿罗布泊和楼兰古国的探险路线。

罗布泊　古丝绸之路南道的必经之地，曾有过显赫的历史。在遥远的古代，罗布泊曾是一片汪洋大海。一番沧海桑田后，如今，这里已变成了一个干旱、风暴无常、令人生畏的神秘盆地。古丝绸之路在罗布泊造成的空前繁华，像谜一样引人寻踪不已。

楼兰古城　地处罗布泊西部，是当年丝绸之路上的军事重镇和贸易名城。始建于公元前后，为楼兰国古城。现在城址已大半被沙漠淹没，千余年来沉睡地下，已成为千古之谜。现存的楼兰城遗迹及高耸的佛塔等向世人诉说着历史的沧桑。

哈密　距敦煌约 415 千米。古丝绸之路的北道经当时称伊吾的哈密后便分为两条支线，到北庭再结合成一条。另外，中道也是先经哈密再到高昌，然后沿天山南麓向西。所以，哈密控制了天山南、北两条要道，属战略要地，其古寨、古迹很多，著名的有哈密王墓、五堡古墓群等。

吐鲁番　在新疆东部，是古丝绸之路北道上的重镇。他是我国最低的盆地，也是世界第二低地。夏季炎热，有"火洲"之称。盆地内有坎儿井千余条，这古今闻名的巨大水利工程纵横交错，灌溉沙漠绿洲，有"西域一大奇观"之称。

柏孜克里克千佛洞

地处火焰山中的葡萄沟，每当夏末秋初，碧绿的葡萄架从房前屋后连至山谷山坡，景象壮观。名胜古迹有火焰山、交河和高昌故城、柏孜克里克千佛洞等。

火焰山自西向东横亘在吐鲁番盆地中央，正处在丝绸之路北道上。盛夏，烈日照在山体的赤褐色砂岩上，炽热的气流滚滚上升，看去似有万道烈火在熊熊燃烧，故名"火焰山"。神话故事《西游记》中的火焰山即指此处。

乌鲁木齐　乌鲁木齐蒙古语为"优美的牧场"，历史上是古丝绸之路新北道必经之路，如今已成为风光秀丽的现代化大都市。东南有天山环抱，红山傍依城市拔地而起，鉴湖波光粼粼，水磨沟是著名的避暑胜地。市南有集山岳、森林、草原为一体的天然风景区——南山牧场。

天山天池位于乌鲁木齐东 110 千米的博格达峰山腰，古称瑶池，传说是西王母沐浴之仙池。湖水清澈，周围群山簇拥，峰峦叠翠，瓦蓝的湖水与冰峰积雪相映衬，构成高山平湖绰约多姿的自然景观。

伊犁　从乌鲁木齐到伊犁，是丝绸之路北道中国境内的最后一段。伊犁古城素以"南疆绿岛"著称。这里是古丝绸之路北线的重要城市，近代及至现在仍为中西部对外贸易的窗口。

库尔勒—库车—喀什　从乌鲁木齐到喀什走的是丝绸之路的中道，途经巴音郭楞蒙古自治州首府库尔勒及歌舞之乡库车（龟兹）。库尔勒有我国最大的内陆淡水湖——博斯腾湖。湖区风景如画，荡桨湖中，其乐无穷。

库车在新疆颇有名气，古代是龟兹国的都城，它曾是丝绸之路中线中西文化荟萃之地及经贸中心。

喀什素有"新疆历史的活化石"之称。古称疏勒，是古丝绸之路上的著名旅站和重镇，是帕米尔高原以东的一个大都会。今天的喀什是新疆的缩影，为丝绸之路的璀璨明珠。主要名胜有香妃墓、艾提尕尔清真寺等。

魔鬼城

香妃墓

导游篇

山中秋信得来真，
树张清荫风爽神。
鸟似有情依客语，
痕知无善白人亲。
随缘遇处皆成趣，
触绪拈时总决尘。
自谓胜他唐宋者，
六家咏未入诗鐔。

DAOYOU

游

在中国五千年的文明史上，古都宛如一颗颗明珠，镶嵌在祖国壮丽的河山之间，放射出璀璨夺目的光芒。古都有生命，她的生命历程与社会同步，每一座古都，都曾有过自己灿烂辉煌的昨天，在特定的历史时期起着举足轻重的作用。古都不仅是中华民族的文化象征，也是世界文明的标志。

华北地区名胜

石花洞

被誉为"地下地质奇观"、"溶洞博物馆"的石花洞位于北京市房山区南车营村，距北京市城区 50 千米。石花洞岩溶洞穴资源丰富，以其独特的典型性、多样性、自然性、完整性和稀有性享誉国内外。

石花洞原名潜真洞，又称十佛洞、石佛洞。明代正统十一年法师圆广云游时发现此洞，得天独厚，命名为"潜真洞"，并在洞外的石崖上雕刻了"十王地藏"和洞名，在洞内镌刻了"地藏王菩萨"的大理石佛像。

石花洞是华北地区岩溶洞穴的典型代表，为层楼式洞体结构，分为七层，一至五层洞道长约 2500 米，六至七层为地下暗河。根据洞体结构和景物分布，分为"人文趣味"、"探奇观赏"、"科学考察" 3 个观赏洞层、18 个景区、120处景点。石洞内的自然景观类型繁多、玲珑剔透、华丽多姿，有因滴水、流水和停滞水沉积形成的高大洁白的石笋、石柱、石钟乳、石幔、石梯田等，以及还有因渗透水、飞溅水、毛细水沉积形成的众多石花、石枝、晶花、卷曲石、石珍珠、石葡萄等。而众多的五彩石旗和美丽的石盾更成为中国洞穴沉积物的典型。大量的月奶石莲花在我国洞穴中是首次发现。

石花洞目前开放的一、二、三层洞道长 1900 米，洞底面积为 1.8 万平方米，有 12 个高大的厅堂和 16 个洞室与 71 个形态各异的大小支洞。

盘山

享有"京东第一山"美誉的盘山，距天津市蓟县城西北 12 千米处，是一处古迹众多、峰奇林茂、风景优美的旅游胜地。

盘山古名盘龙山、四正山、无终山、徐无山。其名皆有其依据，因山势蜿蜒盘踞，"形无定向势如龙"，故名盘龙山。盘山一峰拔地而起，兀立无依，峰若莲瓣，四面如一，故又名四正山；又因它位于古代无终国内，也称无终山；相传东汉末年，田畴聚族隐居于此，曹操北伐乌桓时曾得助于田畴，故将徐无山改名田盘山，后人简称盘山。

盘山属于燕山余脉，平均海拔500米，巍峨壮丽，高大挺拔。盘山以"红杏青松之丽，层峦峭壁之奇"著称，云海变幻多姿，松涛汹涌澎湃，景色清幽，尤以"五峰八台"、"三盘之胜"令人称绝。挂月、自来、紫盖、舞剑、九华五峰攒簇，山峦竞妍，主峰挂月峰，海拔800多米，

盘山

为盘山之巅；悬空石、摇动石、将军石、晾甲石、夹木石、蛤蟆石、天井石、蟒石，八石形态逼真，栩栩如生，自然天成。

盘山五峰耸立，怪石嶙峋，形成三盘之胜：上盘松胜，苍翠蔽天，环境清幽深邃；中盘石胜，奇岩异石，神奇流来；下盘水胜，泉水长流不息，甘洌淳美。有诗赞曰：

山秀石多怪，林深路转奇。

三盘无限意，幽绝少人知。

盘山史书记载于汉，盛建于唐，极盛于清。自魏晋始，历代帝王在盘山大兴土木，凿山建寺，先后建有72座佛寺、13座玲珑宝塔和一座规模浩大的皇家园林——静寄山庄。

天成寺为盘山一大胜景，它背倚翠屏山而建，其布局分两层，上层为大殿、配殿、回廊等，下层有江山一览阁和游廊。寺庙周围有辽、明、清各代所建佛塔三座，或精巧秀雅，或巍峨挺拔。

盘山存有众多人文景观，到处留有文人墨客的手迹，大量的传奇遗址、诗词歌赋、逸闻趣话，多种体例的摩崖石刻遍布危崖幽谷。盘山历经沧桑，近百年来遭到严重破坏。现在已经恢复重建的有天成寺、万松寺和云罩寺等30多个景点。

秦皇岛北戴河

北戴河风景区南临渤海，北靠联峰山，因拥有避暑胜地北戴河、历史名城

山海关和天然不冻良港而驰名天下。蓝天白云、碧海金沙、青松翠柏、绿树红墙描绘出秦皇岛北戴河风光旖旎的自然画卷；浓厚的文化积淀、流传千古的故事、余韵无穷的篇章熔炼了其博大精深的人文底蕴。

秦皇岛古称临榆，历史悠久。据史载，公元前 215 年，秦始皇曾巡行到此，欣赏逗留之余，派人寻找长生不老之药，秦皇岛因此得名。秦皇岛的碣石，早已天下闻名。汉武帝也曾登临碣石，三国时的曹操在此写下了《观沧海》的宏伟诗篇。

北戴河在其 18.8 千米的海岸线上，沙滩和礁石相互交错；海湾和岬角依次排开；海水平静蔚蓝，沙滩松软洁净，堪称北方第一海景。北戴河的山体浑圆，山势柔和，奇洞怪石、苍松翠柏、亭榭楼阁、烂漫山花把座座山峰勾勒成一幅幅色彩不一的绚丽图画。其主要景点有联峰山、赤土山、鸽子窝、观鸟台、鸳鸯楼、碧螺塔、秦皇宫遗址等。

山海关为秦皇岛一大景区，它是连接东北、华北之间的交通要道，历来为兵家必争之地。自古就有"两京锁钥无双地，万里长城第一关"之说。山海关城周长 4 千米，平面呈方形，周围有护城河环护。"天下第一关"的城楼为山海关城中最宏大气魄、保存最完整的古代建筑。歇山式重檐双层的箭楼，巍峨壮观。登临城楼，南望波涛滚滚的渤海，北览雄伟蜿蜒的万里长城，心中顿生万丈豪情。

秦皇岛北戴河风光秀丽，海水清湛，苍翠的青山与浩渺的大海交相辉映，精致的别墅与葱郁的林海错落交融。这里旅游、娱乐设施完备，是我国著名旅游、避暑胜地。

西柏坡与天桂山

西柏坡位于平山县内太行山脚下的滹沱河北岸，距石家庄市 80 千米。它曾是解放战争后期中共中央所在地，党中央曾在这里筹划指挥过辽沈、淮海、平津三大战役，在此召开了中国共产党七届二中全会。西柏坡既是风光秀美的风景名胜区，又是我国一处重要的革命纪念地。

位于苍松翠柏繁茂的柏坡岭和碧波荡漾的岗南水库之间，有一座全国爱国主义教育基地——西柏坡纪念馆。纪念馆共分五个部分：一是当年中共中央旧址，前后院分别有毛泽东、刘少奇、周恩来、任弼时、董必武和朱德旧居；二是陈列展览馆；三是位于柏坡湖小岛上的石刻园；四是五位书记铜铸像、领袖风范雕塑园、周恩来评语碑等；五是水库自然风景区。

古有"北武当"之称的天桂山，地处平山县内太行山东麓，距石家庄市 90千米。景区总面积 60 平方千米，目前共开发景点 100 多个，如青龙观、玄武峰、白毛女洞、天然盆景园等。

天桂山风光旖旎，道教文化盛传，素以"山奇、洞幽、水醇、观险"而闻名遐迩。天桂山群峰秀奇挺拔，青翠欲滴；地处悬崖险地，三畜洞、三眼洞、金蝉洞、藏龙洞、水帘洞等诸洞，或宽敞明亮，或曲径通幽，引人入胜；金蝉泉、槐树泉、青龙泉、珍珠泉终日汩汩不竭，水质甘醇，沁人心脾；建于断壁悬崖之上的青龙观、真武殿、魁星阁等古建筑，布局严谨，气势恢宏，有"一夫当关，万夫莫开"之势。

天桂山石林堪称北国奇观，位于海拔1000多米的主峰顶部，石林之上生树林，树林之中隐石林，颇为奇观。

崆山白云洞

位于临城县西6千米处，距邢台市56千米，距石家庄市86千米，是我国北方颇为稀罕的岩溶洞，具有原始、玲珑、集中的特点。景区以溶洞为中心，包括岐山湖、天台山和小天池等景区，总面积100平方千米。

白云洞内石笋、石柱、石瀑、石花、石幔造型奇特，形态逼真，多姿多彩，尤其是形似牛肺的石帘、彩石幔、石珍珠、石葡萄等最为称奇。洞体总面积4千平方米，分为五个较大的洞厅，最大厅面积为2170平方米。五个洞厅按其特点被人们称为人间、天堂、地府、龙宫、迷宫洞厅。

人间洞厅，山水共生，宽敞和谐，有小西湖、三塔迎月、擎天玉柱、万家灯火等景观。

天堂洞厅，岩溶造型美丽奇特，水景造型、声响效果兼优，灵霄宝殿、九龙洞天、瑶池、天女散花、极乐世界等景观构成富丽堂皇、虚无缥缈的天堂世界。

地府洞厅，怪石林立，阴森幽暗，有阎王、判官、怪兽等阴曹地府景物。

龙宫洞厅，是溶洞中最奇、最长、最幽之处，岩溶造型玲珑精美，水流淙淙，石柱、石花、石钟乳等组成了龙女仙阁、龙子纱帐、珊瑚塔等景观。

迷宫洞厅蜿蜒曲折，扑朔迷离，如入迷宫。

白云洞内环境优雅，空气新鲜，洞内常年气温17℃，是一年四季旅游观光的理想之地。

北岳恒山

恒山为"五岳之一"，曾名常山、恒宗、紫岳、元岳，位于山西省大同市浑源县城南4千米处，与东岳泰山、西岳华山、南岳衡山、中岳嵩山并称，闻名天下。恒山雄伟险峻，气势磅礴，主峰天峰岭海拔2016米，被称为"人间北柱"。恒山是我国重要的文物古迹荟萃之地，又是道教发祥地之一。

恒山山体呈东北——西南走向，其横跨塞外，东连太行，西跨雁门，东西绵延 250 千米，号称 108 峰。恒山之中紫荆关、平型关、雁门关、宁武关、倒马关虎踞为险，是塞外高原通向冀中平原的咽喉要道，军事重地。

苍松翠柏、奇花异草、怪石幽洞构成了如诗如画的恒山美景。登上恒山，可纵情观览云阁虹桥、云路春晓、虎口悬松、果老仙迹、断崖啼鸟、夕阳晚照等 18 胜景，犹如展观 18 幅美丽画卷，使人仿佛置身于世外桃源，因此恒山又有"绝塞名山"之誉。

据史书记载，恒山最早开发于汉代，北魏时期最盛。后经唐、金、明、清历代陆续扩建和重修，留下了大量文物古迹，有"三寺四祠九亭阁，七宫八洞十二庙"之说。今尚存朝殿、悬空寺、九天宫、会仙府等寺庙 30 多处古建筑。

建于北魏后期的悬空寺，是我国佛、道、儒三教合一的寺院，它镶嵌在险峻的峭壁之上，上倚危崖，下临深谷，依岩傍石，凌空飞架，具有险、奇、巧的建筑特点，不愧为"恒山十八胜景"中的第一奇观，天下闻名。寺中漫游，钻石窟、绕长廊、走栈道、爬悬梯，曲折迂回，上下盘桓，如入迷宫，令人乐趣横生。

坐落于半山峭壁之下的朝殿为北岳主庙，又称恒宗殿、元灵宫，气势雄伟恢宏，环境清幽超俗。殿内供奉北岳大帝金身塑像。四周碑石林立，匾额楹联数不胜数，常年香烟弥漫，钟鼓不绝。

五台山

五台山位于山西省的东北部，与四川峨眉山、浙江普陀山、安徽九华山并称为我国佛教四大名山。

五台山因以台怀镇为中心，四周五峰环抱，争相耸峙，犹如叠土之台，故称五台。这里峰峦叠翠，沟壑纵横，溪涧漫流，林木葱茏。五台山气候奇特，最冷的山谷，常坚冰不化；最暖处，冻不封河，终年无霜，整个五台山温差很大。由于五台山五峰高耸，盛夏气候凉爽，所以五台山又有"清凉山"之称。

五台山以其奇险高耸的峰崖，森严挺拔的古松劲柏，弥漫沉浮的云山雾海，金碧辉煌的殿宇楼台构成一幅奇异瑰丽的画卷。盛夏登临北台台顶极目远眺，千峰竞秀，云海翻腾。有时，还会观赏难得的奇景：或者山上红日高悬，山下大雨倾盆；或者山下绿柳泛翠，百花争春，山顶却是白雪皑皑、冰霜树挂。

五台山现存寺庙 47 座，其中

五台山灵峰雪景

建于唐代南禅寺和佛光寺最为著名，是我国现存最早的木质建筑，气势宏伟的建筑物，精美绝伦的雕刻，诉说着曾经的辉煌。这些古朴典雅的艺术珍品和珍贵文献，不仅反映了我国古代宗教和建筑艺术发展的历史风貌，而且凝聚着几千年来中华民族文化艺术的精华。

黄河壶口瀑布

壶口瀑布位于黄河中游秦晋峡谷之中，河西属陕西省宜川县壶口乡，河东与山西省吉县相接，是我国第二大瀑布，仅次于贵州黄果树瀑布。因其形状似一把壶的口子，故而称壶口。

瀑布两岸，苍山挟持，滔滔黄河之水到此被束缚在狭窄的石谷之中，300多米宽的洪流骤然收缩为50余米，这时河水奔腾怒啸，从20米高的断层石崖飞泻直下，跌入30余米宽的石槽之中，闻声如万马奔腾，观之如巨龙鼓浪。《黄河船夫曲》描画出了壶口瀑布的真实情境：

冬日壶口九十九条冰棱，九十九条冰棱下九十九道水，九十九道水来九十九层浪，九十九层浪花九转一壶收！

壶口瀑布有许多奇特壮美的景观。有人咏诗云：

烟从水底生，船在旱地行。

未雾彩虹舞，晴空雨蒙蒙。

瀑布飞流直下，激起的水雾腾空而起，犹如水底冒出滚滚浓烟，数十里外清晰可见。升腾而起的水雾，折射着太阳的光辉，形成"彩虹通天"的美景，各种彩虹似长龙戏水，如虹桥卧波，瞬间万变，光怪陆离。每当农历十五，夜临孟门石，可见皓月当空，河面银光逐波。如站在北面向南远望，水中明月分为两排飞舞而下；而站在南侧向西北观看，水中明月合二为一迎面而来，人们尽情观赏"孟门夜月"。

壶口瀑布景区还有"壶口冰桥"、"雷首雨穴"、"万丈龙槽"等奇观美景，以及龙门飞渡、明代码头、同治长城、四铭碑亭等人文景观，皆吸引中外游客往来不绝。

五老峰

五老峰史称东华山，海拔1993.6米，属中条山脉，因五座山峰相倚，形如五位老人吟诗闲坐而得名。位于山西省永济市的五老峰风景名胜区，总面积300平方千米，分为五老峰、古蒲州、王官峪、龙头山、云仙阁、黄河滩岸六个景区。其中以五老峰、古蒲州为中心景区。

五老峰属丹霞地貌，奇峰突兀，层峦叠嶂，林木葱郁，飞瀑流泉，其景秀绝。王官峪瀑布腾空而起，如白练悬空，清秀飘逸。登上五老峰山顶，举目远望，九曲黄河奔腾不息，汹涌澎湃；黄河滩岸6700公顷的绿色林海郁郁葱葱，如碧波荡漾。

五老峰历史悠久，自古北方道教文化深厚。古蒲州为尧舜建都圣地，现存唐开元年间的普救寺、蒲津古渡河堤、镇河大铁牛以及鹳雀楼等历史遗址。

普救寺，原名"西永清院"，因我国古典戏剧《西厢记》而闻名遐迩。寺内存有舍利塔，又名莺莺塔，与北京天坛回音壁、四川石琴、河南蛤蟆石并列为我国四大回音建筑。龙头山的旧石器时代古人类遗址以及唐代文学家柳宗元故居也颇引人观瞻。

胶东半岛海滨

胶东半岛海滨风景名胜区包括烟台蓬莱、威海成山头两片景区及海上的长山岛、黑山岛、庙岛、刘公岛等岛屿。区内海湾岬角曲折幽深，地势起伏跌宕，海蚀地貌如天然雕刻，人文景观十分丰富。

烟波浩渺的蓬莱以"海市蜃楼"名扬天下，蓬莱水城倚山扼海，攻退自如，是我国现存古代海军基地之一。现存建筑蓬莱阁始建于宋代，依山取势，宏伟壮观，错落有致，由吕祖殿、天后宫等六部分组成。海市蜃楼、仙阁凌空等蓬莱十景闻名于世。

被称为"中国好望角"的成山头，其高峰突兀腾伏，如巨龙吮吸沧海，气势恢宏，景象万千，可谓是"怒潮狂涛啸千里，巨浪冲天飞白雪；千帆万船争流，远涉重洋竞渡"。这里留有秦始皇两次驾临寻找长生不老药的足迹；也曾记下汉武帝拜成山，拓"日主祠"，建成山观的史事。而每年冬季上万只天鹅的栖息地——天鹅湖则构成一道迷人的风景线，让人有如入仙境之感。

长山岛有"海上仙岛"之称，岛上空气清新，景色秀美，树木滴翠，海水湛蓝。

有"东隅屏藩"之称的刘公岛因是北洋海军的诞生地、甲午战争的古战场而闻名于世。岛上丁汝昌寓所、水师学堂以及从海底打捞出的济远舰等遗物已成为凭吊甲午海战辉煌、悲壮的历史实证。

青岛崂山

崂山素有"泰山虽云高，不如东海崂"的赞誉。位于青岛东部、黄海之滨。主峰名巨峰，海拔1332.7米，是中国几万千米海岸线上最高的山峰。巨峰上的观景台地势险峻，仅可同时容纳两三人。举目远眺，水天一色，有浩渺苍茫之感。

崂山属花岗岩地貌，山石形态各异，堪称奇绝。海拔500米以上的山脊上奇峰突兀，怪石嶙峋，造型奇特，千姿百态，人称"天然雕塑公园"。

崂山以九水称奇于世，人行泉畔回转处，涉水九次，每次为一水，故称九水。水流情势各异，或细水潺潺，或激流勇进，或止若深潭。

泉畔怪石叠岩，松木林立，花影婆娑，芳草依依，愈加衬托出泉水之秀美。九水中以潮音瀑最为著名，每逢雨季，瀑布腾空，浪花如鳞，可谓山海之胜。

崂山的人文景观与自然景象错落分布，相映成趣，令人叹为观止。拾阶而上，可观太清宫、上清宫、太平宫、华严寺等景点。望香烟袅袅，闻寺钟悠扬，观山水美景，听不老传说。可谓动中有静，静中有动，心神愉悦，让人流连不已。

中岳嵩山

中岳嵩山位于河南省登封市境内，古称太室山。全山有 72 峰，主峰峻极峰，海拔 1492 米，雄伟挺拔，险峻壮丽。峰多寺亦多，有"上有七十二峰，下有七十二寺"之说。嵩山是历代帝王将相封禅祭祀，文人学士游历讲学，佛、道、儒传习修炼的重要场所，因此名胜古迹星罗棋布，被誉为三教荟萃之地，以其各藏奥妙闻名于世。

嵩山风景名胜区由少林寺、中岳庙、观星台、三皇寨、白沙湖、嵩阳书院六大景区组成。景区各具特色，各藏奥妙。清乾隆皇帝曾赞曰：

嵩山好景几千秋，云雨自飞水自流。

远观南海三千里，近望西湖八百洲。

万里长江飘玉带，一轮明月滚绣球。

好景一时观不尽，天生有缘再来游。

饮誉天下的少林寺，为中国佛教禅宗祖庭和少林武术的发祥地。古有"天下第一名刹"的美称，现存建筑为七进，面积 3 万平方米，建筑多为明、清遗留，主要有山门、天王殿、大雄宝殿、藏经阁、毗卢殿、达摩亭、方丈室等。门上高悬的匾额"少林寺"三字为康熙帝亲笔所书。

中岳庙景区为北天师道发祥地，是我国著名古代建筑群之一。始建于秦，几经重修扩建，现存庙宇为清代依北京故宫形式规模重建，占地面积 11 万平方米，有殿、宫、楼、阁等建筑 400 余间。中岳庙为中体建筑，坐北朝南，山峦环拱，高低有致，雄伟壮观。此外存中华门、天中阁、崇圣门、三化门、中岳大殿、峻极门、峻极坊、寝殿等建筑。

嵩山山势雄浑，古老神奇，景色瑰丽，丰富的人文景观和自然景观为嵩山赢得了众多美誉：旅游家誉它为"五岳之尊"；地质学家称它为"五世同堂"；历史学家称它为"文物之乡"；建筑家称它为"建筑艺术宫"；书画艺术家誉它为"书画艺术珍藏馆"；武术界崇它为"天下功夫第一"。

王屋山

王屋山位于济源市和山西垣曲县交界地。中国最早的地理志《禹贡》中载，王屋山与泰山、昆仑山等并称九州名山。

王屋山群峰巍峨，层峦叠翠，主峰 1715 米。相传中华民族的始祖——轩辕黄帝曾在此设坛祭天，因此古有"太行之脊，擎天之柱"之称。东有日精峰，西有月华峰，西崖下有太乙池，飞瀑流泉，碧潭清池，景色宜人。

王屋山历史悠久，垂簪峰下的王母洞被称为"天下第一洞天"，为中国道教洞天福地之宗首。"愚公移山"的故事就源于此山。山上著名道宫庙宇有：清虚宫、紫微宫、阳台宫、奉仙观、盘古寺等。

云台山（河南）

云台山，坐落于河南省焦作市修武县境内，景区面积 60 平方千米，以山奇水秀为胜。因山势峻峭，峰峦沟壑之间伴有云雾缭绕而得名于世。

云台山神奥深蕴，外旷内幽。有奇峰秀岭 36 座，天然异洞数十个，潭瀑泉池不胜枚举。主峰茱萸峰海拔 1300 米，因峰上遍生茱萸而得名。云台山大瀑布落差 310 米，似千尺素绢凌波悬空，蔚为壮观。

云台山有丰富的人文景观：汉献帝刘协曾在此避暑，晋代"竹林七贤"曾在此隐居；唐代药王孙思邈曾在"药王洞"采药炼丹。此外唐、宋以来石刻题记皆有可见，唐代大诗人王维在此有感写出了《九月九日忆山东兄弟》的千古绝句，历代游人吟咏不绝，全诗如下：

独在异乡为异客，每逢佳节倍思亲。

遥知兄弟登高处，遍插茱萸少一人。

尧山

尧山又名石人山，位于河南省平顶山市鲁山县西部，伏牛山东段，总面积为 268 平方千米，主峰玉皇顶海拔 2153 米。山峰奇特，林木蓊郁，瀑布众多，温泉星罗棋布，人文景观众多，有兼"华山之险、峨眉之峻、黄山之秀、张家界之美"的赞誉。

以雄、险、奇、秀、幽为特色，奇峰怪石、山花红叶、温泉飞瀑等组成一幅美妙绝伦的尧山自然画卷。现已命名的景点有 240 多处，其中石人、将军石、姐妹峰、王母桥、鬼门关、九曲瀑、报晓峰等景点最具神韵。

尧山地处亚热带和暖湿带分界线上，森林茂密，覆盖率达 95%，有大片原始森林，千年古木就有 15 万余株，动植物资源甚为丰富，空气清新，凉爽宜人。

尧山因尧孙刘累为祭祖立尧祠而得名。尧山不仅风光旖旎，其历史也十分悠久，山中人文胜迹丰富。春秋战国时期的思想家墨翟降世于山下，现存墨子故里。汉代开国三杰萧何、韩信、张良曾在此屯兵，至今附近还有以三人命名的村落及三杰屯兵遗址。此外，在尧山麓还有汉代冶铁遗址、唐代诗人元稹墓、宋代名将牛皋故里等诸多文化古迹引人探幽访胜。

东北地区名胜

大连海滨与旅顺口

位于辽宁省辽东半岛南端，东临黄海，西濒渤海，分为大连海滨与旅顺口两个景区，陆地岛屿面积约 105 平方千米。大连海滨以碧水、蓝天、白沙、黑礁闻名。因其地处大连市南郊，海岸曲折绵延，礁石错落，沙滩平缓，阳光明媚，是我国北方著名的疗养、旅游、避暑胜地。这里不仅有恬静幽雅的棒棰岛、风景如画的老虎滩，还有充满鱼米气息的石槽村，观光旅游于此，可以尽享海滨风景之趣。

旅顺口位于辽东半岛最南端，大连市区最西部，濒临黄、渤两海，隔海与山东半岛遥遥相望。渔民取海上旅途顺利之意而得名。公元 1880 年，清政府在此兴建北洋水师，旅顺口成为军事要地。1894 年中日甲午战争和 1904 年的日俄战争，都在旅顺口的历史上留下沧桑悲壮的一幕，使旅顺口成为中国乃至世界近代史的露天博物馆。旅顺口山、海、湾、滩、岛紧密相连，风光秀丽，气候温暖。蛇岛、鸟岛、老铁山鸟栈像珍珠散落在海湾里，黄、渤海天然分界线可谓是世界奇观。人文景观有汉代牧羊城、唐代鸿胪井和近代战争遗址。

鸭绿江

鸭绿江风景名胜区位于辽宁省丹东市鸭绿江下游浑江口至江海分界处的大东港之间。鸭绿江为中朝两国界江，古称"贝水"，汉代时称马訾水、益州水。唐朝时始称鸭绿江，因碧绿的江水犹如雄鸭脖颈的莹绿而得名。发源于吉林省中朝边境长白山主峰白头山，全长 795 千米，景区段 210 千米，面积约为 400 平方千米，由虎山、水丰湖、太平湾、大桥、东港五个景区，100 多个景点组成。

景区内江水蜿蜒曲折，碧绿如玉；江中翠岛星罗棋布；两岸重峦叠嶂，青山滴翠、鹤鸟翔集、山水一色，美不胜收。

鸭绿江造桥历史可上溯到元代。20 世纪初，鸭绿江建有两座大桥。第一座桥是开闭式，始建于 1909 年，1950 年朝鲜战争中被美国飞机炸毁，桥墩仍保留至今。第二座桥建于 1940 年，全长 940 米，为铁路、公路两用桥，它是中朝两国交通要道。

雄峙江畔的虎山长城，浩瀚秀美的水丰湖，雄伟壮观的鸭绿江大桥，以及江海分界碑和古人类洞穴遗址，原始村落遗址和现代园林建筑等构成了鸭绿江丰富的自然景观和人文景观。

凤凰山

凤凰山位于辽宁省凤城东南 3 千米处的凤凰山，山势突兀峥嵘，犹如一只凤凰展翅高飞，因而得名。凤凰山系长白山支脉，主峰攒云峰海拔 836 米，素以"险中含奇，秀里藏幽"著称，与千山、医巫闾山并称为辽宁三大名山，又称"辽东第一山"、"半岛明珠"。

凤凰山景区面积 216 平方千米，全山分为西山、东山、庙沟、古城四大景区。其中以西山景区最为著名。山上崖险壁峭，清流潺潺，古木苍茂，自然景观奇险而静美，与人文景观交相辉映，浑然天成。凤凰洞、三教堂、通玄洞等古洞幽深静谧、引人入胜；山云铺海、洞水飞涛、斗母圣境如梦如幻；金龟求凤、碧海飞舟等怪石形态逼真，栩栩如生；老牛背、百步紧、天下绝等奇险令人叹为观止；圣源、甘泪丹泉等清淳甘洌，沁人心脾；紫阳观、碧霞宫、观音阁等建筑庄严肃穆，古朴雅致。

凤凰山高度虽远逊于华山，但奇险可与之媲美。山路崎岖不平，常似断实续，这种"绝处逢生"之妙，却是华山所不可比。如此情境，需心态平和，仔细搜寻石隙内的铁环或石把手，攀缘而进，美景频频入目，使人充分品味到"柳暗花明又一村"的意境。

青山沟

青山沟位于辽宁省宽甸县北部鸭绿江与浑江交汇处，景区面积 128 平方千米，其中水域面积 23.3 平方千米。景区内重峦叠嶂，林木苍郁，碧水环绕，兼有北方山体的雄壮巍峨与江南水乡的清新秀丽。青山沟由八大景构成，现已开发出"虎塘沟"、"青山湖"、"飞瀑涧"三大景区。

虎塘沟景区内树木遒劲，奇石林立，溪流潺湲。拾阶而上，突遇群峰环抱，峭壁摩天，有坠入深渊之感，举目四望，流泉飞瀑尽收眼底。"虎啸瀑"飞流而落，"九曲天水"在石壁间曲折迂回，十分壮观。

青山湖景区是青山沟最大景区，水域辽阔，湖面近达 1000 多公顷，湖水清澈碧透，湖岸绵延曲折，青山倒影摇曳，湖光山色浑然天成。乘船而行，便可领会"两岸青山相对出，孤帆一片日边来"的诗境。

飞瀑涧景区有闻名遐迩的辽宁省第一大瀑布"青山飞瀑"。它从 32 米高的断崖峭壁上飞流直下,如银河垂挂,跌落的飞流声如万马奔腾,气势磅礴,动人心魄。冬天,飞瀑凝冻成硕大的冰瀑,玉雕蜡琢,令人赞叹造化之神奇。此处还有"仙女潭"、"镇水石"等著名景点。

青山沟可说是一个天然的动植物园,拥有高等植物98科、1900种;动物和禽鸟60余种、水产品21种。全区盛产山楂、板栗、蘑菇、人参等山货野果。在这里不仅能观赏到奇山秀水的壮丽景色,还可品尝到山珍野味,是度假休闲的理想之地。

伪皇宫与净月潭

伪皇宫与净月潭位于吉林省长春市境内,景区包括伪满洲帝国傀儡皇帝宫殿、伪满洲国国务院及其下属"八大部"历史建筑与山清水秀的净月潭自然风景区,面积151平方千米。

伪满洲帝国傀儡皇帝宫殿,是末代皇帝溥仪的"皇宫",建于1932年。建筑占地约0.12平方千米,四周围以高墙,并筑有九个双层碉堡。宫内分外廷和内廷两部分。外廷是溥仪进行政治活动的地方,有勤民楼、嘉乐楼、怀远楼等。勤民楼二楼内的勤民殿是其"登基"和接见外国使节的场所。内廷是溥仪及其宫妃日常生活的场所,分东、西两院。同德殿为二层黄琉璃瓦顶宫殿,金碧辉煌。皇宫现已对外开放,展出渤海、辽、金等封建王朝的史料。

位于长春市东南群山之中的净月潭,分为潭北山色、潭南林海、月潭水光和潭东村舍四个景区。湖岸曲折,波光荡漾,群山滴翠,山水交融。景区内植被丰富,有茂盛的森林、烂漫的山花、珍贵的山药还有脊椎动物82种、鸟类60多种。这里四季分明,景色各异。春可踏青,夏可游泳,秋赏红叶,冬观冰雪,是著名的盛夏避暑和冬季冰上运动的胜地。

松花湖

松花湖像一串闪亮的珠玑散落在吉林省吉林市西南15千米处,是丰满水电站截流大坝拦截江水而形成的人工湖。水域面积500平方千米,湖汊繁多,湖形狭长,长约200千米,最宽处可达10千米。

松花湖风景区以"水旷、林秀、山幽"闻名于世。百里湖区碧波荡漾,波光激滟,点点白帆点缀其间;湖水清澈,水草摇曳,各种鱼儿穿梭、嬉戏;湖畔绿树葱茏,树影婆娑,构成一幅恬静、柔美的山水画。

群山环绿水,碧波绕青山,深山幽谷,佳景处处;140种野生动物和160余种野生经济植物在这里生息繁衍,为湖区增添了无限生机。

初春,林木吐翠,万物复苏;盛夏,绿树葱郁,花开鸟鸣;秋季,层林尽染,落霞飞虹;隆冬,银装素裹,玉树银花。著名诗人贺敬之在游览松花湖后,感慨万千，写下了"水明三峡少，林秀西之无。此行傲范蠡，输我松花湖"的诗句。

松花湖拥有丰富的冰雪资源，松花湖雪期达 6 个月之久，且风沙小，雪量大，雪质好，无污染。现建有松花湖滑雪场、滑冰场、速滑场，是全国性的冬季体育运动中心。在青山滑雪场有高达 50 米的滑雪跳台，这是目前我国唯一的大型滑雪跳台。

镜泊湖

镜泊湖位于黑龙江省牡丹江市东南 90 千米处的群山中，明代始称镜泊湖，意为平如镜面，它是 5000 年前历经多次火山喷发，熔岩阻塞牡丹江河道而形成的火山熔岩堰塞湖。

镜泊湖海拔 350 米，是我国最大的火山熔岩堰塞湖，湖身纵长 45 千米左右，最宽处约 6 千米，最窄处约 400 米。湖水深度由南向北愈渐加深，最深处达 74 米，总容量达 16 亿立方米。

全湖面积约 95 平方千米，分为北湖、中湖、南湖和上湖四个湖区。湖岸群崖陡立，峭壁高耸，四周峰峦叠翠，林木苍润；湖中水平如镜，山映水中；山在水中起，水在山中现，山山水水，相依相恋。元帅叶剑英曾赋诗镜泊湖：山上平湖水上山，北国风光胜江南。

镜泊湖纯朴的自然风光同悠久的文化历史相交融。吊水楼瀑布宽 40 米，落差 20 米，湖水在熔岩床面上翻滚、咆哮，以千军万马之势向深潭直泻，潭水四溅，如浮云堆雪，白雾弥漫，又如银河倒泻，白练悬空。湖中白石粒子、大孤山、小孤山、珍珠山、老鸹碴子像一串散落的珍珠镶嵌在浩渺平阔的湖面上。

红罗阁内的塑像神采飞扬，光彩照人，蕴含着古老的故事与美丽的传说。城墙碴子山城遗址，依山而建，是唐代渤海国为防御契丹族入侵而筑，十里城垣饱经风雨，但仍清晰可见昔日风采。

五大连池

位于黑龙江省五大连池市，讷谟尔河畔，面积 1000 多平方千米。风景区包括 14 座火山、5 个火山堰塞湖、60 多平方千米的石龙和具有很高医疗保健价值的低温冷泉。它因山凝秀，水含幽，熔岩层叠，药泉神奇，被誉为"翻开的火山教科书"。

五大连池的 14 座火山呈"井"字排列，为中近期形成的火山，其中黑龙山和火烧山年龄最小。黑龙山地貌完整，山势高耸，植被葱郁，相对高度差距达 100 多米，火山口直径 350 米，深达 145 米，俯视口底令人望而却步。山上的石海、火山森林、熔岩洞千姿百态，景观奇特。火烧山体态矮小，海拔 390.3 米，火山弹、火山渣、火山砾、火山浮石遍布山体，岩浆流动的痕迹清晰可辨。

五大连池即是因为火山喷发的熔岩堵塞讷谟尔河支流——白河而形成的五个呈串珠状衔接的堰塞湖。五个池间有暗河沟通，纵长 20 多千米，湖面 40 余平方千米，五池错落在 14 座火山之间，与广阔的玄武岩台地融合在一起，形成一组奇特的山、水、石景观。

五池之中，三池面积最大，水面宽阔，池水清澄碧透，景色宜人；头池最小，水域面积仅 0.11 平方千米，池水平静清澈，可欣赏到"条条小鱼山间游，朵朵白云水上走"的美景。五大连池蕴藏着丰富的具有神奇疗效的矿泉水，水中含有 40 多种人体所必需的微量元素，被称为世界三大冷泉之一。

五大连池许多景象奇特，引人慕名而来。水晶宫洞一年四季结冰，犹如冰雕玉砌。温泉终年热气腾腾。目前已形成集旅游观光、度假疗养和科学研究为一体的天然风景名胜区。

西北地区名胜

西岳华山

华山是我国著名的五岳之一，古称西岳，又称太华山。坐落于陕西省华阴市境内，是大西北进出中原的门户。

华山因山峰自然排列宛若花状而得名。华山南依秦岭，北瞰黄河，被称为"华山如立"，整个山体线条分明，形如刀削斧劈，突兀壮观，被誉为"奇险天下第一山"。

华山由一块巨大完整的花岗岩构成。据《山海经》载："太华之山，削成而四方，其高五千仞，其广十里。"华山共有五座主峰，其中东、西、南三峰最高：南峰"落雁"，为太华山极顶，海拔 2160.5 米；又有东峰"朝阳"、西峰"莲花"，三峰鼎峙"势飞白云外，影倒黄河里"，有"天外三峰"之称。云台、玉女二峰胁侍于侧，36 小峰罗列于前，虎踞龙盘，气象万千。

华山因其凌空架设的"长空栈道"，三面临空、上凸下凹的"鹞子翻身"以及在峭壁悬崖开凿的千尺幢、百尺峡、上天梯、老君犁沟、苍龙岭都奇险异常，俗称"自古华山一条路"。山中道路仅有南北一线，长约 10 千米，曲折跌宕，艰险崎岖，许多地方有"一夫当关，万夫莫开"之险。

华山历史悠久，是中华民族文化的发祥地之一。据清代著名学者章太炎先生考证，"中华"、"华夏"皆源华山而得名。《尚书》、《史记》都对华山有形象的记载。

华山道教文化深厚，为"第四洞天"。自周末始，即有道家于云台观布道，金元时华山已成为全真派发祥道场。山上现存72个悬空洞、20余座道观。其中玉泉院、东道院、镇岳宫被列为全国重点道教宫观。秦汉以来，关于道教与华山的神话传说广为流传，现存200余篇。其中以"劈山救母"、"巨灵擎山"、"吹箫引凤"影响较为广泛，为华山增添了神韵。

临潼骊山

骊山是秦岭北麓一支余脉，在距西安30千米的临潼区内。骊山又名"绣岭"，最高峰海拔1300.2米，山上林木苍翠，景色秀丽。

关于"骊山"名称的由来，有两种说法：一说，骊山是商代骊山部族和周代骊戎部族居住的地方，故称骊山；二说，中华民族之母女娲曾骑一匹黑色的马在此"炼石补天"，后来，其坐骑化为一座青山，而古汉语中的"骊"即指黑色的马，故此得名"骊山"。

骊山自然景色宜人，文物古迹遍布，山脚下有华清池、周幽王和褒姒墓、扁鹊墓、蔺相如墓、秦始皇陵和兵马俑坑、坑儒谷、鸿门宴等历史文化遗址；山腰上有兵谏亭等；山上有老母殿、烽火台、石瓮寺等。登上烽火台，骊山全景尽收眼底，层峦叠嶂，山水相映，风光旖旎。骊山美景处处，"骊山晚照"是关中八景之一。每当夕阳西下，余晖遍洒之时，金黄色的阳光透过薄薄的暮霭，给苍翠的山峦涂上金红的色彩，可谓：

渭水秋天白，骊山晚照红。

骊山历代帝王游幸的场所，中国历史上有11个朝代先后建都在西安。景色奇丽的骊山风光，千古不竭的温泉，流传千古的神话，"姜寨"母系氏族社会遗迹，"西安事变"的行辕旧址，构成了骊山自然风光与人文景观相互融合的美丽画卷。每年吸引大量游人流连忘返。

黄帝陵

被称为"中国第一陵"的黄帝陵位于陕西省黄陵县城北的桥山上，南距西安市150多千米，是中华民族始祖轩辕黄帝的陵墓。李白诗云：

黄帝铸鼎荆山涯，不炼黄金炼丹砂。

骑龙飞上太清家，云愁海思令人嗟。

黄帝是我国原始社会一位伟大的部落首领，被称为中华民族的祖先。黄帝陵地处桥山之巅。绿水潆绕，群山相拥，古树苍润，环境清幽。山下有路直通山顶陵前。黄帝陵陵冢高3.6米，周长48米。陵前一高台，相传汉武帝北征时在此祭陵，所以称"汉武仙台"。

黄帝庙坐北朝南、呈四方形，位于桥山脚下，庙宇雄伟壮观，气势恢宏，门额上书"轩辕庙"三字，殿内供奉着硕大的黄帝牌位，刻有"轩辕黄帝之位"六字。寺内有一高大柏树相传为汉武帝挂甲柏，又称"将军柏"；还有"世界柏树之父"之称的巨大古柏，已有4000多年的树龄，相传为黄帝亲手所植。

黄帝陵作为中华民族朝圣之地，千百年来，每逢清明等节日，来拜谒祭祖的炎黄子孙络绎不绝。

麦积山

素有"秦地林泉之冠"美誉的麦积山位于甘肃省天水市境内，因山势突兀，形似农家麦垛而得名。景区以麦积山石窟造像为中心，自然风光秀丽。

麦积山风景名胜区分为麦积山、仙人崖、石门三个景区。麦积山一枝独秀，似悬崖峭壁突兀而起，环抱于僧帽山、罗汉岩、香积山、三扇岩、独角峰等奇峰秀岭之中。麦积山石窟始创于东晋十六国时代，经过10多个朝代的不断开凿、重修，成为我国著名的大型石窟之一，也成为闻名世界的艺术宝库。迄今已有1600多年的历史。现存洞窟194个、塑像和石像总计7200尊、壁画1300多平方米，尤以泥塑艺术著名，被称为"古代东方的雕塑馆"。

"青云之半，峭壁之间，镌石成佛，万龛千窟"的摩崖大佛和蜂房般的洞窟沐浴在阳光里，飞阁栈道凌空而架，层层相扣，其惊险奇巧让人叹为观止。麦积山石窟精湛的雕刻技术，奇险浩大的工程，宏伟精美的建筑充分展示了中国古代人民在泥塑、石雕、绘画和建筑等方面的才智与成就。

崆峒山

素有"崆峒山色天下秀"之誉的崆峒山位于甘肃省平凉市境内，海拔2123米，是古代"丝绸之路"西出关中的"西来第一山"。

崆峒山地处西北要冲，山川险要，雄视三关，扼守中原，历来为兵家屯驻之地和古丝绸之路的主要通道。

崆峒山挺拔险峻，绮丽奇巧，兼蓄北方山势之雄与南国山色之秀。宛如白练的泾河、胭脂河南北环抱，在山前交汇东去。山间胜景：有气势恢宏的马鬃山，振翅欲飞的凤凰岭，神秘莫测的玄鹤洞，清幽静雅的王台，雄伟惊险的上天梯，引人入胜的弹筝峡、月石峡等自然景观。

崆峒山森林覆盖率几乎达百分之百，已知有云杉、油松、圆柏、五角枫、丝绵木等植物达千余种。招鹤堂前的孔雀柏树龄虽已千年以上，但依然枝繁叶茂，生机盎然。林中有秃鹫、雀鹰、金雕、金钱豹等70多种野生珍稀动物。

崆峒山以"道家第一山"而蜚声海内外。相传轩辕黄帝曾到此问道于广成子。秦汉时山上已有庙宇建筑，宋、元、明、清各代陆续修建，鼎盛时有八台、九宫、十八院、二十四寺观，并有广成丹穴、浴丹泉、千丈崖、月石峡、黄龙泉、归云洞等多处名胜古迹。历代文人名士在此留有大量诗词、游记、摩崖石刻、碑记等。有气势宏伟的隍城建筑群，庄严肃穆的五台寺观，古人类文化遗址齐家文化以及天门铁柱、中台宝塔等人文景观。每年农历四月初八的庙会人山人海，颇为壮观。

天山天池

享有"天山明珠"盛誉的天山天池地处博格达峰的半山腰，距乌鲁木齐市90千米，是一处集高山、湖泊、杉树和雪山景观于一体的著名风景区。

古代传说中天池是西王母沐浴的瑶池，清乾隆时始以"天境"、"神池"之意命名为"天池"。天池是由冰碛和山体崩塌等多种作用而形成的，湖面呈半月形，西北——东南走向，湖长3.4千米，最宽约为1.5千米，面积4.9平方千米，湖深105米。夏季是天池的黄金季节。群山环抱，湖水清澄如玉，岸边绿草如茵，野花似锦，配以帐篷、别墅、凉亭和牛羊点缀其间，山光水色如诗如画。

坐落于天山东南的博格达主峰海拔5445米，与左右两峰并蒂，状如笔架，三峰兀立，直入云霄。峰顶的冰川积雪，闪烁着皑皑银光，与天池湛蓝的湖水相映成景，构成了高山平湖丰姿绰约的自然景观。西北山后的铁瓦寺、南天门寺和东山的娘娘庙，古朴典雅，庄严肃穆。

天池下方有小天池，呈圆形，直径为20~30米，碧透玲珑。池边凌空飞挂着一道数丈高的瀑布，水珠击石，雾气迷离。附近已开发出灯杆山、石峡等众多景点。

库木塔格沙漠

库木塔格沙漠景区位于"火洲"吐鲁番地区的鄯善县，是新疆的第三大沙漠，也是世界上唯一与城市相连的沙漠。浩瀚黄沙距离鄯善县城不过1000米的路程，是世界抗沙治沙史上"绿不退、沙不进"的缩影。在维吾尔族语中，"库木"是沙的意思，"塔格"是山的意思，库木塔格，就是"沙的山"。

库木塔格沙漠风景区总面积1880平方千米，是新疆地区沙漠地貌景观的典范，有玉热克塔格、沙漠晨曦与晚霞、沙河、沙丘等自然景观，是进行科学考察、探险、生态游和进行各类沙漠体育活动、保健、观光等的理想去处。沙漠地处古丝绸之路要道和古鄯善国的边缘，周边地区人文资源丰富，在沙漠绿洲上分布着重要的历史文化遗址，展现丰富多彩的社会风貌和民族风情。

库木塔格沙漠融大漠风光和江南秀色于一体，有"露天桑拿室"之称。这里有世界上海拔最低的沙漠植物园，园内有500多种沙漠植物，其中有40多种是荒漠珍稀濒危植物。

库木塔格沙漠距城市较近，其他沙漠需几周行程数千里才能看到的各种沙漠风貌，在这里只需二至三天时间的行程就可一饱沙海眼福，"城市享受中的沙漠风光"，成为吸引游客远道而来的旅游胜地。

内蒙古地区名胜

"塞外苏杭"——扎兰屯

被称为"塞外苏杭"的扎兰屯风景名胜区位于内蒙古自治区呼伦贝尔市南端，是进入自治区的东侧门户。它背依大兴安岭，直面松嫩平原，总面积约1.69万平方千米，是一处以山地、丘陵、平原和谷地四种地貌形态为主体，原始森林将草原、田园风光和少数民族风情集于一身的著名景区，被誉为"大兴安岭上的明珠"。

扎兰屯群山叠嶂，河流密布，山清水秀，以"山险、石怪、水秀、树茂、兽奇、鸟异"闻名于世，包括吊桥公园、秀水山庄、柴河、巴林喇嘛山、浩饶山、红光、民俗村等景区。

吊桥公园位于市区北部，始建于1905年，占地面积68公顷。园内亭台壁阁，建筑风格各异，别具风姿，既有东方特色又兼具欧式风格，融我国南北方园林之长和民族特色为一体。现如今，吊桥公园几经修葺，已经成为拥有水上、动物、娱乐、花卉、碑廊等观光游乐项目的综合景区。

柴河景区在市区西南端，以大兴安岭原始森林景观为主体。这里的火山湖、瀑布、清泉等是我国东北极为罕见的自然奇景。蓝天、白云倒映水面，如诗如画。汹涌的柴河、绰尔河萦绕碧山，奔流不息。丰富的自然景观浑然天成，清澄如玉、群山环绕的火山口遗迹"卧牛泡"；浪花飞溅、雾气升腾的"红花尔基"瀑布；宛若一轮满月的月亮湖以及九龙泉、一线天、熊瞎子洞等景点均令人叹为观止。

景区内还有一望无际、古木参天的原始森林；有绿草如茵、野花斗艳的广阔草原；有奇峰林立、姿态万千的巴林喇嘛山石林；有波光荡漾、纵横交错的托欣河、浩饶河；有名贵稀少、营养丰富的哲罗鱼、细鳞鱼等冷水鱼；还有甘冽的山泉，碧绿的湖泊，飞翔的百鸟，烂漫的山花，飘香的野果等使人流连忘返。

扎兰屯人文景观与自然景观相得益彰。金刚寺规模宏大，建筑古朴，终日香烟缭绕，其建筑规模在周边地区的汉佛教建筑中独领风骚。扎兰屯居住着蒙、达斡尔、鄂伦春、鄂温克、朝鲜等少数民族，他们能歌善舞，热情好客，使人感受到浓郁的少数民族风土人情。

华东地区名胜

中国旅游金库——太湖

被誉为"中国旅游金库"的太湖风景名胜区位于江苏、浙江两省之间，景区水域面积为2400平方千米，分鼋头渚、三国城、灵山胜境三大景区。

三面临水的半岛鼋头渚，因状如鼋头而得名，是欣赏太湖"山外青山湖外湖，黛峰簇簇洞泉布"自然画卷的最佳位置。鼋头渚苍苍茫茫，水天一色，其山不高而秀雅，水不深却辽阔，早、中、晚和晴、阴、雨的不同景致及春花秋月、夏荷冬雪的四时之景吸引了历代文人墨客，前来游历题记。

三国城是中央电视台为了拍好电视剧《三国演义》全剧最精彩的重场戏"火烧赤壁"而建造的。在此拍摄完成了"舌战群儒"、"刘备招亲"、"草船借箭"、"孔明吊孝"、"借东风"等场戏。观瞻再现三国情境的曹营水旱寨、七星坛、三江口吴营、吴王宫等建筑，仿佛重温火光四起、浓烟腾空、一片火海的历史画面场面；似乎听到了山呼海啸、炮声隆隆和战鼓声声；也感受到了满腹经纶、逐鹿中原的风流人物"谈笑间，樯橹灰飞烟灭"的英雄气概。

灵山胜境包括祥符寺和灵山大佛两处景点。祥符寺是中国佛教四大宗之一的法相宗的祖庭，建于北宋大中祥符年间，"曲径通幽处，禅房花木深"的诗文意境，使祥符寺名满天下。灵山大佛是一座高88米的露天青铜释迦牟尼佛立像，是华东地区第一大佛。

太湖风景区风景秀丽，历史悠久。太湖地区是吴越文化的发源地，有大批文物古迹遗存，如春秋时期阖闾城、越城遗址、隋代大运河、唐代宝带桥、宋代紫金庵、元代天池石屋，还广泛流传吴王夫差、越王勾践、范蠡、西施、项羽等历史传说，文化与自然景观融为一体。

蜀岗瘦西湖

瘦西湖位于江苏省扬州市西北部，是我国著名的风景名胜区。古时曾为一段自然河道，后经过历代的疏导治理，逐步扩建，逐步发展而成。景区面积6.35平方千米，由古城遗址、蜀岗名胜、瘦西湖自然风光和古典园林群等组成。

瘦西湖全长4.3千米，湖水面积9.7公顷。其湖面蜿蜒曲折，湖水潋滟清澈，两岸林木稀疏，园林建筑精致典雅，水、林、亭、榭融为一体。行船其间，长堤春柳、徐园、梅岭春深、月观、吹台、水云胜景、白塔晴云及五亭桥等景观一览无余，美不胜收。五亭桥上矗立着五座飞檐高翘的亭子，桥下有大小纵横的 15 个桥洞。每逢皓月当空，湖面泻银，桥洞内各衔一月，令人浮想联翩。

蜀岗瘦西湖人文景观遍布四处。春秋时吴王夫差所筑的邗城、汉吴王濞所筑的广陵城、十里长街的广唐城以及后周的周小城、宋宝祐城遗址保存完好。另外，蜀岗还有唐代鉴真和尚东渡日本前当住持的大明寺、苏轼建造的谷林堂、北宋欧阳修营建的平山堂等古建筑以及鉴真纪念堂。

云台山（江苏）

以山水岩洞为特色的云台山风景名胜区，位于江苏省连云港市东北 30 多千米处，包括花果山、孔望山、宿城、海滨四个部分。面积约 180 平方千米。其中，花果山以古典名著《西游记》所描述的齐天大圣的"根据地"而闻名于世。

云台山峰峻洞深，岩奇岭坦，被誉为"东海第一胜景"。云台山从西到东分前、中、后云台山，其中前云台山范围最大，地势最高。景区内有秀美的大小山峰 134 座，主峰玉女峰海拔 625.3 米，为江苏省最高峰。

山岳地层经长期的海水侵蚀冲刷和频繁的地质变化形成了千姿百态的海蚀洞、海浪石及壮丽的石海胜景。云台山由于特殊的地理位置，具有从北亚热带向暖温带过渡的特点，冬温夏凉，降水充足，生物资源丰富，是我国赤松林分布的南界。

云台山古称郁洲山、郁林山，唐宋时称苍梧山。明嘉靖年间道教兴盛，开始建筑寺庙宫殿，现存有 120 余座，有"海内四大灵山之一"、"七十一福地"的美誉。具有"海、古、神、奇"特色的三元宫、东磊石海、海清寺阿育王塔、郁林观摩崖石刻等久负盛名。

九华山

被称为"东南第一山"的九华山位于安徽南部青阳县内，山中有 99 峰，群峰竞秀，以天台、莲花等 9 峰最为著名，因山峰整体状若莲花，取"花"与"华"谐音，故称九华山。

九华山峰峦叠翠，满山翠竹苍松，郁郁葱葱，自然风光幽静秀美。李白曾游此山，见山清水秀，风光绮丽，吟诗赞曰：

昔在九江上，遥望九华峰。

天河挂绿水，秀出九芙蓉。

九华山著名景观有天台晓日、五溪山色、桃岩瀑布、舒潭印月、九子泉声、莲峰云海、平岗积雪、天柱仙迹、东崖晏坐、化城晚钟十景。

九华山为地藏菩萨的道场，自古为佛教信徒崇拜的境地，有"九华一千寺，撒在云雾中"的描绘。

在东晋时代，就有天竺僧怀渡禅师来此山传经，创建茅庵。唐代以后，佛教寺庙陆续而建，全盛时有"九华千寺"之说，素称"莲花佛国"。九华山至明、清两代佛教发展的最鼎盛时期，成为我国四大佛教名山之一。

九华山现存寺院 84 座，佛像 6400 余尊，著名寺院有甘露寺、祇国寺、东崖寺及化城寺、肉身殿、通慧庵、拜经堂、天台寺、慧居寺等。各寺中收藏珍贵文物达 2000 余件，其数量与质量均居四大佛教名山之首。

琅邪山

琅邪山风景区位于安徽省滁州市南约 5 千米处的群山之中，山色绚丽，林深木秀，景色清爽，素有"蓬莱之后无别山"的赞誉。

琅邪山，古称摩陀岭，因东晋琅邪王避难于此而得名。"环滁皆山也，其西南诸峰，林壑尤美，望之蔚然而深秀者，琅邪也……"宋代文学家欧阳修撰文描绘出了琅邪山的风姿。风景区分为琅邪山、城西湖、姑山湖、三古寺四大景区，面积 115 平方千米。主要山峰有摩陀岭、凤凰山、大丰山、小丰山、琅邪山等。琅邪山险峻而秀美，林木茂密，花草烂漫。数百年的松树、梅树苍劲挺拔；特有的琅邪榆、醉翁榆秀顾苍翠；琅邪溪清淳甘冽，潺潺湲湲；礼泉、紫薇泉等错落于山间；归云洞、雪鸿洞等自然景观神奇诱人。

琅邪山不仅风景秀丽，而且还有丰富的人文景观。有始建于唐代的琅邪寺，建于宋代的醉翁亭，还有卜家墩古遗址留下的大量文物古迹及唐宋以来的数百处摩崖、碑刻。

醉翁亭是我国古代四大名亭之一，因宋代大散文家欧阳修写的传世之作《醉翁亭记》使之声名鹊起。醉翁亭经历代的修葺整饬，形成了宝宋斋、冯公祠、古梅亭、怡亭、影香亭、意在亭、览余台等各具情趣的"醉翁八景"。亭中存宋代苏轼手书的《醉翁亭记》碑刻，被称为"欧文苏字"。

琅邪山层峦叠翠，曲径幽深，四季胜景不断，尤以"夕阳晚照"与"雨后听泉"别有情趣，是人们旅游休闲、访古探幽的理想之地。

天柱山

五大"镇山"之"中镇"天柱山，又称皖山或潜山，地处安徽省安庆市潜山县境内，大别山与长江中下游平原交会处。包括梅城、野寨、玉镜、马祖、良药、东关、飞来、主峰八大景区。

天柱山因其主峰天柱峰突兀如柱，直插云霄而得名，曾被汉武帝封为"南岳"，被道家列入 36 洞天的第十四洞天。庙、观、塔、石刻等人文景观丰富，历代文人墨客如李白、王安石、苏东坡、黄庭坚等来此游历。全山有 53 怪石、25 洞、22 泉、14 井、8 池、3 潭、2 溪；有植物 119 科、1000 多种，珍稀动物数十种，鱼鳞木、天女花、娃娃鱼为天柱山"三宝"。

梅城景区，主要景点有舒王台、太平塔、胭脂井、薛家岗古文化遗址等。舒王台是宋代王安石任舒州通判时的读书处，登台远眺，清清碧波，叠叠云岚，景色如画。

野寨景区，有祭台、三祖寺、觉寂塔、吴塘、真源宫、九井河等景点。其中三祖寺古木参天，香烟缭绕，是皖南著名寺院。寺西旁深谷悬崖耸立，松竹蔽天，石壁上布满了唐、宋、元、明、清许多文人骚客的诗文题记。谷腹的牛石洞，为北宋诗人黄庭坚读书处。寺东卓锡泉，水流潺潺，清澈甘冽。

飞来、东关、主峰三景区相连，飞来峰、天柱峰、天狮峰皆耸立于此。景区内奇峰矗立，或峭如笋尖，或形如猛虎。奇花、异草、古松、怪石遍布，有飞龙洞、东宫洞、西宫洞等形态各异的 54 个连环洞穴，扑朔迷离，引人入胜，有"天柱一绝"的美誉。

齐云山

齐云山位于安徽省休宁县城西 15 千米处，与黄山、九华山并称为中国皖南三大名山。齐云山景区面积 110 平方千米，自然保护区 150 平方千米。

齐云山景区集丹霞地貌、道教文化、摩崖石刻、山水风光于一体，属综合性风景区。包括月华街、楼上楼、云岩湖、横江、南山五大区。

齐云山，因"一石插天，直入云端与碧云齐"，故名"齐云"。齐云山峰峦叠嶂，形态奇特，崖陡壁峭。岩石丹若朱砂，灿若红霞，在云海、湖光、流泉、飞瀑等美景的映衬下，显得分外绚丽多姿。白岳、齐云、白象、青狮、岐山、南山、太山、苑山、万寿山等32峰高峻挺拔，构成齐云山的主体；多彩多姿的奇峰、怪石、幽洞以及碧翠如玉的湖潭泉瀑，形成了齐云山的"洞天福地"。其中分布着精巧玲珑的香炉峰，神秘诱人的八仙洞，巧夺天工的石桥岩，恬静秀逸的云岩湖，抛金洒玉的珍珠帘，景色各异，美不胜收。

享有"江南不武当"之美誉的齐云山历史悠久，为我国道教四大名山之一。道教香火盛于明代，供奉北方真武大帝，香客络绎，香烟缭绕，成为一方道教圣地。历代文人雅士李白、朱熹、唐伯虎、徐霞客、郁达夫都曾登临此山，留下数以千计的摩崖石刻、碑刻与题记。乾隆皇帝曾游幸此山并盛赞道：

天下无双胜境，江南第一名山。

采石矶

采石矶古称牛渚矶，位于安徽马鞍山市区南6千米的翠螺山麓。因其山势险峻雄伟、风景秀丽、古迹众多与南京燕子矶、岳阳城陵矶合称"长江三矶"。采石矶临江兀立，壁陡崖峭，与天门山隔江相望，万里长江浩荡流淌，气势磅礴。

采石矶地处的翠螺山，三面被牛渚河环绕，西北临江，犹如水面上的一只大青螺，故得名。山上草木滴翠，山石争奇，环境清幽，楼阁遍耸，古往今来许多文人纷至沓来。李白、白居易、王安石、苏东坡、陆游、文天祥等曾到此畅游，留有大量的碑刻题记。名胜古迹有太白楼、赏咏亭、观澜亭、捉月亭、三元洞及李白衣冠冢等。

太白楼又名谪仙楼、青莲祠。始建于唐，清雍正年间重建。它是一座高 18 米、长 34 米、宽 17 米、黄琉璃瓦覆顶、飞檐翘角的三层古建筑，宏伟壮观，它与武昌黄鹤楼、岳阳岳阳楼、南昌滕王阁，被称为江南"三楼一阁"。楼阁内陈列着太白手书拓本和各种版本的诗集及历史上名人的诗篇、匾额、楹联等。其中尤以李白手书真迹弥足珍贵。登楼眺望，体会"天门中断楚江开，碧水东流至此回。两岸青山相对出，孤帆一片日边来"的诗文意境，令人顿感心旷神怡。

巢湖

巢湖位于安徽省腹地，江淮丘陵南部，因湖呈鸟巢形，故名。湖水面积 800 平方千米。

巢湖自然景观 100 余处，人文景观 56 处，旅游资源融湖光、山色、林海、江涛、温泉为一体，是皖中著名旅游区。

巢湖的自然景观山水兼备，以水见长，万里长江穿境东流，江涛拍岸，气势逼人；八百里巢湖烟波浩渺，湖光帆影，湖中映青山，山中有绿水。位于湖心的姥山岛，似青螺出水，漂浮于湖面之上，岛上三山九峰，有庙有塔，环境幽静，风光旖旎，与湖北岸古中庙遥相呼应，相得益彰。

景区内半汤、汤地、香泉三处温泉，飞珠溅玉，热气蒸腾，是疗养、度假的理想去处；天然溶洞紫微洞长 1500 米，雄、奇、险、幽，为"江北第一洞"；王乔洞佛像雕刻成千古谜观，是安徽省罕有的摩崖石窟艺术宝库。

巢湖沿岸名胜景点星罗棋布，各具特色，尤其是巢湖南岸的银屏山，悬崖峭壁之上，亭亭玉立一株白牡丹，经久不衰，千年一貌，堪称"天下第一奇花"。此外，王安石记游的褒禅山、李白吟咏的西梁山更是钟灵毓秀，闻名遐迩。这些内容丰富、类型齐全的景点景观，点缀巢湖沿岸，犹如"众星捧月"，美不胜收。

巢湖的历史悠久，人文荟萃。曾流传有"商汤放桀于南巢"、"伍子胥过昭关"、"楚霸王乌江自刎"等历史故事；也曾有刘禹锡、王安石等名人驻足流连，写就了《陋室铭》、《游褒禅山记》等传世名篇；并且还诞生了秦末的范增、三国的周瑜、清朝的丁汝昌，以及巢湖"三上将"张治中、李克农、冯玉祥等仁人志士。

普陀山

誉有"海天佛国"的普陀山位于浙江省舟山市舟山群岛的东部，它以山海兼胜的自然风光和悠久的宗教文化声震遐迩，是我国四大佛教名山之一。

普陀山历史悠久，人文底蕴深厚。西汉时称"梅岑"；宋时称"白华山"，后改称"补怛洛迦"，意为"美丽的小白花"；而从元、明两代起始称普陀山。

普陀山佛教文化源远流长。唐朝末年佛教在此兴起，嘉定七年被指定为观音道场。佛教鼎盛时期，山上有3大寺，88庵堂，128茅棚，僧尼3000人，有诗云：

山当曲处皆藏寺，路欲穷时又遇僧。

目前开放的有普济寺、慧济寺等寺庙30多处，殿宇巍峨，佛像庄严。"南海观音"铜像高33米，金碧辉煌，宏伟壮观。

普陀山风景区总面积41.95平方千米，海岸蜿蜒绵长，沙滩宽阔柔软，奇石千姿百态，古洞深邃幽谧。著名景点有多宝塔、千步沙、二龟石、心字石、磐陀石、梵音洞、潮音洞、朝阳洞等。普陀山林木葱翠，气候宜人，是旅游避暑胜地。

浣江与五泄

位于浙江省中部的诸暨市。浣江宛如一条美丽的绸带将五泄、斗岩、西施殿、汤江岩串缀成一体，景区总面积为72平方千米。

五泄因溪水从五泄山巅崇山峻岭间飞流而下，泻为五级瀑布，又因当地人称瀑布为泄，故得名。五泄景区将五级奇瀑、千年古刹、幽谷秀林融为一体，组成了一幅秀美的山水画卷。

五级瀑布总长334米，落差80余米，各段瀑布各具情趣：第五泄瀑布最为壮观，气势磅礴，湍流奔泻，有气吞山河之壮美；第四泄瀑布飞流直落，如玉龙跃谷，似万马腾跃；第三泄瀑布宽阔平缓，缥缥渺渺，款款而下；第二泄瀑布落差最小，但下落时被一兀石分成两半如双龙戏水；第一泄瀑布小巧平稳，悄然飘落。

西施殿景区是以吴越历史为背景，以西施文化为内涵的人文景观区。斗岩、汤江岩景区为典型的丹霞地貌，岩石、洞穴景观各具特色，有斗岩石峰等16个景点。斗岩被定为国家登山队攀岩培训基地。

浣江与五泄风景区植物繁茂，空气清新，环境幽雅，是一处生态旅游、度假休养的理想之地。

嵊泗列岛

嵊泗列岛风景区由钱塘江与长江入海口汇合处诸多岛屿组成，位于舟山群岛的北部，气候宜人，景色优美，具有礁美、滩佳、石奇、崖险的特点。景区面积 34.91 平方千米，分为泗礁、花绿、嵊山—枸杞、洋山四大景区。

景区内岛屿众多，岩礁棋布，400 多个大小岛屿像珍珠一般散落在蔚蓝的杭州湾以东、长江口东南。其中泗礁山岛，是嵊泗列岛中最大的岛屿，属亚热带海洋性季风气候，夏无酷暑，冬无严寒。

景区内有 60 多处景观，集中分布在泗礁山、黄龙山、嵊山、花鸟岛等岛屿。基湖大沙滩背靠松林，沙域广阔，沙坡下海水清澈，为理想的天然海滨浴场，享有"南方北戴河"之誉。嵊山东崖、黄龙岛的元宝石等千姿百态，妙趣横生。

建于 1870 年的远东第一灯塔屹立在花鸟山上，气势雄伟，为远东和中国沿海南北航线进入上海港的重要航标。岛上景点有"云雾"、"猿猴"、"老虎"三个古洞，素有"东海花果山"之称。

嵊山岛和枸杞岛宛如一对鸳鸯，相依相偎，情意绵绵。景区内有明清以来的众多摩崖石刻，"山海奇观"、"海若波恬"、"潮海风情"等石刻星罗于碧水蓝天间，为中华民族保卫祖国海疆的历史见证。景区内有全国著名的嵊泗渔场，盛产黄鱼、带鱼、鲳鱼等。每年冬汛，苏、浙、闽、沪等省市的 10 多万渔民，驾船来此生产，届时渔船排列，一派繁忙景象。

金华双龙

双龙风景名胜区隶属浙江省金华市。全区分为双龙洞、大盘天、黄大仙、优游园、尖峰山、仙鹤妍 6 大景区，300 多处景点。景区林木蓊郁，层峦叠嶂，生机盎然，融青山、丽水、溶洞为一体，以地下悬河、岩溶奇观、赤松祖庭为特色，其雄奇可比泰山，秀丽与峨眉媲美。

双龙风景区自然风景独特，最著名的自然景观当属金华三洞（双龙洞、冰壶洞、朝真洞）和仙瀑洞、婺源洞。双龙洞由内洞、外洞和耳洞组成，洞口轩朗，洞厅宽阔，洞中清泉淙淙流出，两块钟乳石宛若双龙飞腾，气势雄魄；冰壶洞内钟乳石、石笋遍布，形如百鸟朝凤，或如金华佛手，洞内飞瀑如银河倒泻九天，气势恢宏，有"中国最大洞中瀑布"之称。朝真洞曲折迂回，洞中有洞，为道教真人黄大仙修炼之所。

双龙风景区历史悠久，文化底蕴深厚。是我国道教第三十六洞天所在地。东晋以来就被世人所钟情，唐宋明清再创辉煌。金华观、赤松亭、黄大仙祖宫虽百经风雨依旧岿然屹立。历代迁客骚人如李白、孟浩然、陆游、苏东坡等文人墨客，以及现代文学家郁达夫、郭沫若都在此留下脍炙人口的游记和诗篇，毛泽东、朱德等一代伟人也游历于此并留下诗词和行迹。

江郎山

江郎山位于浙闽赣三省交界处的江山市境内。以"雄奇冠天下,秀丽甲东南"著称于世的江郎山山势雄伟,翠黛千重,景色秀美,自古以来就因"三石凌空拔地起,壁立千重刺破天"的景观而留下历代游客足迹,有"中国丹霞第一奇峰"之誉。

江郎山郎峰、亚峰、灵峰三峰拔地而起,摩云插天,呈"川"字排列,宛若天柱。据《文思博要》载:"此山峰系江氏兄弟三人,登巅化为石。"景区融山、石、瀑、洞为一体,景色相互映衬,颇有情境。

一线天是郎峰和亚峰的一线间隙,长和高都为 300 米,被称作是世界上最长、最高的一线天。更为称奇的是,它一边寸草不生,一边却草木繁茂。陡峭险峻的郎峰天游被誉为浙江省最佳景点。此外,霞客游踪、仙居剑瀑、洞岩钟鼓、须江瑶池、峡里湖、石大门、浮盖山、景星山、仙居寺剑瀑、笔头峰、郎峰仙道、天然图画、石隙奇观、丹霞赤壁、神女临江、月亮湖等景亦各富神韵,引人入胜。

江郎山历史悠久,文化灿烂,名胜古迹荟萃。如饮誉东南的江郎书院,千年古刹——开明禅寺,八闽咽喉之称的仙霞关,黄巢义军开辟的仙霞书院、仙霞古道。并且有全国最大的毛泽东手书书体"江山如此多娇"摩崖题刻,保留完整的历史名镇廿八都明清古建筑以及保持原始生产方式的宋代古瓷村。

奇特的廿八都,始建于唐代,繁盛于明清,拥有 1 万人口的小小古镇却有132 个姓氏和 9 种方言。其建筑风格多姿多彩,汇集浙式、闽式、徽式、苏式、赣式、云贵式等流派;其雕刻精美,民俗淳朴,有"天然民俗博物馆"的美称。历代名人如白居易、陆游、朱熹、徐霞客、郁达夫留下的游迹遗墨,更为江郎山增添了丰富的文化内涵。

仙居

仙居风景名胜区在浙江省的东南部,包括神仙居、永安溪漂流、皤滩古镇、景星岩景区、高迁古民居、公盂景区、十三都景区、淡竹景区、朱沙坑原始森林九大部分。

仙居顾名思义,即为仙人居住之地。北宋景德四年宋真宗以其"洞天名山,屏蔽周围,而多神仙之宅"赐予其名为"仙居"。仙居风光秀美,景色如画。景区内有拔地而起、直指云霄的鸡冠峰、狮子峰、羞女峰;有风情万种的睡美人和威风凛凛的将军岩;有刚柔并济、神态各异的十一泄飞天瀑、象鼻瀑;有险境重重的雄关栈道;有溪道曲折、清澈碧透的永安溪等。

仙居淡竹、朱沙坑两景区原始森林繁茂,苍苍莽莽的林木汇成绿的海洋。

动植物资源丰富，有药用植物 119 科、372 种，是一座天然的药物宝库。

钟灵毓秀的仙居，古文化荟萃。如下汤的新石器文化、全国最大摩崖石刻"佛"字、全国八大奇文之一的蝌蚪文、小巧玲珑的仙居花灯等，均闪耀出仙居古代文明的辉煌。景区内皤滩古镇，历史悠久，规模宏大，建筑精致，迄今仍保存着三华里长、鹅卵石铺砌的九曲"龙"型古街。高迁古民居造型美观，线条简洁，构架坚固，风格迥异，是古代民居的最完整保留地之一，是我国古代民居艺术的集中体现，是研究古民居建筑的活化石。

仙都

位于浙江省缙云县境内，以峰岩奇绝、山水秀丽，融田园风光于一体为旅游特色。景区面积 166.2 平方千米，包括仙都、黄龙、岩门、大洋四个景区。

仙都风景区景色清丽，九曲碧流，十里画廊，峰、岩、洞、溪多彩多姿，自然清纯，众多景点星罗棋布地分布在好溪两岸。姑妇岩，又称婆媳岩，高低两石屹立在山顶，其中一石如凝神端坐的老妇，另一石似楚楚动人的少妇，形态逼真，栩栩如生。鼎湖峰，高 170.8 米，宛如破土而出的春笋，直向云天，有"神州第一石"之称；山顶有一泓湖水，波光潋滟，水清如玉。

芙蓉峡，又名铁门峡，奇丽清幽，用"两山高并敞云门，古峡飞泉宿雨声"来赞叹它的壮美。马鞍山与芙蓉峡隔水遥望，山峰挺拔巍峨，直插云霄。名胜区南端的大洋山，海拔 1560 米，绿树繁茂，烟云飘逸。仙都美景不胜枚举，如小赤壁、倪翁洞、大洋山、大泽湖等。

仙都山，古称缙云山，历史悠久，人文荟萃。先秦时和安徽黄山、江西庐山并称为"三天子都"。唐玄宗赞叹此山"是仙人荟萃之都也"，并亲书"仙都"之名，山因此名满神州。仙都山是道教第二十九洞天，道教兴盛，佛教亦发达，景区内建有黄帝祠宇（玉虚宫）、黄龙寺、缙云堂、妙庭观、南宫寺、独峰书院等人文古迹。其中"黄帝祠宇"规模最大，建筑辉煌，是炎黄子孙祭祀中华民族始祖轩辕黄帝的朝拜圣地。

华 中 地 区 名 胜

武汉东湖

东湖位于武汉市武昌区，是中国最大的城中湖。景区面积 73 平方千米，其中水域面积 33 平方千米。景区包括听涛、落雁、磨山、白马、吹笛、珞洪六个部分。东湖风景区有四大特点，浓郁的楚韵风情、秀丽的山水、丰富的植被、别致的园中园。

东湖风景区浓郁的楚风楚韵，使它成为全国楚文化的中心。湖北省在古楚国属荆楚区域，武汉市自古是楚国腹地。经过50多年的楚文化发掘与建设，东湖建成了一批楚文化游览景点，如纪念屈原的行吟阁、屈原纪念馆、屈原塑像、《离骚》碑刻、楚人进行贸易的楚市以及浓缩楚国经济、文化、发展历史的楚才园，此外还扩建了气势恢宏的楚城与楚天台，展现了800多年来古楚文化的博大精深。

东湖山水相映，磨山、枫多山、吹笛山等34座山峰紧紧环绕东湖碧水，有"九十九湾"之称。东湖有雪松、水杉、樟树等树木共394种、300万株，被人们称为绿色宝库；东湖是花的海洋，奇花异卉争奇斗艳，一年四季香飘不断，最具特色的要数梅花和荷花，其中梅花建有面积33.3公顷专门观赏园林，培育梅花品种207个，是中国四大梅园之一。中国花卉协会的"中国梅花研究中心"与"中国荷花研究中心"都设在东湖。东湖还有世界三大樱花园之一的东湖樱花园，全国第一座寓言雕塑园，以及鸟类的乐园——鸟语林，鳄鱼的天堂——鳄鱼园，杜鹃园、蔷薇园等100多处景园。

隆中

隆中位于湖北省襄阳市城西15千米处，是三国时期杰出的政治家、军事家诸葛亮青年时期的隐居处。景区总面积209平方千米，分为古隆中、水镜庄、承恩寺、七里山、鹤子州五个景区，是一处融历史人文景观与低山丘陵风景于一体的旅游胜地。

隆中群峰叠翠，溪泉潺潺。诸葛亮曾在此躬耕隐居，纵观世事，广交名士。刘备"三顾茅庐"和脍炙人口的"隆中对"的故事就源于此处。历代陆续在隆中修建有关诸葛亮文化的纪念建筑和景点60余处，迄今保存完好的有"三顾堂"、"武侯祠"、"草庐亭"、"六角井"、"抱膝亭"、"野云庵"、"小虹桥"、"半月溪"、"梁父岩"、"老龙洞"、"白马洞"、"承恩寺"等古迹。其中武侯祠是古人祭祀诸葛亮的地方，祠内有一尊诸葛亮塑像，羽扇纶巾、风姿俊雅。三顾堂相传为诸葛亮故居，当年刘、关、张在此拜会了诸葛亮。两厢碑廊上嵌有诸葛亮部分遗作，如《隆中对》、《梁父吟》、前后《出师表》等石刻及历代名人题诗、题记等。

陆水湖

位于湖北省赤壁市南郊，陆水河上段的陆水湖风景区，是由长江三峡所建的试验工程而形成的烟波浩渺的人工湖，因三国名将陆逊屯兵在此而得名。这里不仅是三国文化旅游的中心，而且是三峡风光旅游线的重要游览点。景区总面积118平方千米，其中水域面积57平方千米，景区内有鸟岛、麋鹿岛、民俗风情岛、雪峰山、玄素溶洞群等景点。以"山幽、林翠、水清、岛秀"而闻名遐迩。中央电视台电视连续剧《水浒传》拍摄外景即选用此处。

陆水湖湖光潋滟,湖汊曲折,芦苇飘曳,山水相融。"湖似明镜水似银,山似画屏岛似锦"。陆水湖景区一湖碧水、千座翠岛、两岸青山,无论晴天阴雨,58平方千米的湖水总是清澈碧绿。湖中800多座岛屿星罗棋布,似浩瀚苍穹中的繁星点点。

陆水三国城位于陆水湖花园坡群岛内,城中包括三分汉鼎、赤壁之战、三国文化、三国归晋、三国游乐5大景区和桃园结义、孙权点将台等22个景点。

湖南岸是避暑胜地雪峰山,海拔681米,山势连绵起伏,翠碧如黛,原始森林莽莽苍苍,亚热带植物种类繁多,名贵的自然植物和珍稀的飞禽走兽在此生息繁衍。盛夏时节,山风送爽,气温低于市区5~8摄氏度,从山顶鸟瞰陆水湖胜景,倾听空山鸟语,让人心旷神怡。葛仙祠、陆逊试剑石等三国、东晋文化景观引人入胜。山脚下的玄素洞、天鹿洞、桃花洞景色各异,犹如大自然的鬼斧神工雕塑出的一座座神奇的地下宫殿。其中,玄素洞景观最神奇,造型奇特,为后人留下了许多美妙的传说,令人遐思。

九宫山

九宫山位于湖北省通山县境内。相传后晋安王兄弟九人造九座宫殿于此,故而得名。南宋名道张道清入山开辟道场,建九座辉煌壮丽的宫观,遂成为道教圣地。已开发出青松迎客、陶姚古洞、云湖夕照、云关石刻、泉崖喷雪、真君石殿、虎伏天门、云海波涛八景。

九宫山绵延百里,上下九重,峰峦叠嶂,古木参天,秀谷纵横,溶洞棋布,潭瀑泉溪随处可见。最著名的是三潭一线天、大崖头瀑布、金鸡石、九重天等景观。三潭一线天是一条长约9千米的狭长幽谷,谷内遍植樱花,花开时节,谷内灿若红霞,瑰丽多姿;三级潭布如白绢垂挂,瀑边翠树摇曳,树影婆娑;大崖头瀑布落差400多米,雄奇壮丽,动人心魄。九宫山森林覆盖率达95%,被誉为我国亚热带森林自然生态平衡的典型,有植物800余种,动物80余种,茂林修竹,四季如春,气候宜人,是盛夏避暑佳地。

九宫山风景怡人,人文底蕴深厚,明末农民起义领袖李自成殉难后葬于此处,建有"闯王陵"。附近还有落印荡、激战坡等遗址及九王庙、真牧堂、石城门、一天门等古迹和大量历代名人的摩崖题刻。

武陵源

武陵源地处湖南省西北部张家界市境内。整个景区包括张家界国家森林公园、天子自然保护区、索溪峪风景区三部分。

张家界国家森林公园，是我国第一座国家森林公园，总面积120平方千米，有近150个景点。最高峰"兔儿望月"海拔1334米。黄石寨风光独特，有"不登黄石寨，枉到张家界"之说。琵琶溪人文遍布，古风犹存，有汉建古庙朝天观、明朝古寺龙凤庵，还有清朝清风亭。天下第一桥飞架两峰，深不可测。上天梯险象环生，镇妖七塔自然天成。景区内树木繁茂，有著名的珙桐、银杏、香果树等；有鸟类41种，兽类27种，其中红嘴相思鸟、长尾雉以及水獭、猕猴、貉等较为珍贵。

南岳衡山

位于湖南省衡山县的衡山又称南岳，是我国五岳之一。其山势雄伟，绵延百里，共有72山峰，其中祝融峰为最高峰，海拔1290米。

衡山景色秀丽，有"五岳独秀"的美称。清代诗人魏源在《衡岳吟》中赞美衡山"恒山如行，岱山如坐，华山如立，嵩山如卧，惟有南岳独如飞"。衡山景点丰富，其中祝融峰之高、禹王城之古、方广寺之深、水帘洞之奇、藏经殿之秀、诚心桥之险、龙凤潭之雄、麻姑仙境之幽为南岳"八绝"。

衡山古刹林立，佛道共存。南岳最大的寺庙是位于山脚下的南岳庙。南岳庙始建于唐代，现存建筑是清代重修的。它占地面积为7.68万平方米，建筑雄伟，规模宏大，布局严谨，包括圣帝殿、御书楼、寝宫、盘龙亭等建筑。另外附近还有福严寺、南台寺、藏经殿、广济寺等人文古迹。

南岳历史悠久，人文资源丰富。历代帝王和文人墨客都来此狩猎、祭祀、寻古探幽、讲学布道，留有许多古迹和大量题赋、石刻等。因此南岳有"文明奥区"之盛誉，为中华民族文化艺术的一座殿堂。

韶山

韶山风景名胜区位于湖南省湘潭市，面积约70平方千米。因传说舜帝曾偕妻臣在山上奏过韶乐，因而得名。韶山诞生养育了一代伟人毛泽东，因而名震寰宇。现已开放故居景区、韶峰景区、滴水洞景区、清溪景区4大景区51个景点。韶山为南岳七十二

韶山寺

峰之一，四周群山环绕，林木苍润，景色秀丽。

韶山与井冈山、遵义和延安，同被列为中国四大革命纪念地。这里留下了诸多毛泽东青少年时期求学、生活、劳动以及从事革命活动的遗迹，如有毛泽东少年时代读书的旧址——南岸学堂；1925年创办农民夜校和1927年考察湘潭农民运动旧址等。

"毛泽东同志旧居"在韶山冲上屋场，这是一栋颇具江南山村特色的土砖青瓦农舍。农舍大门上方有邓小平手书匾额"毛泽东同志旧居"七个镏金大字。农舍呈东南—西北走向，背依青山，前临池塘。旧居犹如一部立体的史书，记载着毛泽东同志在韶山时令人崇敬的故事。

毛泽东纪念园与故居相毗邻，占地20万平方米，纪念园里陈列着毛泽东与他的战友们工作和战斗使用过的主要实物。纪念园建筑构思新颖，布局巧妙，既是历史的真实再现，又是美景胜地的巧妙浓缩。

韶山风景名胜区内还有韶峰耸翠、石屋清风、仙女茅庵、胭脂古井、陨石成门、银河渡槽、滴水洞等景观和许多珍贵的稀有林木。

三清山

三清山位于江西玉山、德兴两县境内，分为西华台、三清宫、玉京峰、三洞口、梯云岭、玉灵观、石鼓岭七个景区，面积约220平方千米，景区内山岳风光与道教文化相映成趣。

三清山因玉京、玉华、玉虚三大主峰仿佛道教三大天尊、三个境界而得名，被称誉。高凌云汉江南第一仙峰，清绝尘嚣天下无双福地。

玉京峰是三清山最高峰，海拔1800.9米，雄踞万山之巅，兼具雄伟、险峻、秀美三大特点。三清山上天然造化的女神峰，长裙垂地，秀发齐肩，体态丰盈，掌中捧着两株可爱的小青松，妩媚迷人；"巨蟒出山"仿佛一条凶恶的巨蟒伸出长长的脖颈，昂首横空；此外还有观音听琵琶、双剑峰、五屏迎旭、三龙出海、真绝顶、老道拜月、猴王献宝等胜景。三清山终年绿色常青，有香花十里杜鹃林、三千亩黄杉树、十万株古苍松。云海、日出、晚霞、月夜又成为三清山的另一道独特景观。

三清山峰峦叠嶂，古木葱郁，风光绮丽，人文景观荟萃。它是道家思想文化、古建筑的主要集中地。三清宫总体建筑面积518平方米，为明代景泰年间王祜重建。大殿坐南朝北，背倚九龙山，门朝天门峰，面对北斗紫微星。三清宫建筑象征太极中心阴阳两殿。东方的龙虎殿、西方的涵星池、南方的演教殿、北方的天门石坊、东北方的风雷塔、西南方的金鼓石、东南方的九天应元府、西北方的飞仙台分别象征着乾、坤、离、坎、震、巽、兑、艮，整个三清山古建筑群八部景物形成了以三清宫为中心的"先天八卦图"，缜密的布局和构思，具有极高的道学研究价值。

井冈山

位于江西省西南部，湘赣两省交界的罗霄山脉中段，东西 40 千米，南北 45 千米，有"五百里井冈"之誉。风景区面积 210 平方千米，分茨坪、龙潭、五指峰、黄洋界、笔架山、石燕洞、桐木岭、大小五井等景区，开发景观 270 多处。

井冈山是中国农民革命的摇篮。回顾历史，1927 年毛泽东在此创建了全国第一个农村革命根据地。1928 年 4 月，朱德、陈毅率领部队到达宁冈砻市，与毛泽东会师。中国革命由此走向胜利。现存革命遗址几十处，是全国重要的爱国主义教育基地。

井冈山山势巍峨险峻，拔地而起，直冲霄汉，500 多座峰峦海拔多在千米以上，最高峰海拔 1841 米。著名的五大哨口扼守着进出井冈山的五条通道。山上古木苍劲，绿竹摇翠，令人神驰意往。素绢悬挂的瀑布、形态逼真的奇石、曲折深邃的溶洞、千古不竭的温泉、变幻莫测的气象、古朴恬静的民居，组成一幅绝美的自然画卷。

井冈山属亚热带季风性气候，年平均气温 14℃，最热的七月份平均气温 24℃，夏无酷暑，冬无严寒，气候宜人。森林覆盖率达 64%。据考察，拥有各种植物 3800 多种，其中高等植物 2000 多种，珍稀树种 30 多种；稀有动物 20 多种。因此，井冈山有"绿色宝库"、"巨大的动植物基因库"之称。

仙女湖

位于江西省新余市西南，传说是 1600 多年前东晋文学家干宝所著《搜神记》中记述的"仙女下凡"的发祥地。仙女湖 50 平方千米的湖面上，湖汊港湾绵延曲折，99 座岛屿星罗棋布，湖水清澄如玉。原始森林苍翠欲滴，山峰耸立，百鸟翔集，具有"幽、秀、奇、雄"的特点。

仙女湖是湖泊型与山岳型兼有的风景区。湖区由烟波浩渺的钤阳湖、两峰对峙的钟山峡和曲水通幽的舞龙湖三个分景区组成。其中舞龙湖像一条飞腾的玉龙，其间分布着若龙王岛、虹群岛、六合群岛等岛屿和九龙、鹭鸣、竞梦、苑坑、洋田五大湖湾，风光艳丽。素有"小庐山"美誉的大岗山景区内原始森林植被丰富，奇峰险滩纵横，飞瀑流泉随处可见，更有富含 23 万种植物基因的亚洲最大的亚热带植物基因库。

仙女湖集自然风光、人文胜迹、民俗风情于一体，景区历史文化底蕴深厚，区内有古溶洞——洪阳洞、胡仙洞、水下古城——分宜古县城、古建筑——万年桥、昌山庙、北山寺、古墓——严嵩墓、石刻——白石岩石刻、古代名著——《天工开物》、历史遗址——卢肇读书台、钤麓书院、水府祠遗址等自然与人文景观。

仙女湖景区已开发、开放了洪阳洞、昌山庙、仙来岛、白鹭山庄、桃花岛、傣家度假村、洋田农家乐园等 20 多个具有民族风情和仙女湖风光特色的景点，是观光游览、休闲度假、科研探险的好地方。

岭 南 地 区 名 胜

肇庆星湖

位于广东省肇庆市北，包括七星岩和鼎湖山两部分。景区内湖水清澄如玉，山色翠绿如黛，群鸟翔集，古木苍润，景色秀美如画，因此有"山似桂林，水如西湖"之称。

七星岩由阆风、玉屏、天柱、石室、仙掌、蟾蜍和阿坡 7 座石灰岩山峰组成，宛如北斗星宿一样镶嵌在湖面上。七星岩湖堤蜿蜒，曲桥相连，山水相融，景色宜人。七星岩属喀斯特地貌，形成了溶洞、钟乳石、地下河等景观。石室岩下的石室洞，洞体广阔，石笋、石乳、石幔遍布其间。素有"千年诗廊"的美称，室内有自唐宋到明清以来的摩崖石刻 270 多处。石室洞右侧的水月宫，与岩前五龙亭、飞龙桥遥相辉映。阿坡岩下的双源洞内钟乳悬垂，形态各异，地下河曲折幽深。

肇庆鼎湖山是岭南四大名山之一，山间植被葱茂，与全球同纬度地区普遍干旱的现象相比十分独特，被称为"北回归线上的绿洲"。鼎湖、三宝、凤来、青狮、白象等十多座山峰耸峙，飞瀑、清泉、流溪掩映其间。鼎湖山拥有太阳鸟、豹、桫椤、苏铁等极为丰富的动植物资源。

鼎湖山名胜古迹星罗棋布，有鼎湖庆云寺、白云寺、幽胜牌坊、茶花阁、挹江亭、浴佛池、飞鹰台等胜景，其中庆云寺为岭南四大名刹之一。

肇庆星湖风景名胜区的特产端砚、花席等闻名遐迩。

丹霞山

丹霞山风景名胜区位于湘、赣、粤三省交界处，在韶关市东北 54 千米处，与罗浮山、西樵山、鼎湖山合称为广东四大名山。

丹霞山海拔 408 米，是砂岩地形的典范，地质学家称之为"丹霞地貌"。许多悬崖峭壁像利刀削斧，直指云霄；无数奇岩美洞，隐藏于山中，景色绮丽，有"桂林山水甲天下，尚有广东—丹霞"之誉。

丹霞山风景区可划分为上、中、下三层。上层景区有长老峰、海螺峰、宝珠峰。长志峰上建有一座两层的"御风亭"，可容纳 200 多人，是观日出的最佳处。海螺峰顶有"螺顶浮屠"，附近的相思树郁郁葱葱，还有海螺岩、大明岩、雪岩、晚秀岩、返照岩等岩洞。宝珠峰有舵石朝曦、虹桥涌翠、龙王泉等景点。

中层景区以别传寺为主体，从这里到通天峡，两旁岩石如合掌一般，奇险堪绝。石壁上刻有"幽洞通天"四个苍劲有力的大字，更增添了这里的险峻，使人顿生寒意。

下层景区主要有锦岩洞天胜景。在天然岩洞内有大雄宝殿、观音殿、马尾泉、鲤鱼跳龙门等景观。"龙鳞片石"随四季不同，颜色各异，令人称绝。

丹霞山自舜帝南巡登山开始，历代文人留下了丰富的诗赋、题咏、游记和摩崖石刻，南宋时已成为岭南著名的风景名胜区和佛教圣地。

目前，丹霞山已开放主峰景区、翔龙湖景区、锦江景区和阳元山景区。

白云山

被誉为"羊城第一秀"的白云山位于广州市北郊，总面积为 20.98 平方千米，由 30 多座山峰组成。山形略呈长方形，主峰摩星岭，海拔 382 米。

白云山耸立在珠江三角洲平原上，因其时有白云升腾而起，染天如白羽，故名"白云山"。包括明珠楼、摩星岭、三台岭、飞鹅岭、鸣春谷、麓湖、荷依岭七个景区。

白云山峰峦叠翠，溪涧纵横。登顶远眺，乡野绿树层染，广州城映入眼帘；俯视脚下漫山翠绿，泉石竞秀。"羊城八景"中的"白云晚望"、"蒲涧濂泉"、"白云松涛"、"景泰僧归"等都在白云山上。

目前，增设了被誉为"花城明珠"的我国最大的园林式花园——云台花园，它是占地面积 46 公顷的我国最大的主题式雕塑公园，百鸟翔集、青山如黛的鸣春谷，以及摆置碑刻近 300 块，其前身是宋朝白云寺的广州碑林；还有星海园、能仁寺、桃花洞等景点。这些与原有的"摩星岭"、"白云晚望"、"锦绣南天"、"郑仙岩"、"九龙泉"、"松涛别院"等著名景点，构成了一幅完整的岭南山水画。

鼓浪屿与万石山

鼓浪屿与万石山风景名胜区位于福建省厦门岛南部。总面积 245.7 平方千米，其中海域面积 211 平方千米。景区包括万石山山体及海滨、鼓浪屿和厦门湾的大部分海域与岛礁。

享有"海上花园"、"万国建筑博览园"之誉的鼓浪屿面积 1.78 平方千米，与厦门岛隔海相望。鼓浪屿因岛上有一中空巨石，受海浪拍打时，声如鼓鸣而得此名。岛屿海岸线绵延曲折，天然海滨浴场环布四周，鬼斧神工的碎石形态

海上花园城市厦门

万千，引人遐想。岛上山峰跌宕起伏，海拔 92.7 米的日光岩为岛上最高峰，是厦门的象征。鼓浪屿山海相依，自然美景与人工建筑相映成趣，著名景点有日光岩、菽庄花园、皓月园、毓园、郑成功纪念馆等。

万石山树木繁茂，风光秀美，四季如春，气候宜人。南普陀寺背依五老峰，面对厦门港，是厦门市最古老的寺院。寺庙布局严谨，气势宏伟，内设大雄宝殿、大悲殿、藏经阁等宏伟建筑。寺内藏有弘一法师、郭沫若等名家的书法诗画；寺后奇松怪石、石刻众多。

桃源洞与鳞隐石林

位于福建永安市境内，由桃源洞和鳞隐石林两大景区组成，位于福建省永安市境内，总面积 37 平方千米。景区内水、山、木、石、洞兼备，以其雄奇秀美的风光闻名遐迩。

桃源洞在燕溪之畔，属丹霞地貌。景区内岩石嶙峋，林木葱郁，碧水清澄，丹山如霞。有鲤鱼石、龟蛇镇洞桥、观音大仕殿、通天亭、一线天、飞来石、仙人棋盘、跨虹桥、凤冠亭、古井寒泉、望象台、佛庙、叠彩台、奇云关寨门等景点。最著名的是"一线天"，只见悬崖断壁上一隙通明，全长 120 米，高50 米，拾级而上，最窄处需侧身而过。明代地理学家徐霞客曾三游桃源洞，并在游记中载：

缝隙一线，上劈山巅，远秀山北，中不能容肩。余听见一线天数处，武夷、黄山、浮盖，未曾见若此之大而逼，远而整者。

鳞隐石林属喀斯特岩溶地貌，在 1.21 平方千米的地形上，耸立着奇形怪状、千姿百态的石柱、石峰，如剑、如人、如骆驼等，领略了石林的神奇诡秘，还可以欣赏翠云洞寿春岩、洪云洞、十八洞、石洞寒等胜景。

鸳鸯溪

素有"鸳鸯之乡"美名的鸳鸯溪风景名胜区位于福建省屏南、周宁、政和三县交界处。溪长 18 千米，总面积 78.8 平方千米，包括白水洋、鸳鸯溪、叉溪、水竹洋——考溪、鸳鸯湖等景区。

白水洋景区在鸳鸯溪的上游，两岸青山滴翠，飞瀑悬腾，岩洞星罗，景色秀丽。著名景观"十里水街"，由三块平坦的巨石铺于水底而成的，溪流潺潺，清澈见底，波光潋滟，一片白炽，故称"白水洋"。白水洋平坦如砥，设有天然冲浪滑道，每年八月，这里都要举行一次运动会，吸引了中外游客旅游观看。

鸳鸯溪景区为中心景区，每年秋季有数百上千只鸳鸯从北方飞来越冬，因此被认为是鸳鸯的故乡。景区以野生鸳鸯、猕猴和稀有植物为特色，融溪、瀑、洞、潭、雾等山水景观为一体，有"猕猴乐园"、"人间仙境"等美景。奇特的沟谷断崖地貌，形成数以百计的瀑布，其中百丈漈水帘洞，为全国五大水帘洞之首。

鸳鸯湖景区，湖水浩渺，湖光潋滟；小岛耸立湖中，景色旖旎；鸳鸯、野鸭时而遨空飞翔，时而湖中嬉戏；四季杜鹃满山盛开，色彩缤纷；寺庙、古塔或庄严肃穆，或玲珑剔透，令人心胸开旷，有回归自然之感。

海坛

海坛风景名胜区位于福建省东南沿海福清湾东侧、平潭县境内，面积约 50 平方千米，共有 6 个景区。

海坛风景区以海滨沙滩和海蚀地貌为主要特色，被赞誉海滨沙滩甲天下，海蚀地貌冠全国。平潭县北、东、南三面的长江澳、海坛湾、坛南湾三大海滨沙滩绵延几十千米，这里沙质细白，海水清澈湛蓝，映衬着葱郁的防护林，造型各异的海上岛屿礁岩，勾勒出一幅秀丽旖旎的南国海滨画卷。

海坛风景区属海蚀地貌，它集奇、险、幽、趣于一体。海蚀洞、海蚀穴、海蚀平台、海蚀阶地等错落分布，形态各异：或如海豚戏水，跳跃腾空；或如巨鳄仰头，锐不可当；或如海龟登陆，摇摆徐行，鬼斧神工，形态万千。

体积超过乐山大佛四倍的巨型石人的海坛天神，造型奇特，形象逼真，是世界上最大的天然花岗岩球状风化造型；半洋石帆在蔚蓝的大海上乘风破浪，被称为"天下奇观"；誉称"东海仙境"的仙人井、仙人峰、仙人台、仙人洞等海蚀造型系列，雄奇壮丽，神秘诱人；高出海面 15 米、水深 16 米、面积 2 平方千米的三十六脚湖，风光潋滟，气象万千；有"石兽世界"之称的南寨山石林，巨岩交错，佳境迭出。紧张忙碌的渔汛、古朴恬静的渔村、传统安逸的民俗民情、美丽动人的海上传说更为景区增添无限情趣。

鼓山

位于福建省福州市东郊，距市区 8 千米处，总面积 48 平方千米。包括鼓山、鼓岭、鳝溪、磨溪、凤池白云洞五大景区。

据传鼓山山巅有一巨石平展如鼓，每当风雨之际，便发出隆隆的声音，山因此得名。鼓山层峦叠嶂，青山凝翠，溪水潺潺，景色迷人。全山有峰、峡、洞、岩260余处，名胜古迹星罗棋布，令人目不暇接。狮子峰、白云峰、喝水岩、蟠桃林、忘归石、八仙岩、仙迹石、灵源洞、白云洞、达摩洞等久负盛名。鳝溪、鼓山溪、磨溪、东山溪瀑布、鳝溪瀑布等溪流瀑布50余处，时有涓涓细流，时有腾空奔泻。

鼓山景区中最具有代表性的是喝水岩的灵源洞，有"谷中之谷"的美誉。鼓山林木参天，百年以至千年以上的古树名木有1600多株。植物种类丰富，有1000多个品种，如刺桫椤、香杜鹃以及冬凤兰等珍贵树种。

鼓山历史文化底蕴深厚，位于山腰的涌泉寺广蓄中国古代建筑艺术的精华，由天王殿、大雄宝殿、圆通殿、法堂、藏经殿、明月楼等建筑组成。其规模宏伟，布局精巧，气势恢宏，有"闽刹之冠"的美称。寺中的千年铁树、鸡丝木供桌及血经书被称为"镇山三宝"。历代名人游历山中留下700多幅摩崖石刻，草、楷、隶、篆各种书法俱全，形成国内罕见的书法艺术长廊。

三亚热带海滨

三亚热带海滨风景名胜区是海南省南端的旅游胜地。它以明媚的阳光、葱郁的森林、湛蓝的海水、洁净的沙滩、淳朴的民风等构成了一幅风光优美的海滨画卷。

三亚历史悠久，古称崖州，经过历代的开发与建设现已形成了天涯海角、亚龙湾、鹿回头、落笔洞、大小洞天等景区。三亚海岸线蜿蜒曲折，沿岸分布着11个岛屿、19个港湾，风光旖旎，令历代游人心驰神往。

三亚景区最著名的"天涯海角"位于三亚市以西，古为险关要隘、名臣从军之地。这里碧水映蓝天，椰林掩奇石，怪石似立似卧，顶部浑圆。"天涯"、"海角"两块巨石点缀于群石之中，蔚为奇观。

"三亚归来不看海，除却亚龙不是湾。"三亚东南部迷人的亚龙湾是中国最美的热带海湾，旅游度假的人间天堂。这里阳光充足、海水清澈、沙滩洁白，是进行海水浴、日光浴的理想之地，被称为"天下第一湾"。

传说鹿回头是"神鹿变美女"之地，是三亚海滨一座由珊瑚礁形成的伸向大海的山岭。岸边椰林摇曳，珊瑚广布，环境恬静安谧，沿盘山路绕到山顶，可眺望三亚的城市美景。碧海与青山、白沙与礁盘浑然一体，椰林与波涛、渔帆与鸥燕辉映点衬，形成了南国特有的"椰风海韵"。

西 南 地 区 名 胜

长江三峡

长江三峡是我国著名的游览胜地，以险峻的地形、绮丽的风光、磅礴的气势和众多的名胜古迹著称。西起重庆市白帝城，东至湖北省南津关，由瞿塘峡、巫峡、西陵峡组成，全长约 200 千米。

长江三峡两岸奇峰叠翠，山川壮丽，气象万千。三峡素以"瞿塘雄、巫峡秀、西陵险"驰名世界。有"夔门天下雄"之誉，瞿塘峡雄奇壮观，峡口夔门，悬崖万丈，峭壁千仞。巫峡山势峻挺，奇秀多姿，横跨渝、鄂两省市，两岸的十二峰千姿百态，北岸峡顶上的神女峰似亭亭玉立的少女，百媚丛生。西陵峡滩多水急，是三峡中最险最长的一段。

三峡名胜古迹遍布各处，著名的有忠县石宝寨、丰都名山、云阳张飞庙、奉节白帝城、秭归屈原故里、兴山王昭君故宅、古代巴人悬棺等。石宝寨在忠县东长江北岸四周如削的玉印山上，是依山而建的十二层石结构的楼阁，被誉为"世界八大奇异建筑之一"。张飞庙依山临江，林木葱茏，环境清幽，已有 1700 多年历史，素有"巴蜀第一胜境"之称。与之相关的奉节白帝城是一座历史悠久的古城，建于西汉末年，据传是三国时期"刘备托孤"的地方。登上白帝城内的白帝庙，临栏远眺，但见大江滚滚，群山巍巍，思接千载，令人无限感慨。

芙蓉江

位于重庆市武隆县境内，景区面积 122.5 平方千米，是世界上寥寥可数的几个大容量河谷型旅游区之一。

芙蓉江古称洋水，又名盘古河，是乌江下游最大的支流。从云贵高原奔流而来，穿行于崇山峻岭之间，至武隆县江口镇注入乌江。风景区主要由山、水、洞、生物、人文五大景观构成，在重庆段 35 千米的绿色玉带上分布着大小河滩 40 多处，峰峦、溶洞、峡谷风景各异，滩、溪、瀑、潭、岛装点其中。在保存完好的原始植被中，栖息生长着数十种国家一、二类保护动植物。

芙蓉江风景区尤以芙蓉洞和芙蓉江漂流最具著名。芙蓉洞不仅在国内，即使在世界上也是钟乳石类种类最齐全、形态最完善的石灰岩洞穴，因此被誉为"天下第一洞"。芙蓉江漂流以惊险跌宕令游人神往。乘橡皮艇行于江中，可欣赏朱子溪峡景、百叉河怒涛、一线天风姿、龙孔飞瀑、跳渔滩鱼跳、犀牛卧江等景观，领略苗寨风情，享受数滩连漂的乐趣。江流平缓时，碧水如镜，绿荫映染，青山叠翠；浪急时，惊涛拍岸，万马奔腾，巨浪击石，珠蹦玉碎。

剑门蜀道

蜀道犹如一条美丽的彩带，将连绵不断的秦岭、巴山、岷山连接成风光旖旎的剑门蜀道风景名胜区。景区地势险要，名胜古迹众多，是一处自然风景与人文历史胜迹并存的胜地。

蜀道从陕西、甘肃等地入四川，经广元、剑阁、梓潼的古栈道，绵延150千米。唐代诗人李白"蜀道之难，难于上青天"的诗句使蜀道更添人文气息。朝天关栈道、三国古战场遗迹、武则天庙皇泽寺、唐宋石刻千佛岩、古驿道翠云廊、剑门关李白故居等景观像珍珠一般散落在蜀道栈驿，掩映在苍松翠柏之中。

剑门关山脉东西横亘百余里，七十二峰绵延起伏，直插云霄，陡崖断壁处两山相峙如门，蜀道从门间经过，乃历代兵家必争之地，有"剑门天下险"之称。主峰大剑山，海拔约1200米，山顶有建于宋代的梁山寺，古朴大方，庄严肃穆。沿途还有石关门、石笋峰、仙女桥、穿洞梁、舍身崖等景观。

皇泽寺原名"乌奴寺"、"川主庙"，因武则天出生于广元，后改名"皇泽寺"。今寺为清代重建，包括大佛楼、则天殿、小南海、五佛亭、吕祖阁等建筑。寺内保存着南北朝、隋、唐、宋时期的造像1203尊，堪称古代造像艺术中的精品。

朝天关栈道是蜀道的浓缩，为清风峡至明月峡一段。朝天关山险水急，在峡谷的峭壁上可见上、中、下三排石洞，在上排石孔插以木枋，搭遮雨板，中排孔洞插以木枋作为梁架，上铺木板为路，下排石孔插以撑木，支撑中层梁架。正如一句诗中云："飞梁架绝岭，栈道接危峦。"

蜀南竹海

蜀南竹海风景区横跨长宁、江安两县，地形狭长。包括20余座高峰、500多个山岭，葱茏苍翠，竹涛澎湃。竹海与恐龙、石林、悬棺并称"川南四绝"。竹海风光四季不同，景象万千：春天，新竹吐笋，花菲鸟鸣；夏天，青竹碧翠，竹荫蔽天；秋天，墨竹如黛，红叶点缀；冬天，银装素裹，翡翠如玉。

竹海素共有景点124处，其中天宝寨、天皇寺、仙寓洞、青龙湖、七彩飞瀑、观云亭、古战场、翡翠长廊、茶花山、花溪十三桥被誉为"竹海十绝"。取材于春秋战国到明清时期大型摩崖石刻——"三十六计"，雕刻在竹海天宝寨千米丹崖上，一计一图，绵延1000米，蔚为壮观。

竹海四季葱茏，景色宜人。竹海的竹根雕、竹编工艺闻名海内外，竹笋、竹荪、全竹宴更是名扬天下。"蜀南竹海天下翠"令历代游客倾倒，蜀南竹海是观光游览、休闲度假的理想处所。

西岭雪山

西岭雪山位于四川省大邑县境内，屹立在邛崃山脉的南端，山顶高耸入云，终年白雪皑皑，晶莹夺目，故名。唐代大诗人杜甫曾用"窗含西岭千秋雪，门泊东吴万里船"来赞美它。

西岭雪山数十条山脉绵延起伏，数百座山峰巍峨高耸，层峦叠嶂。山顶银装素裹，山脚却古树葱郁，山间有几十公顷石林掩映在翠林之中，星罗棋布的红色花岗岩千姿百态，气势雄浑，风光瑰丽。

景区著名景点有"九瀑一线天"、"飞泉洞"、"豹啸泉"、"埋石林"、"杜鹃林"等多处景点。如"大飞水瀑布"令人称奇：在双河乡的高山峡谷，泉水从1400米高的白雀山腰一溶洞飞泻直下360余米，白练悬空，瀑声如雷，引人感叹！艳阳高照时，飞瀑与彩虹浑然一体，美不胜收。另一绝妙景点是"阴阳界"。阴阳界既是山峰的名称，又是两种截然不同气候的分水岭。一侧是晴空万里，湛湛蓝天；一侧是云蒸雾涌，朦朦胧胧，给人以无限神秘的遐想。

西岭雪山森林覆盖率达90%，是珍稀植物的宝库。内有数百亩的珙桐林，绵延数十里的高山杜鹃花，上万株的古桂花，有亚热带、温带植物6000余种。苍苍莽莽的森林浓荫蔽日，还有紫果云杉、铁杉、红杉、冷杉、银杏、香果树等珍贵树种。林中还栖息着大熊猫、小熊猫、金丝猴、毛冠鹿、云豹、猕猴等国家级保护动物300多种。

西岭的人文景观有凿刻于唐代的药师岩石刻、三国名将赵云墓和子龙庙等。

四姑娘山

有"中国的阿尔卑斯山"之称的四姑娘山宛若四位冰清玉洁、清丽俏美的少女，位于四川省阿坝藏族羌族自治州小金县境内。茂密的森林、如茵的绿草、入云的冰峰，构成一幅色彩明丽的欧洲风光画卷。

四姑娘山风景区有四姑娘山、双桥沟、长坪沟、海子沟等名胜。景区内地形复杂，景色壮观，有绝景5处、一级景点9处、佳境50余处、野生动物200多种、植物1500多种。登上山顶，举目远眺，可见白雪皑皑的雪峰，含烟凝碧的高山湖泊，绿茵如毡的草甸，争奇斗艳的高山花卉，蜿蜒不绝的溪流，一溪三叠的飞瀑，盘结曲折的沙棘林等景色。四姑娘山头顶白雪，肩披冰川，腰系翠林，足踏绿草，有"蜀山之后"之誉。

景区内除四姑娘山外，还有猎人峰、阿姊山、五色山、老鹰岩等几十座山峰，均雄伟峻峭，各具神韵。景区内居住着藏、羌、回、汉、彝等民族，游览之余还可领略淳朴浓郁的民族风情。

黄果树瀑布

中国第一大瀑布——黄果树瀑布位于贵州省镇宁布依族苗族自治县西南的白水河上。景区以黄果树大瀑布为中心，以千姿百态的瀑布为主体，融亚热带山水植被风光和布依族、苗族风情为一体，属于我国重点风景名胜区。

风景区内重峦叠嶂，河流纵横，瀑布、洞穴星罗棋布，植被丰富，呈现出层次分明的喀斯特山水风光。景区内分布着18个大小不同、姿态各异的瀑布群，有"九级十八瀑"之称。风景区包括黄果树大瀑布中心区、石头寨景区、天星桥景区、滴水滩景区、坝陵河峡谷访古景区、红岩景区及石鸡晓唱独立景点等。

"白阔数丈，翻空涌雪"的黄果树瀑布，是由于白水河从东北山岭泻崖直落，因河床突然断落而形成的。水量丰沛时，瀑布横宽81米，落差74米。飞瀑从陡崖直泻在犀牛潭中，击石飞溅，犹如银河落九天，轰鸣之声有如万马奔腾，排山倒海，惊心动魄。湿雾弥漫空中如蒙蒙细雨，风和日丽之时，可见彩虹缤纷，气象万千。隐在瀑布半腰处长达134米的瀑布水帘溶洞，若隐若现，宛如人间仙境，为黄果树瀑布最神奇之处。

在黄果树景区450平方千米的地域上，瀑布、石林、溶洞星罗棋布，著名的还有陡坡塘瀑布、滴水潭瀑布、螺蛳滩瀑布、大树岩瀑布、银链坠潭瀑布、犀牛洞等景点。

马岭河峡谷

壮阔雄伟、奇险幽深的马岭河峡谷风景区位于贵州省兴义市东14千米处，因"嶂谷奇观"、"高峡平湖"、"峰林秀色"的喀斯特地貌和丰富的人文景观、浓郁的民俗民风而闻名。总面积344平方千米，分为马岭河峡谷、万峰湖、万峰林三大景区。

马岭河峡谷是长约100千米、深200~400米的地缝，被称为"地球上最美的伤疤"。峡谷内河流浩浩荡荡，交织成群的瀑布气势磅礴，两侧长满苔藓植物的石壁上挂满了水珠，幽暗深邃。巨崖对峙，峭壁撑天，翘首仰望，天成一线。

万峰林景区面积约110平方千米，万峰簇拥，林木葱郁。古朴民居的村寨、曲折幽静的小路镶嵌在峰林之间，构成一幅色彩明丽、恬静清幽的田园风光。

万峰湖是天生桥高坝电站蓄水后形成的高峡平湖，面积约160平方千米。湖面开阔，烟波浩渺，岛屿星罗棋布，风光潋滟。

景区内人文古迹众多，有"贵州龙"化石、猫猫洞遗址、汉墓群、刘氏庄园等。布依族、苗族、壮族等27个民族聚居于此，民风古朴，风情万种。

马岭河地缝漂流，目前已开放的漂流线路长达12千米，四季皆宜。游人在马岭河渡口顺流而下，依次经过六个景段：一冲野马滩，二过猛虎岸，三跳犀牛坎，四闯龙腾关，五进幸福潭，六到宏瀑岸。途经十八滩、二十湾、三十潭，景色多变，引人入胜。

龙宫

素有"岩溶博物馆"之称的龙宫风景名胜区位于贵州省安顺市西南。以山野峰峦、溶洞石林、田园山寨和极富少数民族风情的民居构成一幅瑰丽多姿的艺术画廊。

龙宫风景名胜区面积 60 平方千米，由龙宫、油菜湖、漩塘、蚂蟥四部分构成，其核心是由天池、龙门、龙宫三景观组成的龙宫景区。龙宫景区内峭壁矗立，树木浓郁，藤蔓如织。天池水灿若琉璃，碧如翡翠。龙门为一座高架的天生桥，龙门瀑布从半山飞流泻下，气势磅礴，美丽壮观；龙宫是"灵秀天自成，鬼斧神工开洞府"的清幽超绝的世界，千姿百态的钟乳石倒映在如玉碧水中，如诗如画。

漩塘景区修竹通幽，石林秀美；油菜湖景区湖山秀美，孤岛耸立，奇峰竞秀；蚂蟥景区溶洞千姿百态，植被繁茂蓊郁。龙宫是旅游观光、休闲度假、科研考察的胜地。

赤水

赤水风景名胜区横跨贵州省赤水市和习水县，赤水河如一条碧绿的丝带，将总面积为 300 平方千米的旅游区连在一起。景区内有森林 2.68 万公顷，楠竹约 1800 公顷，有大小河溪 350 余条，湖塘水库 790 多处。赤水风景区山清水秀，其中的"瀑、海、月亮神树"被称为"赤水三绝"。

赤水风景区因丰富的水资源和跌宕起伏的地形，形成了上千个大小不一的瀑布，被誉为"瀑都"、"千瀑之乡"。十丈洞瀑布是高 76 米、宽 80 米的巨型瀑布，狂涛倾泻一般的瀑布错落在那葱葱郁郁的林海中，宛若一方汉白玉嵌在一堆堆翡翠之中。雾气弥漫，在烈日下闪耀着七彩霞光。四洞沟又是瀑布大家族中的代表，幅宽 40 多米，落差高者可达 60 余米，连续四级瀑布将一段大约 4 千米的山溪间隔成等距，每一个瀑布后都有一洞穴，形成四处"水帘洞"景观。星罗棋布的瀑布与河谷两岸的桫椤林交相辉映，勾画出一幅如诗如画的千瀑长卷。

赤水风景区最有特色的是一望无际的林海、竹海、花海，而林海尤以拥有桫椤树而著名。传说中的月宫神树——桫椤树，被科学界誉为原古树种的"活化石"，它生于远古，距今 4 亿年左右，濒临灭绝。赤水风景区却得天独厚地让大片的桫椤树顽强生存下来，蔚为奇观，也因此有了"赤水河畔的桫椤王国"

的美称。桫椤形如巨伞，硕大无朋，具有极高的观赏、科研价值。

赤水有奇异壮美的丹霞地貌景观，还有以红军四渡赤水、酒乡文化为主体的人文景观，它们交相辉映，令人流连忘返。

昆明滇池

美丽的滇池位于云南省昆明市西山脚下，是由地层断裂陷落导致盘龙江、海源等 20 多条河流汇集于此而形成的构造湖泊。水面海拔超过 1800 米，面积约 300 平方千米，是我国第六大淡水湖。

"茫茫五百里，不辨云和水"的滇池，古称滇南泽，又称昆明湖，它宛如一块晶莹碧透的翡翠镶嵌于云贵高原。湖水荡漾，波光潋滟，点点白帆泛着碧波；起伏的西山似梦中美人；秀美的金马、碧鸡两山对峙，峰峦叠嶂，林木葱郁。

滇池风景区历史悠久，人文底蕴深厚，为滇文化发祥地之一。远在 3 万年前的旧石器时代，滇池周围地区就有人类居住。著名的文化景观有呈贡龙潭山旧石器时代遗址、石寨山新石器时代遗址、天子庙战国"滇墓"、"晋战古镇"，还有元代华亭、太华西佛寺建筑群、嵌缀峭壁之上的三清阁建筑群以及大观楼、曹溪寺、城西北筇竹寺等胜景。

西双版纳

位于云南省西双版纳傣族自治州景洪市、勐海县和勐腊县内。傣语"西双版纳"意为"十二个田赋单位"。景区内著名景点有橄榄坝、野象谷、虎跳石、大宗河瀑布、景洪热带植物园等。

西双版纳崇山峻岭连绵起伏，澜沧江及其支流贯穿全境。由于受西南和东南季风的影响，形成了高温多雨、得天独厚的自然条件，终年气候湿润，林木蔽日。景区内有一望无垠的热带雨林，林中蕴藏着数千种植物，其中有罕见的冰川时期的天料木，茂盛遮天的大榕树，坚硬的铁力木，奇异的美登木、龙血树等。茂密的森林、温和的气候又使这里成为动物的乐园，国家级保护动物有亚洲象、印支虎、金钱豹、兀鹰等，因此西双版被誉为"动植物王国皇冠上的绿宝石"。

西双版纳不仅拥有美丽如画的自然风光，还有丰富的人文景观及浓郁的傣族风情。精巧美观的景真八角亭，挺拔峭立的曼飞龙笋塔，清澄如玉的勐邦水库，杆栏式的竹楼，盛大的泼水节，传统的婚丧习俗都令人感叹不已。

腾冲地热火山

腾冲地热火山风景名胜区位于云南省西部边陲，面积约 129.9 平方千米，主要包括腾冲火山群、腾冲热海、云峰山等景区。

腾冲火山群。位于横断山系南段的高黎贡山西侧。腾冲火山规模宏大，类型多样，火山口保存完整，居全国之冠。火山群共有97座火山锥，其中保存完好、有观赏价值的有22座。在这里可以欣赏到巍峨的火山锥体、深邃的火山口及熔岩台地和熔岩流动的痕迹，还可观仰到熔岩堵塞河道形成的堰塞湖和瀑布。

腾冲热海。位于腾冲县城南12千米处的澡塘河谷，拥有喷气孔、冒气地面、热沸泉、喷泉、热水泉、毒气孔等地热景观。地热景点中以硫黄塘大滚锅沸泉为代表，它是一座直径6.12米、深1.5米的圆形水池，水温达96.6℃，清澈的池水，热浪滚滚，水汽升腾，气象壮观。

云峰山。位于城北50千米的瑞滇南沿。海拔2450米，山体呈南北走向，山势雄伟，起伏跌宕。主峰兀立，状如春笋，直向天宇。登上山巅的云峰寺，极目远眺，山间树木葱茏，云雾缭绕，使人疑为人间仙境。

红枫湖

红枫湖位于贵州省清镇、平坝县境内，它是贵州省最大的人工湖，因湖中桃园山上有百株枫树而得名，水域面积约57.2平方千米。红枫湖虽为人工造成，却了无痕迹，它形成在山峦密布的地区，湖水将山峦分割成座座孤峰、半岛、全岛。景区以岩溶地貌和湖光山色为特色，分为北湖、中湖、南湖和后湖四个游览区。

红枫湖湖面辽阔，湖水碧澄，湖汊蜿蜒，100多个小岛及半岛散布其间，已开发出70多个景点，形成了山外有山、水外绕水、湖中有岛、岛中有湖、岛中有洞的奇异景观。北湖烟波浩渺，水深清澈，像串串珠子的岛屿散布其中，岸周悬崖峭壁；中湖水带狭长；南湖湖湾众多，山水相叠，山影摇曳，树影婆娑；后湖群峰环水。南湖将军湾溶洞群中的将军洞，长达600多米，三个碧湖镶嵌其间，钟乳石千姿百态，令人赞叹大自然造化之神奇。与将军洞隔湖相望的打鱼洞是个多层旱洞，因为以前经常有农民在旱河中打鱼而得名。

风景区内苗寨、侗寨、布依寨等各寨居民风俗各异，苗家的吊脚楼、侗家的鼓楼及风雨桥、布依族的石板房错落有致，与湖光水色相融，别具特色。在民族村里定期举办各民族风情同乐会和大型的狂欢晚会，丰富多彩的民族节目，浓郁的民族风情，令人陶醉不已。

九乡

位于云南省昆明市宜良县九乡彝族、回族乡境内的九乡风景名胜区，是云南省开发的以溶洞景观为主，集洞外自然风光、人文景观、民族风情为一体的综合性风景名胜区。景区内拥有上百座大小溶洞，其规模之大、数量之多、溶洞景观之奇特为国内之最。

九乡风景区包括荫翠峡、惊魂峡、雄狮大厅、神女宫、雌雄瀑、神田、彝家寨、地下倒石林和旅游索道九大景区，荫翠峡溪水清澈，两壁峭立，在水翠天青的峡谷河道里行舟，感受大自然的静谧与神韵；雄狮大厅宽阔壮观，面积达 1.5 万平方米，为世界罕见的地下厅堂；神女宫钟乳倒挂，景致多姿；神田奇伟壮丽，充满田园情趣；地下石林，似人似物，形神兼备。

九乡为彝族人民世代聚居之所，有着悠久的民族传统文化和浓郁的民族风情，其中九乡猎神节就是一个最有代表性的民族节日。每年农历二月初一，为庆祝一年一度的猎神节，彝族人民身着节日盛装，举办摔跤、斗牛、山歌对唱以及跳霸王鞭、大三玄等各种各样的娱乐活动，表达对猎神的敬崇和对美好生活的热爱。

走进曲折幽深的溶洞，咂味恬静柔美的九乡水，观赏品种繁多的幽兰，领略原始纯朴的彝族风情，令人不禁感慨曰："不到九乡，枉来云南。"

大理

素以苍山洱海如画的风光和独具特色的民族风情著称于世，大理风景名胜区位于大理白族自治州，包括剑川县石宝山和宾川县鸡足山两个景区。

大理面临洱海，背依苍山，是 700 多年前大理国国都，历史悠久。至今仍保留着纵横交错、棋盘式格局的街道和雄伟壮观的南北城楼，保持着古朴幽静的勘古代风貌。景色四季如春，素有"东方瑞士"之誉。

"下关风、上关花、苍山雪、洱海月"合称大理"风、花、雪、月"，是大理最具代表性的景观。其中下关、上关是大理地名。下关风大，是远近闻名的"风城"；上关遍植"朝珠花"，此花每月开一次，花大如莲，绚丽多姿；苍山碧翠峻峭，主峰海拔 4122 米，山顶终年积雪，宛如神话中的水晶世界；洱海为高山淡水湖，湖面海拔 1966 米，每逢月夜，皎洁的月光洒在湖面上，泛起万顷银波。苍山雪景与洱海月色相映，风光秀美，形成了"银苍玉洱"的高原胜景。

大理景区内名胜古迹众多。著名的崇圣寺三塔，其主塔呈方形，高近 70 米，

崇圣寺三塔

为 16 层密檐砖塔；两小塔分立于主塔侧后，各为 10 层，高约 42 米，三塔浑然一体。还有感通寺、南诏国早期都城太和城遗址等历史景观。

青 藏 地 区 名 胜

雅砻河

位于西藏自治区南部的雅砻河风景名胜区是藏民族的发祥地和摇篮。它是由雪山冰川、河滩谷地、田园牧场、古老文化遗址和民风民俗等构成的一幅神秘、古朴而壮丽的图画。

在这片神奇广阔的土地上屹立着西藏最古老的宫殿雍布拉康、第一座寺庙桑鸢寺、全国重点文物保护单位昌珠寺和藏王墓群等建筑，它们用饱经沧桑的声音向世人诉说着这片沃土的历史变迁和藏族人民的聪明才智与勤劳善良。

有"西藏千寺之祖"美誉的桑鸢寺又名桑耶寺，始建于唐代，为西藏第一座剃度僧人出家的寺院，后成为西藏佛教宁玛派（红教）的中心寺院。该寺以印度的欧丹达菩提寺为样本，依照佛经中的世界形成图说进行布局设计，是西藏古建筑中最富特色的寺庙建筑群。周围墙长约 1000 米，中心耸立着乌策大殿，分别象征佛经中的铁围山和须弥山。乌策大殿分三层，各层建筑风格迥然不同。大殿四角为红、白、绿、黑四塔，象征管理须弥山四方人类社会的四大天王。大殿周围的十二佛殿，象征须弥山四方咸海中的四大部洲、八小部洲。大殿周围千塔林立，每隔一米建有一座红塔，故桑鸢寺又有"千塔寺"之称。

雅砻河以其神秘的冰川雪域，壮丽的高原风光，奇异的民族风情，执着的宗教信仰，壮观的寺庙殿宇，脍炙人口的古老传说等独特的自然景观与人文景观构成了雅砻河风景区丰富的旅游资源，让游人往来不绝。

青海湖

在青藏高原的东北部，巍峨挺拔的日月山、大通山和跌宕起伏的青海南山环抱着一个浩渺美丽的高原湖泊——青海湖。青海湖风景区距西宁 130 千米，面积为 4400 多平方千米，景区以高原湖泊为主体，兼容草原、雪山、沙漠等景观。

青海湖古称"仙海"、"西海"、"鲜水海"、"卑禾羌海"等。藏语称"错温波"，蒙古语称"库库诺尔"，意思均是"青蓝色的海"，因此得名。青海湖是原古时期青藏高原不断隆起，地层断裂陷落后形成的，海拔为 3196 米，平均深度为 25 米，是我国最大的内陆湖和咸水湖。青海湖水天一色，波光激滟，湖水清湛，像一面光亮的镜子镶嵌在皑皑雪山和茫茫草原之间。湖中有小岛星罗棋布，以海心山最大，以鸟岛最为著名。

鸟岛在青海湖的西北角，由一东一西两座形状奇特的小岛组成。这里气候温和，水草茂盛，鱼虾丰富，是鸟类集栖的"天堂"。每年春天候鸟北归，鸟岛便出现五彩缤纷、群声鼎沸的"百鸟盛会"，斑头雁、鱼鸥、鸬鹚等20余种、10万余只禽鸟齐飞，鸟翼遮天，蔚为壮观。

海心山，又称龙驹岛，是突出在青海湖中的花岗岩体，长1000米，宽600米，山顶高出湖面77米，山上的庙宇、房屋影映于湖光山色之中。绿草如茵，山花烂漫，风光秀丽。

白雪覆盖的雪峰，辽阔万顷的草原，碧波荡漾的湖水，翔集追戏的水鸟，构成了青海湖这片人间胜景。

大观篇

果然一大观，
山水唤凭栏。
睡佛云中逸，
滇池海样宽。
长联犹在壁，
巨笔信如椽。
我亦披襟久，
雄心溢两间。

DAGUAN 大 观

名胜景观中，一楼一阁、一泉一洞都融汇着自然与人文的特色，往往都流传着一个动人的故事。本章广征博引，娓娓讲述亭、台、桥、井等每一名胜的来龙去脉，让人浮想联翩，心驰神往。

园 林 建 筑

万园之园圆明园

有"万园之园"之誉的圆明园是明清以来最杰出的园林建筑，其建筑面积和故宫接近，水域面积不亚于颐和园，园中荟萃江南名园胜景，是清代规模宏大的皇家园林。

圆明园始建于明代，当时是私家园林。进入清代康熙年间，它被赐给了皇四子胤禛（即后来的雍正皇帝），经过重新规划和扩建，于乾隆九年基本建成，用于皇帝议事、休憩之所。

圆明园由圆明、长春、万春三个部分组成。它共有楼阁殿宇、亭榭轩馆140余座，与山水合成100余景。其中最典型的是江南园林的仿制，浓缩中国园林精华；此外，还有西洋风格的海晏堂、远瀛筑等。现在圆明园中残存的建筑，就是长春园西洋楼的部分石雕。

圆明园的南部为朝廷区，分布着正大光明殿、勤政殿、九州清宴殿等建筑。这里是皇帝处理公务的地方。正大光明殿是皇帝听政处，宴请外藩、寿诞朝贺也在这里举行；勤政殿是皇帝批阅奏章、处理政务、召见群臣的场所；九州清宴殿则用于专事宴会。

圆明园其余地区则分布着40个景区，其中有50多处景点直接模仿外地的名园胜景，如福海沿岸模拟杭州西湖十景；"坐石临流"仿自绍兴兰亭；"武陵春色"取材于陶渊明的《桃花源记》；"蓬岛瑶台"寓意神话中的东海三神山。有利用异树、名花、奇石作为造景主题的，如"天然图画"的修竹、"镂月开云"的牡丹等。这些主题突出、景观多样的景区，大多数为"园中之园"，它们之间均以筑山或植物配置作障隔，又以曲折的河流和道路相贯穿。留下的一些图片及后来人们绘出的每一处小景，都给人美不胜收之感。平时常见的圆明园"大水法"，只是西洋园中的一处小景，远在圆明园的一隅。

圆明园40景各成一体，其中留下了各自独特的翰墨之宝。比如天然图画，雍正和乾隆就题额"桃桦春一溪"、"莲屿花潭"、"莲风竹露"、"苏堤春晓"等，雍正同时还题有一联：

欣百物向荣，每识乾坤生意；

值万几余暇，长同海宇熙春。

圆明园的有些建筑，不仅模仿国内的其他园林样式，还建有西式园林景区。最有名的"观水法"，是一座西洋喷泉，还有万花阵迷宫以及西洋楼等，都具有意大利文艺复兴时期的风格。在湖水中还有一个威尼斯城模型，皇帝坐在岸边山上便可欣赏异域的"水城风光"。

圆明园是一座珍宝馆，里面集藏有秘府典籍、名人字画、钟鼎宝器、金银珠宝等稀世文物，集中了历代艺术文化的精华。圆明园也是一座异木奇花之园，稀世名贵花木多达数百万株。

史载，清代时圆明园中蓄有不便入宫的秀女，相传咸丰皇帝就是因这里认识慈禧的。传说，慈禧进宫之初，是一个彩霞满天的日子，在圆明园仙岛似的蓬岛瑶台上，她唱了一首抒情的民歌，将咸丰皇帝吸引到身边，于是，慈禧便从一个地位低下的秀女变成了贵妃，最后成了至高无上的"老佛爷"。

令炎黄子孙抱恨千古的是这一世界园林艺术的伟大杰作，却在1860年和1900年两次遭英法联军、八国联军的野蛮劫掠，将这座辉煌的园林毁于一旦，给中华民族留下了深重的国耻，给世界艺术宝库留下了永久遗憾。

阅微草堂

阅微草堂位于北京西城区珠市口西大街。据记载，此宅纪晓岚做府邸之前，原为清威信公、大将军岳钟琪的旧宅，而相传岳钟琪又是岳飞的后裔。既然被皇上封为威信公，可见当年的宅子规模之大。以后，威信公的宅子有所变动。从后来记述纪晓岚故居的院落情况看，这是一座三进四合院，北京城这种院子很普通。按威信公的官职，其故第绝不会仅限于此。20世纪初，梅兰芳、余叔岩等人在此成立了北京国剧学会，一时名人荟萃。后被著名的"富连成"京剧科班作为社址，许多著名的京剧表演艺术家曾在此学习、生活。1958年，草堂改为晋阳饭庄。2003年有关部门恢复阅微草堂旧址。修缮后的阅微草堂旧址作为"纪晓岚纪念堂"对外开放。

纪晓岚名昀，字晓岚，谥文达，河北献县人，是清代著名学者。他出身士大夫家庭，其祖上在明永乐年间作为充实北方的大户，从南京迁居献县。纪晓岚是清乾隆时的进士，官至礼部尚书，协办大学士，曾领衔编纂我国历史上规模最大的一部文献全书——《四库全书》，撰写了极有学术价值的《四库全书总目提要》。晚年著有流传广泛的《阅微草堂笔记》，与蒲松龄的《聊斋志异》并行享誉文坛。

纪晓岚故居为清式砖木结构，坐北朝南，临街大门为硬山顶吉祥如意式门楼，在整个住宅的东南角。原来为三进院子，有房屋100多间，紫藤在第一进院子中。现在所见的故居仅是原来西院的一隅。

前院正面为宽敞明亮、典雅华贵的大厅，前山设围以砖雕，一门二窗，后山有门通内院，厅后有廊。厅内横梁上部均有木棂花窗。前院内有一架藤萝，历经200余年风雨，但仍虬枝盘空、绿荫匝地，花时紫盖如云、香盈庭院。老舍先生生前常坐在藤萝下的餐桌前，欣赏美景、品尝佳味，还曾用"庭前十丈紫藤花"的诗句来赞美藤萝。

厅后内院两侧，还有两样纪晓岚当年的旧物：藤花与海棠。海棠原为两株，是纪晓岚亲手所植，并记载着他与四叔家的婢女文鸾的一段恋情：文鸾聪明伶俐，貌美温柔，与纪晓岚两小无猜，长大后，二人在海棠树下海誓山盟，私订终身。后因文鸾的哥哥从中阻拦，向纪家索要巨额彩礼，将两人给拆散了。文鸾为此忧伤过度，香消玉殒。此后，纪晓岚纳了一妾，名叫明玕，长得酷似文鸾。纪晓岚48岁那年做了一梦，在梦中与旧情人文鸾见了面。纪大学士醒后，站在海棠树下沉思良久，感慨万般，吟诗一首：

憔悴幽花剧可怜，斜阳院落晚秋天。

词人老大风情减，犹对残花一怅然。

"海棠"留下了纪大学士的一段情话，可惜的是其中一株在"文革"改造老房时被砍，现在只剩下一株茕茕而立。

院内正厅即为"阅微草堂"。"草堂"平面呈倒"凸"字形，为前出廊的硬山顶式建筑。前三间中间为门厅，左右两间各以隔扇相隔为"耳室"。后五间为"草堂"，东西相通，进深两间，共为十间。纪晓岚所以额其斋为"阅微草堂"，意在显示其平民风格与豁达情怀。

阅微草堂曾题有二联非常著名，一为俗称"刘罗锅"的刘墉所撰，联语为：

两登耆宴今犹健；五掌乌台古所无。

其意是说纪晓岚曾经两次参加皇帝所赐千叟宴，五次担任御史，侧重生平。另一联为曾任翰林院侍讲的梁山舟所撰，侧重纪大学士的功业，联语云：

五卷编成群玉府；一生修到大罗天。

晋祠

晋祠，原名唐叔虞祠，位于太原市区西南25千米处，地处吕梁山悬瓮峰麓，晋水之源头。晋祠始建于北魏，是为纪念周武王次子叔虞而建。因叔虞是晋国首位晋侯，所以该祠又称晋王祠。北魏以后的各个朝代，对晋祠进行了重建与扩建，形成了今日的规模。园中殿宇、亭台、楼阁、桥树互相映衬，景色极为秀美，文物荟萃，被誉为山西的"小江南"，是一处少有的大型祠堂式古典园林。晋祠胜迹以圣母殿、侍女像、难老泉、鱼沼飞梁等为典范，祠内的周柏、难老泉、宋塑侍女像被誉为"晋祠三绝"，具有极高的历史、科学和艺术价值。

圣母殿创建于北宋天圣年间，是为祭祀叔虞的母亲邑姜而建。它位于晋祠中轴线最后隅，前临鱼沼，后倚危峰，雄伟壮观。殿前廊柱上有八条木雕盘龙，传说为宋代之作。四周围廊，为全国现存最早的木构建筑之一。殿中供奉着西周武王王后、太公姜尚的女儿、叔虞生母邑姜。主像为圣母端坐木制神龛内，凤冠蟒袍，神态肃穆。另有43尊彩塑分列龛外两侧，其中女官像4尊，宦官像5尊，侍女像34尊。这些尊彩塑，年龄大小不同，体形与服饰不同，面部表情也不同，从中可以看出她们在宫廷内所处的地位、职务之别。

鱼沼飞梁在晋祠圣母殿前，北宋时与圣母殿同建。平面呈十字形，四周有勾栏围护可凭依。其结构为水中立小八角石柱三四根，柱础为宝装莲花，石柱之上置梁枋、斗拱，顶托桥面。东西向连接圣母殿与献殿，南北两翼下斜至岸边。它是国内现存古桥梁中的孤例。

晋水源流出晋祠。晋水主源流为难老泉，附近建水母楼，俗称"梳妆楼"，别号"水晶宫"。楼内水母像铜质金装，端坐瓮上，束发未竟，神态自若。据传，水母原本是附近的一位姑娘，她生性贤良，娘家姓柳，嫁到晋祠为媳。不幸的是，她出嫁后受到婆母虐待，每日到远方去挑水。挑回的水，婆母只要前桶，倒掉后桶，名为嫌脏，实则存心刁难。一天，柳女挑水归来，在途中一人要借水饮马，柳女欣然应允。马饮完后，柳女返回重挑时，仙人送给柳女一条金丝马鞭，并告她马鞭放在瓮中，只要轻轻向上一提，水即满瓮。柳女回去一试，果然灵验。这个秘密不久就被其小姑子发现，一次她趁柳女回娘家不在，从瓮中提起马鞭，顿时，水从瓮中奔涌而出。大水很快就要淹没附近村庄，此时柳女正在娘家梳头，闻讯赶来，毅然坐在瓮上，水势顿时变小，人们得救了，柳女却再也没有离开水瓮。后来人们建水母楼就是为柳女所建，以推崇她的善良和铭记她的贡献。而实际上，源自晋祠三泉（难老泉、善利泉、圣母泉）的晋水，确实给当地带来了诸多益处，这才是民间祭奉水母的根本所在。正如一位佚名者撰联语所云：

沛泽共汾川，十里稻畦流碧玉；

剪圭分参野，千年桐荫普黎民。

晋祠南部著名景点有奉圣寺，相传这里曾是唐朝大将尉迟敬德的别墅。寺内有舍利塔，八角七级，高30余米，每层四面有门，并绕以琉璃勾栏，可供凭倚，登塔远眺，晋汾景色尽收眼底。在奉圣寺附近，有巨槐一株，干老枝嫩，苍郁古朴。据传，原来这株槐树历史久远，早已干枯多年，到清代乾隆年间的一次民间集会上，有一个老道士在枯槐下叫卖膏药，半晌无人来买，老道自语："如此仙药，来购无人，凡人无福，枯槐宜生。"说罢，将膏药贴于枯槐身上，拂袖扬长而去。此后不久，这株枯槐居然死而复生，而且生芽展枝，甚为茂盛，令人称奇。

晋祠的人文遗迹还有奉圣寺贞观宝翰亭，亭中有唐太宗李世民撰写的《晋祠之铭并序》，故称。亭内还有一联，联语云：

文章千古事，

社稷一戎衣。

乔家大院

著名建筑专家郑孝燮曾说："北京有故宫、西安有兵马俑、祁县有民宅千处。"山西省祁县民居颇为有名，其中乔家大院堪称代表，它被誉为"北方民居建筑史上罕见的一颗明珠"。

乔家大院在山西祁县乔家堡村正中，原名"在中堂"，因其主人姓乔，故又称乔家大院。这所民宅大院始建于清乾隆二十年，清代同治年间、光绪中晚期分别进行了扩建。1922年后，又进行了一次大规模修葺。1965年乔家大院被列为省级文物保护单位，1985年在此又筹建了民俗博物馆，1986年正式对外开放。

乔家大院包括6个大院、20个小院，共313间房屋。6个大院由一条80米长的石铺甬道断为南北两排，北面三个分别称作老院、西北院、书房院；南面三个分别叫作东南院、西南院、新院。各院房顶上还有用以巡更护院的彼此相通的过道。全院建筑宏伟、威严、端庄，亭台楼阁、雕梁画栋、斗拱飞檐，充分体现了我国北方民居建筑的独特风格。

乔家大院，处处显露精湛的建筑技艺。在南北6个大院内，随处可见的砖雕、木刻、彩绘，题材广泛、花样繁多、变化无穷，令人目不暇接，不愿离去。以雕镂与彩绘来说，每个大院的正门上都精心地雕刻着不同的图案：福禄寿三星图、葡萄百子图、花博古等；柱头上的木雕有八骏、松竹、桂花、芙蓉等；各院内还有名目繁多的砖雕图案：麒麟送子、犀牛贺喜、喜鹊登梅等。此外，整个大院内所有房间的屋檐下面都有真金彩绘，各种图案工艺细致、光彩熠熠。

乔家大院的主人是清代赫赫有名的商业金融资本家乔致庸。乔致庸是乔家第三代人，是乔家基业的创始人乔贵发的孙子。乔贵发早年生活穷困，背井离乡到在内蒙古包头经商，后发迹，在包头发展起当时最大的商号"复盛号"。至今，包头民间还流传着"先有复盛公，后有包头城"的民谚，可见复盛号对包头城的影响之大。乔家的基业传到乔致庸手中时，除经营商号外，还兼营钱庄、当铺等，家业不断发展，财势跻身于全省首户前列，店铺遍布全国。乔致庸为了光耀门庭，购买地皮，大兴土木，在原有老院的基础上扩建宅院。乔家大院2/3 的房屋建筑便是在这一时期完成的。

乔致庸不仅经商有道，而且治家有方。他很注重对乔氏子弟的教育。他经常告诫儿孙勤俭持节，经商处事应以"信"为重。他还手书对联，挂在内宅门上：

求名求利莫求人，须求己。

惜农惜食非惜财，缘惜福。

乔致庸去世后，乔家家业又经过几代人的经营而不衰，直至日寇侵略中国时，受到沉重打击。1938 年其当铺、钱铺分别被强行归并于"新亚当"、"同和实业银行"，资金、货物、职工均由日伪接收。

乔家基业几经风云，由盛转衰，但乔家大院却完整地保存了下来，至今成为人们游览、观光的胜地，也成为影视剧拍摄的古民居取景地。从《大红灯笼高高挂》、《昌晋源票号》等影视剧中均可领略到乔家大院的神韵。

嵩阳书院

嵩阳书院坐落于河南省登封市北约 3 千米处的嵩山南麓，它是我国创建最早、影响最大、藏书最丰富的书院之一，与江西庐山的白鹿洞书院、湖南长沙的岳麓书院、河南商丘的睢阳书院并称为中国古代著名的"四大书院"。

嵩阳书院建于北魏孝文帝太和八年，原为嵩阳寺，隋改为嵩阳观，唐改为奉天宫，五代后周作为太乙书院，宋代景佑二年赐额为"嵩阳书院"，其后金、元、明、清四代一直沿用。从宋代开始，它成为传播儒家思想、培育英才的教育圣地。宋代巨儒程颢、程颐在此创立"二程理学"，宋代文化巨人如范仲淹、司马光、朱熹、李纲、韩维、吕海等都曾在此著书讲学。

嵩阳书院大门外西侧，有一通大石碑，全称是"大唐嵩阳观纪圣德感应之颂"。该碑高九米余，为嵩山地区石碑之冠。

嵩阳书院古迹文物众多，文化沉积丰厚。书院现有房舍百余间，面积一万多平方米。书院内中轴线共五进，分别是大门、先圣殿、讲堂、道统祠和藏书楼。先圣殿内祀孔子及四大弟子像，道统祠内有尧帝、大禹、周公像。藏书楼原为存放儒家经典的书房。嵩阳书院的讲堂和道统祠之间有一泮池，古代凡中第的秀才都要举行绕池一周的仪式。据说孔子的故居在泮水之滨，绕池是为纪念先师孔子，表示要效先师之法，安邦治国、礼仪天下。中轴线两侧的配房，分别为程朱祠、丽泽堂、博约斋、碑廊等。纵观嵩阳书院的建筑，古朴典雅，雄浑壮观。

书院自然要以藏书丰富为荣、名家辈出为胜。嵩阳书院中藏书极为丰富，比较重要的有《朱子全书》、《性理精义》、《日讲四书》等。此外，书院内存有北宋黄庭坚的《诗碑》、明代的《四箴碑》及《石刻登封县图碑》、《汉封将军柏图碑》等书法刻石，雕工精细，堪称艺术珍品。

"风声、雨声、读书声，声声入耳；家事、国事、天下事，事事关心。"嵩阳书院培养了无数治世之才，在各个领域内独领风骚。如今，它仍然在传承着独特的书院文化。

绍兴沈园

沈园位于浙江省绍兴市区，原为南宋越中大族沈氏的私家园林，亦称沈氏园。沈园既不精巧，也不新奇，与江南众多名园相比，它的确没有什么特别的地方。然而几百年来，世人依旧对沈园情有独钟、无法忘怀。这是因为沈园与一段感人的爱情故事牵扯不断。

宋时，浙江山阴住着一户殷实的书香世家，主人姓陆，公子即是后来名声煊赫、流芳千古的大诗人陆游。陆游 20 岁那年，与从小即青梅竹马的表妹唐婉成婚。这本是一桩美满的婚姻，夫妻感情弥深，偏偏陆母心怀成见，对儿媳百般挑剔，甚至逼迫儿子休妻另娶。陆游无法违抗母命，不得不写下休书，亲手结束了两年的幸福婚姻。之后，陆游遵从母意，娶王氏为妻，唐婉也改嫁赵士程，二人从此互不往来。8 年后，一个暖意融融的春日，陆游独游沈园，与前妻唐婉偶遇。唐婉奉酒热情款待，陆游心头百感交集。乘着酒意，陆游在沈园的园壁上挥笔写下一首词，把心头压抑多年的情感宣泄出来。这正是脍炙人口的《钗头凤》：红酥手，黄縢酒。满城春色宫墙柳。东风恶，欢情薄。一怀愁绪，几年离索。错！错！错！春如旧，人空瘦。泪痕红浥鲛绡透。桃花落，闲池阁。山盟虽在，锦书难托。莫！莫！莫！

唐婉读后，心中十分感伤，随即也和词一首：世情薄，人情恶。雨送黄昏花易落。晓风干，泪痕残。欲笺心事，独语斜阑。难！难！难！人成各，今非昨。病魂常似秋千索。角声寒，夜阑珊，怕人询问，咽泪装欢。瞒！瞒！瞒！

沈园相遇之后，陆游离开了故乡山阴，谁曾想到，这次重逢竟是他和唐婉最后一次相见。一年后，唐婉便在忧郁中凄楚地死去。而陆游自离开山阴后，先是北上抗金，后又辗转入蜀任职，等他再次回到家乡时，已是 40 年后了。

40 年的花开花谢无法冲淡陆游对唐婉的爱和思念，他一回到山阴便重游沈园。此时的沈园已三易其主，然而当年陆游和唐婉所写的两首《钗头凤》却被有心的主人铭刻于园中右壁。触景伤情，陆游于是写下一诗：

枫叶初丹槲叶黄，河阳愁鬓怯新霜。林亭感旧空回首，泉路凭谁说断肠。
坏壁旧题尘漠漠，断云幽梦事茫茫。年来妄念消除尽，回首禅龛一炷香。
沈园成了陆游心中挥之不去的伤痛，在此后的数十年中，老迈的陆游还多次重游沈园，聊以慰藉！

庆元二年，75 岁的陆游独游沈园，后赋《沈园诗二首》：

（一）城上斜阳画角哀，沈园非复旧池台。

伤心桥下春波绿，曾是惊鸿照影来。

（二）梦断香消四十年，沈园柳老不飞绵。

此身化作稽山土，犹吊遗踪一泫然。

开禧元年十二月二日夜，81 岁的陆游夜梦沈园，梦醒后作《十二月二日夜夜梦游沈氏园亭二首》：

（一）路近城南已怕行，沈家园里更伤情。

香穿客袖梅花在，绿蘸寺桥春水生。

（二）城南小陌又逢春，只见梅花不见人。

玉骨早成泉下土，墨痕犹锁壁间尘。

第二年，陆游又作《城南一首》：

城南亭榭锁闲坊，孤鹤归来只自伤。

尘渍苔侵数行墨，尔来谁为拂颓墙？

直到去世前一年，84 岁的陆游仍割舍不下心中的情感。"沈家园里花如锦，半是当年识放翁。也信美人终作土，不堪幽梦太匆匆！"寥寥数语，道尽平生情感之艰涩。

嘉定三年，陆游去世，时年 85 岁。至此，陆游、唐婉与沈园之间那"斩不断，理还乱"的感情故事终于落幕。

如今，时空变换，然而陆游、唐婉虽已人去园空，可沈园以它的传奇和魅力吸引了各界人士前来游历，人们走进沈园，不仅欣赏其亭台楼阁与流水轩榭，也为寻找残垣断壁上的遗墨，也为品读一段缠绵凄婉的爱情故事。

绍兴兰亭

兰亭是一座幽静古朴的园林，位于现在的浙江省绍兴市西南的兰清山上。兰亭，即兰清之亭。据传，春秋时越王勾践种兰于此，东汉时建有驿亭，因而得名。"此地有崇山峻岭，茂林修竹，又有清流急湍，映带左右"，兰亭美景以幽雅恬静著称。

兰亭因大书法家王羲之的《兰亭集序》而闻名于世。古人在每年的三月初三，为消灾除凶，祈求平安，常在水边组织修禊仪式，同时作为一种水边嬉戏的娱乐。东晋永和九年三月初三，王羲之邀集当时名士谢安、孙绰、许询、支遁等 42 人在此修禊，并经过"曲水流觞"游宴过后，王羲之将众文人雅士写下的诗汇编成集，并应众人之邀，乘着酒兴在集子之前写了一篇 324 个字的序文，这就是举世闻名的《兰亭集序》。《兰亭集序》不但书法"飘若游云，矫若惊龙"，文章也旷达洒脱，文采飞扬。王羲之因此被后人尊为"书圣"，兰亭亦成为文人墨客心目中的"书法圣地"。宋代曾有诗赞曰：

翰墨风流冠千古，鹅池谁不爱山阴。

此书虽向昭陵朽，刻石犹能易万金。

兰亭最负盛名的古迹是鹅池碑。这是一座式样特别的三角形碑亭，亭内的碑系清同治年间建，有一人多高，近一米宽。相传书圣王羲之生性爱鹅，也养鹅、书鹅。碑上的"鹅池"二字，是王羲之、王献之父子的手笔，"鹅"字苍劲有力，"池"字清秀端正，上下错落，相得益彰。传说王羲之刚刚写完一个"鹅"字，正欲书"池"字，忽然"圣旨到"，忙搁笔迎旨。这时，在一旁看父亲写字的儿子王献之，就趁父亲离开之际，提笔补上了"池"字。这一字，就流传下一段千古佳话。所以，鹅池碑也被后人称为"父子碑"。

其实，据考证，这里的兰亭并非书圣王羲之笔下的兰亭。据《水经注·浙江水》记载："（鉴）湖南有天柱山，湖口有亭，号曰兰亭……太守王羲之，谢安兄弟数往造之。"说明兰亭在天柱山附近的鉴湖湖口。现在鉴湖早已湮没，已无法确定原址，但"兰亭"在天柱山附近的观点被认同。晋以后的"兰亭"又有几次播迁，顾野王《舆地志》中有："山阴郭西有兰渚，渚有兰亭，王羲之所谓曲水之胜境，制序于此。"兰渚是鉴湖中的一个小岛，则说明"兰亭"在晋以后又转入湖中了。

名楼名阁

湖南岳阳楼

岳阳楼位于湖南省岳阳市西门城墙上，它西临洞庭湖、北望万里长江，地理位置十分独特。岳阳楼素有"洞庭天下水，岳阳天下楼"的美誉，它与武昌黄鹤楼、南昌滕王阁并称我国"江南三大名楼"，是我国重点文物保护单位。

岳阳楼始建于公元 220 年前后，距今已有 1700 多年历史，其前身相传为三国时期东吴大将鲁肃的阅兵台。唐开元四年，中书令张说谪守岳州，在此修楼，因位于湖南大岳山之阳，故名"岳阳楼"。后杜甫有诗《登岳阳楼》，云：

昔闻洞庭水，今上岳阳楼。吴楚东南坼，乾坤日夜浮。

亲朋无一字，老病有孤舟。戎马关山北，凭轩涕泗流。

宋庆历四年，滕子京谪守巴陵郡（今岳阳），重修岳阳楼，并请大文豪范仲淹撰写了千古流传的《岳阳楼记》，从此岳阳楼美名远扬。而范仲淹"先天下之忧而忧，后天下之乐而乐"之语也成为千古名句，为历代传诵。岳阳楼前后经历重修达 30 余次，现存建筑为清同治六年再建。

岳阳楼内各层陈列着历代名家撰写的楹联。一楼的"岳阳楼"匾额为郭沫若手书；二楼的《岳阳楼记》雕屏为公元 18 世纪大书法家张照所书，字形方正，笔力苍劲，技法多变，独具匠心，为传世珍品；三楼所嵌雕屏是毛泽东书杜甫诗《登岳阳楼》，笔法雄健奔放、形神兼备，雕屏金光耀眼、熠熠生辉。

岳阳楼两侧各有一亭，平面布局呈"品"字形。左侧为仙梅亭，修建于明崇祯年间，据传明崇祯年间维修中挖出一石板，刻有似枯梅的花纹，时人视为仙迹，故名。今枯梅仿雕石板仍嵌立在亭中。右侧为三醉亭，修建于清乾隆四十年，同治六年重修，据说因吕洞宾三醉岳阳楼而得名。

岳阳楼历来为文人墨客所青睐，许多人在游览岳阳楼后，对吟诗题赋以抒胸臆。除杜甫、范仲淹外，唐代的孟浩然也有脍炙人口的一首诗：

八月湖水平，涵虚混太清。气蒸云梦泽，波撼岳阳城。

欲济无舟楫，端居耻圣明。坐观垂钓者，徒有羡鱼情。

南宋诗人王十朋读罢范仲淹的《岳阳楼记》颇有感悟，他感慨道：

先忧后乐范文正，此志此言高孟轲。

暇日登临固宜乐，其如天下有忧何！

武汉黄鹤楼

素有"千古名楼"的黄鹤楼位于武汉市的蛇山之巅，初建于黄鹄矶头，时在三国吴黄武二年。后历代屡圮屡修，现在所见的黄鹤楼为 1985 年修建。此楼采用钢筋混凝土仿木结构，塔式楼阁，重檐展翅，红墙黄瓦，古朴典雅。楼内一层大厅有"白云黄鹤"巨形陶瓷壁画。画上仙人驾黄鹤飞临其楼上空，楼下人群攒动。画边有联云：

爽气西来，云雾扫开天地撼；

大江东去，波涛洗净古今愁。

关于黄鹤楼的传说很多，流传最广的是关于道士与黄鹤的故事：

相传三国时候，黄鹄矶头有一家酒店，店主人姓辛。辛掌柜虽然人缘很好，只因店房条件简陋，地理位置又比较偏僻，所以平时很少有人光顾。

有一天，店里来了一个道士，进门就嚷着要好酒好菜。吃喝完毕，抹抹嘴巴，拱了拱手，说声"打扰"，一文钱未掏，

黄鹤楼

就扬长而去。第二天他又来了，辛掌柜一点也没有怠慢，仍然好酒好菜招待他。刚好店里客人少，就陪着他喝了两杯，说了一会儿话。道士还像昨天那样，白吃白喝，然后走了。辛掌柜见他穿戴虽然平常，举止却洒脱豪放，不像骗吃骗喝的市井之徒，也就不予计较。就这样过了一个多月，辛掌柜竟然习以为常了，哪天道士稍稍来晚一会儿，他还会走出店门张望呢！

一天，道士多喝了几杯，他醉醺醺地从地上捡了一块橘子皮，在粉壁墙上三涂两抹，就画了一只黄鹤。然后向辛掌柜说："白吃白喝这么多天，实在过意不去，明天我就要到别处云游去了，就把这个黄鹤送给你吧！你可不要小看它，只要酒客拍拍手，它就会飞下来跳舞呢！"说罢，踉跄着出了店门，转眼不见踪影。

正巧这时，店里来了两个酒客，辛掌柜就请他们试试道士之说灵验与否。两个酒客刚一拍手，墙上那只黄鹤便似乎是听到了，扭颈点头，扇扇翅膀，"唰"地飞到地上，一边高声鸣唱，一边左旋右转跳起舞来。辛掌柜和两个酒客又惊又喜，乐得前俯后仰。消息不胫而走，辛掌柜的酒店自此门庭若市，生意红火，不到两年光景，他就成了当地的巨富。

十年弹指一挥间，那道士又来店中。狂饮之后，他从腰间取出一根短笛，刚吹了一首曲子，黄鹤就飞舞下壁，道士乘鹤腾空而去。辛掌柜为了感激他的恩德，就出资在黄鹄矶上盖了这座黄鹤楼。

民间还有一个传说：相传八仙之一的吕洞宾云游天下，一日来到武昌蛇山头，见四周远远近近景色十分迷人，他久久不忍离去。心想，如果建一座楼，站在上面观景，岂不一览无余吗？他先后请来铁拐李、何仙姑、张果老几位，他们都说从来没有建过楼阁，隔行如隔山，只怕弄巧成拙，空惹天下人耻笑。

正在吕洞宾心急如焚之时，鲁班骑着木鹤从空中飞降下来。鲁班得知吕纯阳之意，审度地势，又折了一把树枝，在地上摆了一阵子，向吕洞宾说："明天早上我们再定夺吧！"吕洞宾点头答应。次日凌晨，他爬上蛇山一看，一座飞檐雕栋的高楼已经耸立山头！鲁班早已不辞而别，只留下那只木黄鹤，望着吕洞宾眼睛直转。吕洞宾兴奋不已，掏出腰间的笛子吹了起来。那木鹤竟拍拍翅膀跳起舞来。于是，吕洞宾就跨上木鹤背腾空而起，绕着黄鹤楼转了一圈儿，飞向云霄之中。

据唐代《元和郡县志》记载，三国时吴黄武二年，东吴为了屯戍的需要，才在黄鹄矶上建楼，取名黄鹤楼。有地方名剧《黄鹤楼》，讲的是东吴水军都督周瑜为了逼迫刘备写下退还荆州的文约，在黄鹤楼上设宴，诓骗刘备过江。周瑜事先在楼下埋伏精兵良将，嘱咐说，没有他的令箭，谁也不准放走刘备。但神机妙算的诸葛亮早就洞察周瑜的计谋，临行之前，就把当初借东风时携走的一枝令箭交给赵云。刘备就靠这枝令箭脱了险，使周瑜巧计成空。

九江浔阳楼

关于九江名胜之一的浔阳楼的传说：

浔阳楼因唐代诗人白居易《琵琶行》的广泛流传而闻名遐迩。

唐宪宗元和十年，白居易被贬为江州司马。次年秋天，他"浔阳江头夜送客"，忽闻江边船上传来琵琶之声。弹者本长安歌女，她因演技绝妙，曾经倾倒五陵少年，后来终因人老珠黄，门庭冷落，嫁予茶商为妻。这天夜里独守空船，极为孤寂凄凉。琵琶女的身世触动了白居易的心弦，他虽然很有才能和抱负，却不被容于当朝权贵，被贬到黄芦苦竹丛生的江州，正所谓"同是天涯沦落人"。他潸然泪下，情不自禁写下了《琵琶行》一诗。清代兵部侍郎佟法海有《浔阳楼》诗曰：

琵琶一曲断肠声，触拨当筵谪宦情。

为语江州白司马，留将眼泪哭苍生。

相传宋代诗人苏轼被贬为黄州团练副使之后，一日心焦难耐，渡江到庐山游玩，路过浔阳时，来到江边一座酒楼，临窗而座，要了一壶酒，点了几样小菜，自斟自饮。酒至半酣之时，诗兴顿生，吟哦起来。酒楼的掌柜不识其真面目，见他像个有学问的人，转身下楼，捧来文房四宝，直言相求苏轼给酒楼写个招牌。苏轼欣然答应，挥笔写下"浔阳酒楼"四个行草大字，并落款"东坡居士"。掌柜一看，方知他就是赫赫有名的苏东坡，不禁心花怒放。

苏轼写罢，把笔一抛，喊道："拿酒来！"掌柜连忙满斟一杯酒捧了过去。也不知是掌柜过于激动，双手颤抖，还是苏轼喝醉了，没能接住酒杯，只见"当"的一声，酒杯掉在桌上，酒正好洒在刚刚写好的几个大字上。掌柜急忙将纸托起，放到门口的石板上去晒。不料一阵江风吹来，将纸卷走。掌柜拔腿就追，他一直追至江堤，才算将纸抓住。回来一看，其中的"酒"字被抓破了，怎么也拼不拢，再寻苏东坡，也已没踪迹。掌柜没有办法，只得把"浔阳楼"三个字刻在木板上，挂在酒楼的门头。此后，这家酒楼就叫浔阳楼了。

歙县太白楼

人们在饱览了黄山优美的自然风光之后，均不会忘记附近还有两处诗仙李白留下的胜迹。一处就是黄山市东北20余千米，歙县境内练江南岸的太白楼。此楼始建于唐代，屡圮屡兴。现有前后两进，依山傍水，古雅飘逸，引人登临。唐代景云年间，歙州有位很有学问的人，名叫许宣平。他无意仕途，隐居在紫阳山南坞，经常在此饮酒赋诗，妙得佳句题于壁上：

隐居三十载，筑室南山巅。夜静玩明月，闲朝饮碧泉。

樵夫歌垅上，谷鸟戏岩前。乐矣不知老，都忘甲子年。

此诗问世后，人们竞相传抄，不久，便传到了洛阳。至天宝年间，李白游洛阳，在友人处见到了这首诗，不禁欣然赞道："此仙人诗也。"他不惜跋山涉水，千里访许。来到紫阳山南坞，竟未晤面，深叹自己无缘结识这位神交已久的知己，怅然留诗一首曰：

我吟传舍诗，来访真人居。烟岭迷高迹，云林隔太虚。

窥庭但萧索，倚柱空踌躇。应化辽天鹤，归当千岁余。

后人感其事迹，遂筑"太白楼"以纪之。

另一处太白胜迹是黟县城南7千米处，有座李白钓台，又名寻阳台。李白于天宝十二年，经旌德、太平诸处至黟县。酷爱游历名山胜水的李白听说县南墨岭山、霭峰一带风景极佳，欣然往游，并在此垂钓。台下有深潭，潭中有尺许赤眼鱼泛游。台子的周围丛生着独特的小竹，片片竹叶上皆有一椭圆形的墨点。传说因为李白在此垂钓时，兴之所至，常挥毫作诗。一次笔端醮墨太浓，随手一甩，墨汁落入台下竹丛之中。青竹仰其诗名，留墨珍之，自此雨涤不掉、风吹不弥，令人叹为观止。李白曾吟《钓台》诗曰：

磨尽石岭墨，寻阳钓赤鱼。霭峰尖似笔，堪画不堪书。

山东省还有一座有名的太白楼，在济宁市南部旧城墙之上。此楼亦名太白酒楼，为李白客游任城（今济宁）饮酒之处。后人建楼纪念，唐人沈光篆书作文。楼壁嵌有李白、杜甫、贺知章等诗人阴线浅刻画像及历代题咏碣石40余块，中有"太白一去不复留，任城尚有崔巍楼"之句。楼下存斗大"观"字石刻一方，传为李白手书。距楼东里许有"涮笔泉"，相传李白曾在泉边涤笔。

昆明大观楼

明代学者杨慎曾作《滇海曲》，诗云：

萍乡波暖泛云津，渔柵樵歌曲水滨；

天气常如二三月，花枝不断四时春。

这首诗情景交融，语言优美，写的是滇池风光。滇池在云南省昆明市西南，池水烟波浩渺，一碧万顷，风帆点点，景色如诗如画，雄伟壮观的大观楼就耸立在池的北岸。楼址所在之处，明代称为近华浦，黔国公沐氏西园别墅曾在附近建筑。清康熙年间，湖北僧人乾印到此讲经，建观音寺，游人渐多。其后，巡抚王继文扩建涌月亭、澄碧堂、华严阁、催耕馆等，并建楼二层，称大观楼，从此这里成了文人墨客赋诗论文的雅集之地。

据传大观楼建成之时，昆明城内许多文人墨客到楼上聚会，喝酒行令，吟诗作赋。这时，有人提议说："今日群英荟萃，贤才毕集，何不为此楼作一佳联，一来为助酒兴，二可流芳千古，诸位意下如何？"众人拍手叫好。本来，在座的文人们均自傲地以为作一副对联不过是随手拈来的文字游戏，唾手可得的雕虫小技而已；可是，一个个思来想去，搜索枯肠多时，竟难得上乘之作。传说当时有一饱学之士名叫孙髯，字髯翁，号颐庵，陕西三原人，流落昆明，卖卜为生。此人博学多识，能诗善画，却终生不愿踏入官场，甘守清贫，自号"万树梅花一布衣"。此时，孙髯正在圆通寺咒蛟台附近卖卜。有人将此事告诉了他。孙髯觉得很有趣，马上收了卦摊，信步来到池边，登上大观楼，向众人拱了拱手，当即挥笔写道：

　　五百里滇池，奔来眼底。披襟岸帻，喜茫茫空阔无边。看：东骧神骏，西翥灵仪，北走蜿蜒，南翔缟素。高人韵士，何妨选胜登临；趁蟹屿螺洲，梳裹就风鬟雾鬓，更萍天苇地，点缀些翠羽丹霞。莫辜负：四围香稻，万顷晴沙，九夏芙蓉，三春杨柳。

　　数千年往事，注到心头。把酒凌虚，叹滚滚英雄谁在？想：汉习楼船，唐标铁柱，宋挥玉斧，元跨革囊。伟烈丰功，费尽移山心力；尽珠帘画栋，卷不及暮雨朝云，便断碣残碑，都付与苍烟落照。只赢得：几杵疏钟，半江渔火，两行秋雁，一枕清霜。

　　此联墨迹未干，在座的名人雅士、王孙公子惊叹不已，心悦诚服。后经陆树堂行草书写，刻于楼门，千里传诵，人人拍案称绝，誉其为"古今第一长联"、"海内长联第一佳者"。大观楼也因此而声名远播。1961年郭沫若游此，写《登楼即事》诗曰：

　　果然一大观，山水唤凭栏。睡佛云中逸，滇池海样宽。
　　长联犹在壁，巨笔信如椽。我亦披襟久，雄心溢两间。

成都望江楼

　　位于成都市东1公里、濒锦江南岸的望江楼被视为成都的标志性建筑。楼高30米，共四层，上两层八角，下两层四角。阁尖为镏金宝鼎。望江楼又名崇丽阁，取晋代左思《蜀都赋》中"即丽且崇,实号成都"之意。楼址古称玉女津，游客常从浣花溪载舟而下，至此饱览锦江美景。古时，成都人乘船远行，亲朋好友也多在此处送别。

　　望江楼畔的著名建筑，是为纪念唐代女诗人薛涛而建。薛涛字洪度，为中唐时长安人，早年随父宦居浣花溪畔。父死后家境贫困，薛涛沦为乐妓。她喜吟诗，善书法，喜用楼下"玉女津古井"里的水自制各种颜色明丽的花笺作诗笺，名噪一时，人称"薛涛笺"。井也因之更名为"薛涛井"了。薛涛自幼知声律喜吟诗，其诗多哀伤愤疾，与元稹、白居易、刘禹锡、武元衡、杜牧等著名诗人均有唱和。并与元稹有过一段非常微妙的感情故事。

　　相传当时元稹是以监察御史的身份到成都去的。这位风流才子久慕薛涛的芳名，马上差人请薛涛相见，示以一卷"四友图"，请薛涛题跋。薛涛手托香腮，凝眉沉吟片刻，就一挥而就了《四友赞》：

磨润色先生之腹（纸），濡藏锋都尉之头（笔），引书媒丽黯黯（墨），入文亩以休休（砚）。

元稹又惊又喜，赞叹不已，极为欣赏。从此与薛涛常有唱和。当时，元稹丧偶不久，因与薛涛情投意合，渐生爱慕之心，过从甚密。两人相爱四年，薛涛写下了许多优美的情诗。后来，她为一些小事，赌气离开了元稹。不久，元稹调任长安，薛涛感其情，用自制的诗笺写了100多首诗寄给元稹。其中有一首：

芙蓉新落蜀山秋，锦字开缄到是愁，

闺阁不知戎马事，月高还上望夫楼。

此诗令元稹旧情复萌，给薛涛回诗写下了"别后相思隔烟水，菖蒲花发五云高"寄寓深情的诗句。然而，在他调任浙江后，遇到比薛涛更为年轻、才貌双全的刘采春，一见钟情，遂结百年之好。薛涛则矢志终身不嫁，把忧愤悲伤的感情凝诸笔端。她的感人之作，多在元稹离开成都后。

薛涛生平爱竹，有借竹咏志的代表作《酬人雨后玩竹》传世。后人感于此诗，就在望江楼附近广为植竹。而今这里幽篁如海，有"竹子公园"之谓。

望江楼又以楹联名闻天下。清代顾复初登楼曾撰一联云：

引袖拂寒星，古意苍茫，看四壁云山，青来剑外；

停琴伫凉月，予怀浩渺，送一篙春水，绿到江南。

楼上更有一联，长达212字，为全国第六长联。它与全国第一长联——长达1612字的江津市临江楼楹联，同出于当时"长联圣手"江津人钟云舫之手。此联文采飞扬，气势磅礴，令人赞叹。楹牌上有一段文字如是说："江津钟云舫先生以讦贪吏下狱，题此抒愤，为部院岑西林侦得，扬清激浊，公道犴申，刻联悬江楼，益为众所传诵。"此段文字道出了此联的来由。

阁上还有一奇联：

望江楼，望江流，望江楼上望江流，江楼千古，江流千古；

印月井，印月影，印月井中印月影，月井万年，月影千年！

传说这是一位江南名士登楼游览，吟出上联之后，苦思冥想，终于未得到下联。于是将上联书于楼上，抱憾而去。此后常有游人才子试力应对，也没什么佳构。其中有一饱学之士对出下联，堪称上乘之对。20世纪50年代末期，赛诗成风，豪言壮语层出不穷。又有人试图了结这段公案，对曰："赛诗台，赛诗才，赛诗台上赛诗才，诗台盖世，诗才盖世。"此也极有文采。

山东蓬莱阁

闻名遐迩的蓬莱阁，位于山东省蓬莱市北，美丽的丹崖山之巅。其楼云烟缭绕，殿阁凌空，下临浩瀚的大海，素有仙境之称。古代传说蓬莱、方丈、瀛洲是海上的三座仙山，山上有仙人居住并存长生不老之药。史载秦皇、汉武为寻仙觅药，曾先后到过此处。

蓬莱阁初建于北宋嘉祐年间，明代扩建，清代得以重修。高 15 米，双层歇山，回廊环绕。阁南有三清殿、吕祖殿、天后宫、龙王宫，错落有致，与阁浑然一体。登临阁上，北望长山列岛，云雾缥缈。东北海疆，碧波万顷。海市蜃楼奇观，更加令人浮想联翩、心驰神往。

古籍《十洲记》载，蓬莱山又名蓬邱，在东海的东北，周围五千里。外有圆海绕山，海水为黑色，故称冥海。无风即有百丈洪波，难以横渡，只有能够腾云驾雾的神仙才能到达这里。

另据《列子·汤问》记载的故事说，在渤海之东，缥渺之地，有深沟大壑，下面无底，名曰"归墟"。五洲四海和天河里的水，都注入这条大壑，也无法装满它。大壑上耸立着五座大山（也叫五仙山），分别为岱舆、员峤、方丈、瀛洲和蓬莱。如果从山顶走到山下，再绕山转一圈儿，大约有三万里之遥。山顶上平坦空旷处有九千里方圆，山与山之间的距离也有九万里远。山上的楼阁殿宇都是用金银翠玉建造的，飞禽走兽全是缟素一样的纯白色。漫山遍野一丛一簇，生长着珠玕之树，开的花、结的果皆仙气十足，食之可长生不老。山上住的人非仙即圣，清闲恬静，相互拜访作客，非常热闹。

但是，最使仙圣们忧虑的是，这五座大山没有根基，经常随着潮起潮落飘来飘去，于是诉于天帝。天帝只怕有朝一日五座大山飘到西极，仙圣们失去居住的地方，就命海神禺疆派来 15 只巨鳌，每三只编为一组，用头把大山擎起来，六万年换一次班。至此，五座大山这才稳定下来。

可惜好景不长，汪洋大海里还有一个龙伯国，其国民均为巨人，其中一个巨人走了没几步就到了五山之所，垂下鱼钩，一钩就钩起了六只巨鳌，扛在背上回去炖汤了。于是，岱舆、员峤二山失去控制，流向北极，最后沉没在大海里。结果，这里只留下了蓬莱、瀛洲、方丈三座仙山。

传说蓬莱就是方士徐市（又名徐福）受秦始皇之命求取仙药，乘舟下海的地方。春秋战国时，燕国就有人入海求仙，回来以后讲其旅迹，说海上有座蓬莱仙山，山上有长生不死之药。后来，秦始皇听说了这件事，兴致勃勃地来到海边，登上丹崖山，天天盼得不老之药。

在一个风和日丽、天高气爽的日子，他忽然发现碧玉一样的海面上，隐隐约约有楼阁耸起，上面似有人影来来往往，仿佛闹市一般，转眼之间又无影无踪了。秦始皇深感惊异，不知这就是"海市蜃楼"，就向臣子们征询。当时，朝中有个能言善辩的方士徐福，急忙上前施礼说道："皇上，此乃大吉之兆也。东洋大海之内，原有蓬莱、瀛洲、方丈三座仙山，是神仙居住之所。山上仙花盛开，生有七彩宝树，上结长生不死之果。今皇上目睹仙山琼阁，乃是洪福齐天啊！"

秦始皇听徐福说得头头是道，不由心花怒放，说道："朕也听说海上原有仙山，燕昭王、齐威王都派人去过，可惜均未果。今日亲眼看见，才知传言不虚。怎么才能登山，求取仙药呢？"

徐福暗自思忖，自己平日在皇上面前说了许多大话，一句也没有兑现，一旦露了马脚，必然招致杀身之祸。何不乘此良机远走高飞呢？于是就说："臣虽不才，愿效犬马之劳，不避风浪，为皇上求取仙药。"

秦始皇大喜，就问怎么个去法。徐福说："只求皇上给我 500 童男、500 童女，画船百艘，为臣便能启程远航。大约一个月之内，就有佳音回报。"秦始皇马上委派大将日夜赶造船只，并挑选 500 童男、500 童女，择定良辰吉日，送徐福下海远航。谁知，徐海一去不复返。秦始皇才知上了大当，又派大将出海寻找，均无功而返。

其实秦始皇所看到的"海市蜃楼"奇观，实际上是一种因光线折射等多种因素造成的自然幻景而已。这种奇观，蓬莱称之为"蓬莱仙境"，广东惠来称之为"金狮围城"，而上海的金山三岛称之为"显东京"，意为湮没在大海中的东京城重现天日。宋代著名文学家苏东坡曾写过一首《海市》诗，诗云：

东方云海空复空，群仙出没空明中，

荡摇浮世生万象，岂有贝阙藏珠宫。

南昌滕王阁

滕王高阁临江渚，佩玉鸣鸾罢歌舞。画栋朝飞南浦云，珠帘暮卷西山雨。

闲云潭影日悠悠，物换星移几度秋。阁中帝子今何在？槛外长江空自流。

王勃这首韵色优美、气势磅礴的诗，描写的是"江南三大名楼"之一的滕王阁。

滕王阁坐落在江西南昌赣江东岸、南昌市西北。唐贞观十三年，唐太宗李世民之弟李元婴受封滕王。后李元婴出任洪洲（今南昌）都督。唐永徽四年，李元婴在赣江边营建楼阁，并以其封号命之为"滕王阁"。

唐上元二年，洪州都督阎伯屿在此大宴宾客，王勃席间所作《滕王阁序》，成为传诵千古的名篇。滕王阁因此名扬四海，南昌古城也因此平添几多人文气韵。继王勃之后，唐代王绪、王仲舒又分别写下《滕王阁赋》、《滕王阁记》。"三王记滕阁"一时被传为佳话。后文学家韩愈也撰文述"江南多临观之美，而滕王阁独为第一，有瑰丽绝特之称"，故滕王阁又有"江西第一楼"之誉。

滕王阁跨越时空 1300 多年，几经兴废，它曾 28 次被毁，最近的一次是在 1926 年，被北洋军阀邓如琢部纵火烧毁。现在的滕王阁是 1985 年重新修建的，距唐代阁址仅百余米，碧瓦丹柱，雕梁飞檐，气势不逊当年。在第一层正厅有一表现王勃创作《滕王阁序》的大型汉白玉浮雕《时来风送滕王阁》，巧妙地将滕王阁的民间传说与历史事实融为一体。第二层正厅是一幅大型的工笔重彩丙烯壁画《人杰图》，绘有自秦至明的80位流芳千古的江西历代名人。这与第四层表现江西山川精华的《地灵图》，堪称双璧，令人叹为观止。第五层是凭栏远眺的最佳处，厅堂中陈列着苏东坡手书的千古名篇《滕王阁序》。

站在滕王阁上，倚栏远望，"落霞与孤鹜齐飞，秋水共长天一色"之美景尽收眼底，"渔舟唱晚，响穷彭蠡之滨；雁阵惊寒，声断衡阳之浦"之声音不绝于耳。

宁波天一阁

天一阁位于浙江宁波市城西，建于明嘉靖年间，是明兵部右侍郎范钦的藏书处。范钦秉性耿直，曾因顶撞了权势煊赫的武定侯郭勋，蒙受冤狱，遭廷杖之罚。后来，又因秉公执法，得罪过权臣严世蕃，险遭不测之祸。其性格与作风，朝野上下，口碑极好。然而，最让范钦青史留名的，却是他这座号称"江南书城"的天一阁。据《鄞县志》载，范钦"性喜藏书，起天一阁，购海内异本，列为四部。尤善收说经诸书及先辈诗人集未传世者。浙东藏书家，以天一阁为第一，有功文献最大"。

据统计，自晋代至清代，浙江私人藏书家达359人，藏书楼有名可查的有180处。但是，由于改朝换代，水火兵燹等种种原因，真正能够"藏而久之不散"者，却如凤毛麟角。明代浙东学者黄宗羲在一篇文章中慨叹："读书难，藏书尤难，藏之久而不散，则难之难矣！"天一阁在历代诸多藏书楼之中就是极为难能可贵的一处。

保国寺

范钦喜遨游，曾到过半个中国。每到一地，就要多方搜求、收购当地之古籍。搜、购不到者，即雇人抄录。同时，他的不少藏书还得益于当时另一位藏书家丰坊的万卷楼。二者互相仰慕，互抄书籍，终使范钦的藏书达7万余卷。

天一阁是范钦辞官后，在其藏书处"东明草堂"的基础上辟建的。阁名取《易经》中"天一生水……地六成之"之意，建筑暗含"天一地六"。楼前是天一池，用于蓄水防火。楼分上下两层，上层一大通间藏书中，以书橱相隔。下层六间。后来的乾隆皇帝听说以后，也派人来索取设计图样，以仿其样式，兴造南北七阁。

天一阁能够垂世400余载，全凭范钦及后裔非常严密的保护措施。阮元曾记载，天一阁"阁前有池石……不使持烟火者入其中，其能久一也"。此外，还制订有一系列禁约。例如：禁止书下阁梯；非各房子孙全部在场，不准开锁；子孙无故开门入阁者，罚不准参加祭祖活动三次；私领亲友人上阁开橱者，一年不准参与祭祖活动等。

范钦的侄子范大澈，从小酷爱读书。每月的收入大多用到买书上。他学识渊博，善于识别版本。无论初版、原版、赝本或纸质的优劣，一眼就能识破，时人称其"怪雅异集"。但是，范钦对这位聪颖异常并酷爱读书的侄子同样铁面无私。大澈到天一阁借书，每次都被拒之门外。为此他暗自发愤，极力搜求海内异书秘本，并和叔父比攀，特地建了"西园"、"卧云山房"为藏书之处。每得一奇书，就备下酒宴，邀请叔父前去观赏。范钦每次看到侄子购得天一阁所无之书，就爱不释手，最后默默地离开，堪称"两代书痴"了。

民间又有传说，清代嘉庆年间，宁波知府的内侄女钱绣云，闻言天一阁藏书甚富，兼藏芸草一本，色淡绿而不甚枯，300年来书不生蠹。这位嗜书的痴女心驰神往，精心绣出芸草数百本，托太守为媒，嫁给范氏后裔范邦柱为妻，以求能登阁观书，有幸见那本芸草。但是，婚后才知，范家的族规是不许妇女登阁的。绣云因之郁郁成病，抱恨而终。临终前还央求丈夫说："君若怜妾，请葬阁之左右，妾瞑目矣。"

范钦活到83岁，弥留之际，他将家产分为两份。一份是万两白银，一份是天一阁的全部藏书。儿子大冲毫不犹豫地选择了后者，并且发展了父业。至清代乾隆年间，皇上为编纂《四库全书》，下诏征召天下遗书，其中就有天一阁。范钦的八世孙进呈珍贵古籍共683套，后来并未如数归还。以后，历史风云变幻，天一阁又屡经劫难，至20世纪50年代初，天一阁藏书仅存13000余卷了。

名亭名台

北京陶然亭

陶然亭位于北京南城偏西的景色秀丽之地。亭为清康熙三十四年工部郎中江藻所建，初名"江亭"。今悬于山门内檐下的"陶然"二字，为江藻手书，取意于白居易诗句"更待菊黄家酝熟，共君一醉一陶然"。

公园内有座锦秋墩，其南坡上有座鹦鹉冢。传说清代时，某地乡下住有一位姓乔的书生，其妻玉娘，十分贤惠。夫妇相敬如宾，恩爱有佳。他们养了一只鹦鹉，浑身雪白，因而取名"阿白"。阿白聪明伶俐，能说会道，还能唱歌为他们解闷儿，非常讨夫妻两人喜爱。

大比之年，皇恩开科。乔生心想进京赴试，又舍不得离开妻子。玉娘劝道："十年寒窗，青灯苦读，不就等这科举考试吗？何必儿女情长，贻误大好前程。若怕难耐相思之苦，就把阿白带在身边，也好飞来飞去捎书带信呀！"阿白一旁拍着翅膀叫道："我去，我去！"乔生认为言之有理，就收拾行装，带阿白进京赶考去了。

乔生晓行夜宿，跋山涉水，来到京城，就住在宣武门外南横街的本乡会馆里。谁知还没养好精神，就到了考期。刚进考场，由于旅途劳累，加之"晕场"，两眼一黑，晕倒在地，只好回馆养病。就这样过了半个月，这天，阿白向乔生说："咱们回去吧，娘子准等急啦！"乔生未曾开口，泪如雨下："如今，科举未果，我怎么有脸见娘子呢？"阿白说："那么，我先回去看看吧！"

玉娘果然站在村头的大树下，正眼巴巴地望着呢，一见阿白飞回，忙问："相公呢？"阿白说："相公没有考试，无颜回来。"玉娘说："这次不行，还有机会。你快把他接回来。"

阿白点了点头，不顾劳累往回飞。谁知刚到京城郊外，就遇到几个浪荡子弟正在游春，有人举起弹弓，一弹打中了阿白的胸脯。阿白忍着疼痛，跌撞着飞到乔生的面前，只说了一句："娘子盼你回去呢……"就口吐鲜血死去。乔生把它捧在掌心，大哭了一场；然后又在陶然亭买了一块墓地，将它掩埋，这才匆匆忙忙地往家赶。不久，玉娘随着乔生双双进京，来到阿白的坟前，摆上鲜果，非常隆重地祭奠了一番，还为它立了一块石碑，上刻"鹦鹉冢"三字。

鹦鹉冢的东侧有座方圆丈余的小冢，名曰香冢。据园中人介绍，过去冢前曾立有一碑，碑文曰：

浩浩愁，茫茫却，短歌终，明月缺。郁郁佳城，中有碧血。碧亦有时尽，血亦有时灭，一缕烟痕无断绝。是耶？非耶？化为蝴蝶。

关于这座香冢，300多年来，流传着许多故事。一说当时有一位御史，眼见朝政腐败，民不聊生，不断上书陈情，请求皇上以天下黎民百姓为重，励精图治，体恤民情。可是这些奏折均被驳了下来。御史怀着满腔怨愤，将这些奏折和他平日所写的许多嘲讽时弊的诗赋文章，统统埋在这里，并立碑以纪念。

值得一提的是，清代末年的许多维新人士都到过陶然亭。变法失败以后，六君子在菜市口惨遭杀害，康有为胞弟康广仁的灵柩就存放于此处的龙泉寺中。临刑时留下"我自横刀向天笑，去留肝胆两昆仑"诗句的谭嗣同就出生在离陶然亭不远的烂漫胡同里。儿时就多次随兄长到陶然亭游玩，感触颇深。28岁重游陶然亭时，不禁思绪万千，写下了《城南思旧铭》，深深地叹息道："……余于城南，呜呼忘情，又呜呼于言哉！……明明城南，如何云忘？城南明明，千里恻怆！"

南浦亭与孺子亭

南浦亭在江西省府南昌市惠民门外，沿江路抚河桥附近。此亭建于唐高宗永徽四年，与著名的滕王阁属同时代。王勃写《滕王阁序》时，"南浦飞云"已蔚为一景，故诗中有"画栋朝飞南浦云，珠帘暮卷西山雨"之语。每年阳春三月，对岸桃花三村中的灼灼桃花烂漫如火，人们由南浦渡河赏花，一派热闹景象。

传说古时，桃花三村里有一位桃花女，聪慧美丽，巧于纺织刺绣。她与对岸南浦一位名叫柳郎的青年一见钟情，喜结连理。然而，成婚不到三天，柳郎被官府抓往边关做苦工。桃花女送夫南浦渡口，挥舞着白巾，哭呼柳郎，眼中流血，把白巾都染红了。忽有一阵江风吹来，白巾飘飘荡荡直入云端。从此，南浦江面上的云就火红耀眼。唐代白居易有《南浦别》诗云：

南浦凄凄别，西风袅袅秋，

一看肠一断，好去莫回头。

另据传说《别赋》的作者江淹，在南昌任骠骑将军豫章王记室时，无休无止的公文使他深感劳累。一天，他到南浦亭上独自饮酒消闲，忽听江边传来女子的歌声，唱的正是他《别赋》中的句子：

惟世间兮重别，谢主人兮依然，下有芍药之诗，佳人之歌，桑中卫女，上宫陈娥，春草碧色，春水绿波。送君南浦，伤之如何……

歌声委婉凄切，闻者动情。江淹非常吃惊，心想哪位女子把他的曲赋唱得这么动听？他循着歌声找到一条小船上，见一绿衣女子，怀抱琵琶，满面愁容，正在轻弹曼唱。江淹问其缘由，原来这是一个沦落风尘的歌妓，听信了一位读书人的甜言蜜语，随之来此。一月以前，那人以访友为名，弃她而去，杳无音信。女子举目无亲，故而哀伤至此。江淹听罢非常同情，准备赠以银两，女子坚辞不受。江淹回到王府之后，感于此事，铺宣研墨，就想动笔写一篇《南浦歌女赋》。谁知刚刚铺好文笺，王府里又派人催他赶写公文。江淹满腹牢骚，又一次以酒浇愁，直喝得酩酊大醉。迷迷蒙蒙之中，只见一个自称郭璞的人来到面前说："江郎，我的五彩笔已借你多年了，请还给我吧！"梦醒之后，江淹提笔作文，却再也写不出像样的文辞了。从此，留下了"江郎才尽"的典故。

王勃的《滕王阁序》中，有"物华天宝，龙光射牛斗之墟；人杰地灵，徐孺下陈蕃之榻"的名句赞美古城南昌。"龙光"，系指宝剑发出的光芒。晋代，张华不解天上牛、斗二星之间有紫气，向雷焕请教。雷焕说，这是丰城（属南昌）的宝剑之气上通于天之故。下句的"人杰"，则是指东汉的高士徐孺子。时陈蕃为豫章太守，他素来不接待宾客，但对徐孺子却极为敬重，大礼相迎，视为知己，促膝长谈。还特地在家中为徐孺子设一张床，留他过夜。并说："盼望先生常临舍下，陈蕃天天扫榻以待。"徐孺子字孺子，豫章北沥村人，自幼家贫而苦读不辍。他博学多才，品格高洁，清贫孤傲，终身不仕，时人尊为"孺子先生"。后人就在他的书房附近建"孺子亭"，亭畔广植垂柳。"徐亭烟柳"为古豫章十景之一。

现在南昌东湖中的鲫鱼背上漆黑，像墨染过的一样，据说这也与徐孺子有关。传说鲤鱼要跳龙门时，湖中的鲫鱼对它不顾生死追名逐利的行为深恶痛绝，连叫："讨厌！"鲤鱼说："你休要装模作样，自命清高。待我跳龙门时，你不咬着我的尾巴往上蹿才怪呢！"鲫鱼气愤地掉头而去。当时，徐孺子正在湖边洗笔砚，偶然听见了它们的对话，非常赞赏这条鲫鱼的骨气，就在它的脊背上浓浓地抹了一笔，以区别于其他鲫鱼。不久，鲤鱼在龙门上跌得头破血流，灰心丧气地回到东湖，向鲫鱼认输，并愿意舔掉它脊背上的墨迹。但鲫鱼却说："留得一身墨玉，永不同流合污。"所以，直到现在它的脊背仍然又黑又亮，从而博得了"墨鲫"的雅称。

据说徐孺子自幼喜爱抚琴，琴艺精纯，优美的琴音把西山凤凰湖里的玉龙引来，潜伏在东湖之底，闭目聆听。一年中秋，徐孺子想到朝政腐败，奸臣当道，陈蕃等忠良横遭杀害时，心中压抑，琴声大悲。湖中的玉龙闻之，凄然泪下，致使水涨三尺，漫过湖堤。徐孺子发觉以后，忙将琴弦扯断，发誓永不再弹。但琴音已经融入西山的清风和东湖的碧水之中。至今，据说每当月白风清的中秋之夜，游客在孺子亭上还能听到如泣如诉、时隐时现的琴声呢！

苏州沧浪亭

沧浪亭位于江苏苏州市内的三元坊附近，为江南现存历史最久的古园林之一。五代末年，此处是吴越中吴军节度使孙承祐的别墅。北宋庆历五年，诗人苏舜钦被削职退归乡野。买下这座别墅并临水筑亭，因有感于渔父《沧浪之水》

歌，将此亭命名为"沧浪亭"，并作《沧浪亭记》以记之。

此亭历代屡有兴废，南宋时抗金名将韩世忠辟为宅第而扩建。元代改为僧庵。明代复建并由归有光作记。清康熙年间得以大修。沧浪亭的特色是未进园林先成景，一泓碧水环园流过，隔河相望，廊阁错落，波光倒影，令人神往。

宋时苏舜钦用四万铜钿买得此园筑亭以后，和他一样因得罪朝廷、被贬滁州的好友欧阳修听说此事，专门写就一副对联托人寄来。联云：

清风明月本无价；

可惜只卖四万钱。

苏舜钦收到此联，不禁眉头紧皱。这上联意境无限，超凡脱俗。下联"可惜只卖四万钱"却太令人索然无味了。苏舜钦不知这位难兄难弟是醉糊涂了，还是另有用意，只好先将上联挂起来，静待来往的文人雅士妙手成偶。到园中做客的虽然不乏饱学之士，可是，他们一听说上联出自欧阳修之手，谁也不敢班门弄斧，以免贻笑大方，事情就这样被搁置下来。

一年秋季，苏舜钦偶感风寒，耽于治疗，最后竟卧床不起。洞庭东西两山的父老乡邻听说以后，提着鲜鱼、鲜果上门探望，嘘寒问暖，乡情浓厚。而且人们争相为他煎药熬汤，洒扫庭院，锄草浇园。不久，苏舜钦病体痊愈。一日，他在亭中举杯小酌，想起乡亲们情暖如春，贬谪的悲怆惆怅一扫而光，一时来了诗兴，随即凭栏吟道：

东出盘门刮眼明，

潇潇疏雨更阴晴。

绿杨白鹭俱自得，

近水远山皆有情。

吟罢，他猛然悟道，如果用"近水远山皆有情"去对"清风明月本无价"，难道不是上乘佳联吗？于是，他立即写信送往滁州，请欧阳修把这个下联补写出来。欧阳修展信一见"近水远山皆有情"之句，不禁拍案叫绝："果然珠联璧合，天衣无缝！若非满腹锦绣，怎能妙手偶得？"他立即挥毫书联，并专程到苏州，去向老朋友道贺。后来，这副对联就被刻在沧浪亭的石柱上，传为一段文坛佳话。

滁州醉翁亭

琅琊山是江淮之间著名的旅游胜地，自古就有"九名胜境"（名山、名亭、名寺、名文、名泉、名洞、名士、名碑、名联）之称和"蓬莱之后无别山"之誉。历代迁客骚人如欧阳修、苏轼、曾巩、宋濂、韦应物、王禹偁等均有诗文纪其胜。

北宋庆历六年，著名文学家欧阳修被朝廷贬谪为滁州太守。山里有位名叫智仙的僧人久慕欧阳修之名，感其含冤谪降就出资在酿泉边建了一座亭子，以便欧阳修在去琅琊寺的途中饮酒歇闲。欧阳修登亭饮酒，"饮少辄醉"，自号"醉翁"，取亭名为"醉翁亭"。并写了一篇语言简练、文辞优美的《醉翁亭记》，以纪其事，从而使这座古亭盛名不衰。

亭内有座宝宋斋，为明代天启二年南京太仆寺少卿冯若愚所建，用于佑护又一文坛巨匠苏东坡亲笔所书《醉翁亭记》等名碑。《醉翁亭记》碑初刻于北宋庆历八年，因本地工匠字划偏浅无法长久保存流传，于元祐元年请苏轼改书大字重刻。

宋徽宗崇宁元年，苏轼去世后不久，被列入"元祐党籍"。这时，那些嫉恨他的官员乘机上书朝廷，说苏轼为了沽名钓誉，到处书画刻石，实为不忠。徽宗立即下诏，命尽皆毁之。滁州知州闻讯，连夜派人将此碑匿藏起来。因碑体太重，若招摇过市，运往远处，必落欺君之罪。知州等人无奈，只好将附近桥上的铺石拆下几块，将此碑平铺其上。当京里的官员赶到琅琊山时，见已做如此处置，只好回去复命。

风波平息后，人们又将此碑重新立于醉翁亭内。至今还可以看到碑面上有被车轮辗轧过的辙痕。关于斋名的来历，冯若愚述："宋世所重者晋字，故蓄字多者，有宝晋斋。我（明）朝文与字皆兼学宋，于元无取焉。宋碑文字之最著者莫如欧公滁二碑。"

醉翁亭南侧有泉名让泉。让泉原名酿泉、玻璃泉。泉水清澈，甘甜可口。《醉翁亭记》中有"酿泉为酒，泉香而酒洌"之句即说此泉。传说欧阳修遭贬之后，常徘徊山中。智仙等人烹茶以待，为其排忧解闷。

一个晴朗的天气，欧阳修在亭中逗留时，看到来往的樵子、农夫、村姑路经此处，总要掬起泉水，津津有味地喝上一会儿。不由来了兴致，他也试着喝了几口，果然清洌甘甜，不禁连连赞叹。后来，他就把进山饮茶改成饮泉了。而且，每次在衙间议事时，也改用泉水招待幕僚。同时，还特地把酿泉更名为"让泉"，旨在时时提醒下属吏员礼让百姓，体恤民间疾苦。欧阳修在《题滁州醉翁亭》中这样赞美让泉：

声如自空落，泻向两檐前。流入岩下溪，幽泉助涓涓。

响不乱人语，其清非管弦。岂不美丝竹？丝竹不胜繁。

在醉翁亭景区内有一株"欧梅"，相传为欧阳修亲手所栽。据考证，此树龄已近千年。当初欧阳修遭贬之时，心情非常忧闷。其好友梅尧臣、苏舜钦、晏殊等常用诗书宽勉。欧阳修来到滁州以后，忆起当初交游之情，即在山中景色最佳处，亲手植下了这株梅树，以期梅尧臣等人"春来赏花供宴乐"。梅尧臣欣然答诗应诺，但终因公务繁忙，山重水复，诸友一直未能成行。两年以后，欧阳修升迁扬州。然此梅茂然成荫，时人皆叹"梅魂不返"，终为憾事。至明代嘉靖年间，滁州判官张明道命人专门建造了一座"梅瑞堂"，供游人品茗赏花。清代其堂易名为"古梅亭"。

西安沉香亭

陕西西安市城东南的兴庆宫又叫"南内"，为唐时长安三大内之一。宫中有一湖泊名龙池，又称兴庆池。沉香亭就在池的东岸，兀然耸立，雕梁画栋，古朴雅致，登上此亭可观全宫。因它全部用沉香木建成，故有其名。

相传唐代开元年间，紫禁城里御花园中崇尚牡丹，趋炎附势的地方官极力搜求名贵品种，献至御前。玄宗命全都移栽于兴庆池东的沉香亭下。这年春季，园中牡丹盛开，玄宗骑着名马"照夜白"，杨贵妃以步辇相随，来到园中赏花。两人至亭上，只见眼前一片姹紫嫣红，如锦似缎，不由心花怒放。玄宗就命梨园子弟唱上两曲，以助雅兴。当时最有名的歌手李龟年，带着16名手持各色乐器的梨园子弟来到驾前。他手握檀板，刚要开口演唱时，玄宗轻轻摆手问道："还唱过去的歌词吗？"李龟年点头称是。玄宗说："赏名花，伴妃子，怎么能用旧词呢？"说罢，就命李龟年捧着御用金花笺，去找翰林院学士李白，要他写就清平乐词三章。嗜酒成癖的李白大醉未醒，正在床上酣睡。李龟年把他唤醒，传达了皇上的旨意。李白醉眼蒙眬，披衣下床，泼墨援笔赋之，写下了著名的《清平调》三章：

（一）

云想衣裳花想容，春风拂槛露华浓；
若非群玉山头见，会向瑶台月下逢。

（二）

一枝红艳露凝香，云雨巫山枉断肠；
借问汉宫谁得似，可怜飞燕倚新妆。

（三）

名花倾国两相欢，常得君王带笑看；
解释春风无限恨，沉香亭北倚栏杆。

第一章写妃子之美，花拟之。第二章写名花之艳，妃拟之。第三章妃花合写，均归入君王的恩宠。玄宗大悦，命调丝竹歌之，而且兴致勃勃地亲自吹笛伴奏。杨贵妃手持玻璃七宝杯，酌西凉葡萄酒，体会歌中情境，心里有说不出的惬意，君妃皆尽兴而归。

令人叹惜的是，沉香亭和兴庆宫在唐僖宗时一同毁于战火。至兴庆宫旧址被辟为公园后，才又在原址上重建了勤政务本楼、花萼相辉楼、沉香亭等仿唐建筑。新建的沉香亭为攒尖式顶，飞檐翘角，峭然挺拔。依据古风，亭畔仍遍植奇花异木，供游人玩赏。

新野光武台

光武台，为豫西南古城新野的"三台八景"之一；位于城北 10 余千米处白河故道的东岸。相传此台是汉代中兴皇帝刘秀的阅兵之处，也有传说刘秀幼年曾放牧于此。

在河南、河北民间，广泛流传着王莽追杀刘秀的故事。王莽是刘秀的外祖父，为什么非要置刘秀于死地呢？

传说当年汉高祖刘邦起兵反秦之前，一次路过芒砀山，忽遇一条大蟒蛇拦住了去路。刘邦立即拔出腰中宝剑将蟒蛇斩为两段。谁知这蟒蛇乃成精之物，也就是王莽的前身，它夜夜吵闹着向刘邦索命。刘邦无奈说道："高山斩你，平地还你！"平地，即平帝也。到了汉平帝时候，王莽果然篡权谋位，把平帝废除了。

平帝虽然死了，正宫娘娘却是王莽的女儿，王莽不忍下手，可是偏偏这位皇后身怀六甲，而且三天后就要分娩，如果生下男孩，将来岂不找他报仇？王莽忧心如焚，就命上大夫徐世英和下大夫柴文俊各算一卦。徐世英是王莽的亲信，一言断定皇后怀的是"龙"；柴文俊是位忠臣，虽然也算出是"龙"，却硬着头皮说怀的是"凤"，希望这个无辜的婴儿能够侥幸得以活命。两人争执不休，最后打手击掌，谁算错了就犯欺君之罪，满门抄斩。

柴文俊的夫人是位奇女子，拜过名师，学过法术。听罢丈夫讲了朝中发生的事情以后，笑了笑说："此事不必担心，我怀的就是女儿，而且六天以后就要分娩，到时候把太子悄悄换出来不就行了？"柴文俊连连摇头："恐怕来不及了！莽贼三天以后就要派徐世英进宫查看，怎么来得及呢？"柴夫人说："这也容易。"接着，她就让丫鬟端来一盆冷水，自己把头发浸在盆里，不吃不喝，过了一天一夜。果然提前三天生下了个女儿。然后，柴夫人就在床前焚香作法，用道术把值日的谒帝神请来，神不知鬼不觉，进宫换出了太子。

徐世英一步来迟，见御床上放着一个女孩，就知道是柴文俊做了手脚，立即派兵把柴府围了个水泄不通，亲自挨间地搜查。来到后堂，忽听角落里一个板柜里传出婴儿的哭声。徐世英欣喜若狂，就命人把板柜抬上金殿，向王莽请功讨赏。不料打开板柜一看，里边尽是些破砖烂瓦，哪里有太子的影子？柴文俊乘机奏上一本，说板柜里装的是金银珠宝，让徐世英调包了。王莽叹了口气说："徐爱卿也是为朕分忧，把国库里的金银再装一柜，你抬回去吧！"谁知那板柜像个无底洞，金银拉来一车又一车，硬是把国库拉空了一半，方才装满。原来，谒帝神就藏在柜底，上边装着，下边偷着，偷出去就藏在南阳民间，为太子将来打天下之用。现在，河南有个地方戏叫《揭板柜》，演的就是这一段故事。

传说那偷换出来的太子就是刘秀。他在柴文俊家里一直长到 12 岁，后来走漏了消息。王莽不由大吃一惊，亲自率兵前去捉拿。刘秀连夜逃出京城，王莽将士随后穷追不舍，祖孙两个就这样一前一后，满天下捉起了迷藏，留下了一个又一个扣人心弦的传说。

一天，刘秀逃到南阳境内，走投无路时，忽见路旁躺着一头老黄牛，在大口大口地喘着粗气。刘秀一急，一头钻进了黄牛肚里，才算躲过了王莽的追捕。那黄牛的肚皮越涨越大，身子越来越长，不到两个时辰，牛头已伸进了陕西境内。黄牛憋得难受，最后把刘秀涨出体外，留在新野城北白河东岸的一个土台之下。后代人就把这土台子取名"光武台"，又叫"汉台"。那黄牛终因力气用尽，再也没有爬起来，化作了现在的伏牛山。

渑池会盟台

会盟台在河南渑池县城西约 500 米处，因曾为历史上著名的"渑池会"遗址而驰名天下。

相传战国时期，蔺相如"完璧归赵"以后，秦昭襄王知晓赵国不肯屈服的决心，就计划与赵国和好，以便抽调兵力去攻打别的国家，于公元前 279 年请赵王到渑池会盟。赵惠文王生怕像当年楚怀王一样，被秦国扣作人质，迟迟不敢前往。廉颇和蔺相如则都认为，不去就要被秦国轻视，反复劝说，赵惠文王才决定硬着头皮去冒险。他安排老将廉颇在国内辅助太子，带着蔺相如提心吊胆地赶赴渑池。为防万一，又命大将李牧率领精兵埋伏在 15 千米开外地方以作接应。

两国国君相会以后，边喝酒，边闲谈。席间秦王借着酒意向赵王说："听说您很喜欢音乐，弹得一手好瑟。我这里有宝瑟一个，请弹上一曲，给大家助助酒兴吧！"

赵王顿时气得面红耳赤，可是又不敢违背秦王的意思，就强打精神弹了一曲。没想到，站在旁边的秦国御史马上把这件事记录下来，高声念道："某年某月某日，秦王和赵王在渑池相会，赵王为秦王弹瑟。"

赵王很郁闷，想不到堂堂一国之君，竟被对方当作臣子看待，当众戏耍，但是，他仍然不敢发作。就在此时，只见蔺相如拿着一个瓦盆儿，跪在秦王的面前说："我们大王听说秦王十分擅长演奏秦国的音乐，这儿有一个瓦盆儿，就请秦王敲一敲，为大家助助酒兴吧！"

秦昭襄王立即变了脸色，气得扭过头去，不予理睬。只见蔺相如用咄咄逼人的目光直视秦王，慷慨激昂地说："大王太欺负人了，不要以为你们兵力强大，就可以以强凌弱。大王如果不敲这个瓦盆儿，五步之内，我就把鲜血溅到你的身上！"秦王慑于他视死如归的气势，只好拿起筷子把瓦盆敲了一下。蔺相如马上命赵国的御史记录下来，念道："某年某月某日，赵王和秦王在渑池相会，秦王为赵王敲瓦盆。"

秦国在座的一众大臣很不服气，一齐嚷道："请赵王割让15座城池为秦王祝寿！"蔺相如也站起来喊道："请秦王割让都城咸阳为赵王祝寿！"

双方正在唇枪舌剑，各不相让，又见一兵士慌慌张张跑到台上，悄悄告诉秦王说，赵国的大将李牧已经带领5000精兵在15千米以外驻扎。秦王知道动武也不会有好结果，就喝住了秦国的大臣，又请蔺相如坐下，然后和颜悦色地说："今日两国国君欢聚，诸位不必言它了。"说着给赵王敬酒一杯，赵王也回敬了一杯酒。双方当场约定休兵罢战，互不侵犯。秦赵两国会盟以后，秦王为了表示诚意，还叫自己的孙子异人，上赵国去做抵押，让赵国放心与秦国交好。渑池会之后的整整10年之内，两国没有发生过战争。

宿县涉故台

涉故台又叫射故台，在安徽省宿县东北，为秦代末年陈涉、吴广起义旧址。清道光二十九年碑云："射者陈涉也，台者陈涉演武击鼓之台也。"台呈覆斗之状，长、宽各60余米，北高南低，四周树木成荫。

相传秦二世元年七月，河南阳城人陈涉、吴广同被秦征发的"闾左"900人一道，赶赴渔阳防守边关。行至此处，忽遇天降大雨，久下不止，队伍无法正常行进。按照秦朝的法律，逾期不到者当斩。众人非常焦急。陈涉、吴广暗中商议，决定借楚将项燕的名义，号召天下，推翻秦朝。当时，楚人多相信鬼神，为了争取"闾左"们支持，他们悄悄地在一块布帛上写了"陈胜王"三个字，塞在一条大鱼的肚子里。又在更深夜静之时，躲在一所荒凉的破庙里，学着狐狸的声音，反复地喊叫："大楚兴，陈胜王。"

在接连发生这一连串奇事以后，闾左们都认为推举陈涉为王寻找一条生路乃是上天的安排。只有押送他们的两个军官，仍然终日喝酒睡觉，动辄打人。陈涉、吴广认为时机成熟，就率领大家冲进营帐，杀死了两个军官，把其人头挂在竹竿上示众。又在营外堆了一个土台子，作为神坛，众人站在台下对天盟誓，同心协力，要为楚将项燕报仇。大家公推陈涉、吴广为首领。陈涉自称为将军，让吴广做了都尉。

大泽乡附近的老百姓见陈涉、吴广公然率领900好汉要去推翻秦朝，极其拥护，纷纷拿出粮食、衣物慰劳他们。青年子弟拿着锄头、钉耙、扁担、木棍，争先恐后地加入起义的队伍。不久起义人数越聚越多，陈涉、吴广就把他们分组编队。因为每个小队都须有旗子作为领队的记号，陈涉、吴广又想了个土办法，命人砍来许多竹竿，梢儿上留着小枝，用竹竿作为旗子。他们就带着这支队伍"揭竿而起"，从大泽乡出发，攻打县城。最后，起义虽失败了，但却给秦王朝以沉重打击。这就是我国历史上的第一次农民起义。

天水织锦台

织锦台在甘肃天水境内。关于此台，李汝珍在其所著《镜花缘》中讲述了这样一个故事：

前秦苻坚时，有女姓苏，名蕙，字若兰，是秦州刺史窦滔的妻子。她容貌秀丽，文思敏捷，知书达礼，深受窦滔宠爱。但是，窦滔另一位宠妾赵阳台，却经常说苏氏的坏话，无中生有，添油加醋，致使窦滔对苏氏日渐冷淡。后来，窦滔被拜为安南将军，赴襄阳上任。外柔内刚的若兰不愿与之同行。窦滔携赵阳台一去两年，音信全无。若兰伤心之余，以五彩丝线在锦帕上织成一幅《璇玑图》，题诗 200 余首，共计 800 余言，纵横反复皆能诵读成篇，派家人送往襄阳。窦滔见到此图，悔恨交加，立刻把赵阳台送回关中，厚礼迎接苏若兰至襄阳，夫妻恩爱如初。

《璇玑图》共 29 行，每行 39 字，共 841 字。上陈天道，下达人情，中稽世象，广征博引，寄意深远，极为玄妙，堪称千古奇文。如开头 28 字是一首诗：

仁智怀德圣虞唐，贞妙显华重荣章；臣贤惟圣配英皇，伦匹离飘浮江湘。

逆读则成了另一首七言古诗：

湘江浮飘离匹伦，皇英配圣惟贤臣；章荣重华显妙贞，唐虞圣德怀智仁。

在甘肃天水的民间，却流传着另外一则与《镜花缘》中不同的传说：

窦滔早在东晋时就是秦州刺史了。苻坚攻陷秦州以后，听说窦滔声誉极佳，深受百姓的拥戴。为了稳定民心，仍然让他担任刺史，但有些不太放心。窦滔有几个僚属因为假公济私，曾经受过窦滔责罚，耿耿于怀，乘机告了一状，诬陷窦滔蓄意谋反。苻坚正有意责难窦滔，于是借机查抄了窦滔的家产，把他发配到沙州去服苦役。8 年过后，窦滔音信全无，其妻苏蕙即将无限思念之情和满腹怨恨诉诸笔端，写成一首首诗文，按一定的规律排列起来，以五彩丝线绣于锦帕之上，名为《苏氏蕙若兰织锦回文璇玑图》。文字是这样排列的：

去日深山当量妻夫归早咐真思又
公雀同初叫寡思回妇嘱不身情贵
阳婆结夫配早织垂时恩上何米语
谷发年夫与锦归去双少深柴夫谁
好伴奴迈迴要凄可寒泪中久料我
岂赦寻文身孤本衣怜家上至别月
早知朝能受靠野归想天今枕日离
子天冷淡尚鹤谁更不久地同鸳鸯

若兰织绣不辍，织了一幅又一幅，然后请人上街叫卖。起初，人们不懂文字之意。后来，有人从第一行的"夫"字开始，向右下方斜念，再按网状顺序转念下去，一左一右，一上一下，又回到第一行的"妻"上，居然读成一首十六句的"七言诗"：

夫妇恩深久别离，鸳鸯枕上泪双垂。思量当初结发好，岂知冷淡受孤凄。

去时嘱咐真情语，谁料至今久不归。本要与夫同日去，公婆年迈身靠谁？

更想家中柴米贵，又思身上少寒衣。野鹤尚能寻伴侣，阳雀深山叫早归。

可怜天地同日月，我夫何不早归回？织锦回文朝天子，早赦奴夫配寡妻。

其诗谜底就这样解开了，织锦与诗文传遍秦州城，人人称奇，竞相购买。不久，《璇玑图》传到长安宫。此时，秦王苻坚正因窦滔被发配以后，秦州政务一片混乱，怨声载道，百姓们纷纷为窦滔喊冤叫屈，怀疑窦滔谋反一事是否属实。苻坚读罢这首"织锦回文诗"，惊叹之余，颇为感动。立即派人查明真相，赦免了窦滔，使其官复原职，夫妻团聚。

唐代诗人李白有感于此段逸事，在《闺情》中咏道：

黄鸟坐相悲，绿杨谁更攀。

织锦心草草，挑灯泪斑斑。

《璇玑图》不愧是我国古典文学宝库中一颗璀璨的明珠。在今甘肃省天水市西关务农巷东端和育生巷南端相交之处，从东起南北走向的第二条小巷，传说就是苏若兰巧织璇玑图的织锦台旧址。1949年前，巷口门楼上还悬有"古织锦台"和"窦滔故里"两块牌匾。今台虽毁，"织锦巷"和"洗绫坑"仍存。

名 桥 名 碑

邳县圯桥

博浪飞椎后，圯桥进履年。无人知偶语，况有素书传。

清代文人朱彝尊的这首《彭城道上咏古》吟述的是汉留侯张良青年时期的两个故事。诗中的"博浪"即博浪沙，在今河南省的原阳县。圯桥在今江苏省邳县之南氾水河上。关于圯桥，有段民间传说。

相传秦始皇兼并六国以后，经常到各地去巡游。每次都是前呼后拥，车水马龙，刀枪闪耀，旌旗飘舞，威风极了。这天来到原阳县南边的博浪沙，正行之间，有刺客投过来个大铁锤，把秦始皇后面的一辆副车砸了个粉碎。将士们立即抓住了刺客。那刺客只说了声："是我辜负了公子啊！"就一头碰死了。秦始皇根据这个线索推断，怀疑刺客是韩国姬家的公子主使，就下令在全国搜捕。

这位姬姓公子提心吊胆，东躲西藏。后来改名换姓，自称张良，逃到邳县隐居下来。他生性豪爽，又爱打抱不平，济危扶困，结交了很多英雄豪杰，希望有朝一日能为韩国报仇。

一天，张良出外散心，信步走到城南汜水河边一座石桥上，看见一个身穿黄布大褂的老头儿坐于桥头。那老头儿一见张良走来，竟然故意把一只鞋甩到桥下，对张良说："小伙子，把我的鞋捡上来吧！"张良看他是个须发全白的老人，不好说什么，就走下桥去捡起了鞋，递给老人。谁知老人把腿一伸又说："给我穿上吧！"张良一听，觉得又好气又好笑。但念其年迈，还是跪了下去，帮助老人穿上了鞋。老人连声"谢谢"都没说，大摇大摆地走了。

张良感觉事出有因，就悄声跟在后面，走了大约半里地，老人突然回过头来说："你这小子倒是可以教导的啊！"张良是个聪明人，知道老人有些来历，连忙跪下来叩头拜师。老人要他五天以后的天亮时分再到桥上见面，张良答应了。

五天以后，张良一早起来就赶到桥上，谁知老人先来了。老人生气地说："你和老年人约会，怎么能来晚呢？过五天再来吧！"又过了五天，鸡没叫张良就跑到桥上，谁知又晚了。老人狠狠瞪了他一眼说："再过五天来吧！"这一回，还不到半夜，张良就来到桥上，耐心等着。不一会儿，就见老人笑容可掬地走过来，拿出一部书交给他说："你把这部书熟记在心，将来就能做帝王的老师。"张良欢喜不尽，恭恭敬敬地道了谢，又问老人尊姓大名。老人笑着说："我本来就没有名字，也省得改名换姓的。你只管好好读书，再过十年才是你建功之时。以后你要是到了济北的谷城山，将看到一块黄石头，那就是我。"老人说罢，头也不回地走了。后人就把老人称为"黄石公"。

黄石公送给张良的那本天书叫《太公兵法》。张良夜以继日，读得倒背如流，又仔细研究行军布阵之法，后来终于成了一位将帅之才，帮助刘邦夺取了天下。

太原豫让桥

豫让桥又名赤桥，在山西太原市西南面的赤桥村。桥为砂石建筑，因豫让在此藏身刺杀赵襄子而得名。唐代胡曾过豫让桥有诗叹曰：

豫让酬恩岁已深，高名不朽到如今。

年年桥上行人过，谁有当年国士心。

传说春秋时，有四个著名的刺客。专诸为刺王僚丢了性命；要离为刺庆忌血染殿堂；荆轲刺秦王政丧于剑下；豫让刺赵襄子的故事更险境重重。

公元前451年，晋国的大夫智伯为了强占赵襄子的采地，联合韩康子、魏桓子率兵把晋阳城（今太原）团团围困起来。一直围了两年多，赵襄子就是不肯开城投降。后来，智伯的人马筑坝蓄水，引晋水直灌晋阳城内。城里的百姓宁可淹死，也不屈服。赵襄子见情势紧急，一边派兵坐上小船竹筏与智军周旋，一边命谋士张孟谈趁乱混进韩、魏两家营中，晓之以理，动之以情，陈说利害。

韩康子、魏桓子也觉得留下智伯后患无穷。当天夜里，三家里应外合，杀得智军丢盔弃甲，大败而逃。智伯也被赵襄子所杀。

智伯有个家臣，名叫豫让，决心为主报仇。一日混进赵府，图谋行刺。不料被赵襄子发现，贴身的家将抓住豫让就要砍头。赵襄子却说："他为智伯报仇，即使成功了，也没人奖赏他，是个义士，放他一条生路吧！"

豫让矢志复仇，回去后暗想：行刺未成，反使赵府里不少人认识了他，以后怎么再露面呢？后来终于想了个法子：他把自己的头发和眉毛全剃了，然后在身上、脸上涂些油漆，再披上破烂衣服，活像个乞丐，脏兮兮地躺在晋阳城的大街上，寻找行刺的机会。面容虽然改了，不料他说话的声音又被一个熟人听了出来。豫让一狠心，又吞了几块木炭，弄坏了嗓子。后来有个典故"漆身吞炭"，就源于此。

一天，赵襄子到晋祠去游玩，正从这桥上经过，忽然桥下跳出一个人，手执寒光闪闪的匕首，迎面向他刺来。幸好他的马先受了惊，竖起了前蹄，赵襄子才幸免一死。手下的人抓起刺客，推到赵襄子面前。赵襄子一看又是豫让，怒骂道："上一回我饶你不死，这一回又来行刺，还有何话可说？"豫让伤心地痛哭起来。有人问："你也怕死吗？"豫让说："我早就把生死置之度外了，我哭的是在我死后，再也没人为主报仇了。"接着，他又恳求赵襄子说："你上次没有杀我，我已经感激万分，今天当然也不想活了。但是，我两次行刺未成，就是死了，心里怨气难泯。俗话说，忠臣不忧身之死，明主不掩人之善。你要是个明礼的人，就把穿的袍服脱下来，让我砍上三刀，以泄胸中之愤，也好死而瞑目啊！希望能成全我！"

赵襄子听了他的话，虽很讨厌豫让，但更希望自己的家臣能像豫让那样忠于主子。就长叹一声，脱下锦袍，扔在地上，让豫让痛痛快快地刺了几刀，而后，叫豫让以布裹头，自刎而死。

桂林花桥

花桥，在桂林市小东江和灵剑江的交汇处。穿越花桥，可观览月牙山、骆驼山等胜景。此桥初建于宋代，原名嘉熙桥。元代被洪水冲垮，明代景泰七年重建木桥，嘉靖十九年改建为四孔石桥，并在西端增建七孔旱桥，用于山洪暴发时排洪济度。站在月牙山上回眸西望，桥孔与倒影相连，宛如四轮明月跃江而出，极为壮观。

传说最初建桥的时候，资金紧缺，无法动工。主事的人备办酒宴，请当地的富户、绅士、商号的掌柜齐来聚餐。宴上当众讲明，吃肉一块，捐钱十两。这些有钱的阔佬们，有的夹上一块两块，细嚼慢咽，有的吓得甚至连筷子也不敢动一动。就在这时候，不知从哪里来一个穿得破衣烂衫的白胡子老汉，把背上的一条旧麻袋往桌下一放，坐下就山吃海喝起来。主事的人连忙走过去，给他讲吃肉的规矩。老汉笑了笑说："人不可貌相，海水不可斗量。你怎么知道我没钱呢？站在一边查数吧！"主事人心想，反正今天是赔了本儿，就算是积德行善，打发这个叫花子吧！老人吃饱喝足，抹抹嘴巴，扔下他的麻袋扬长而去。好奇之人打开麻袋一看，竟然装着几百两白花花的银子！

后来，架设桥板的时候，又有奇怪之事发生了，明明在下边量好的尺寸，一抬上去就短了五寸，如此抬上抬下，反复多次。工匠们急得满头大汗，硬是找不出原因。有人就说，一定是水里的妖龙在作怪，赶快准备活猪活羊，各类祭品，扔进江里，求它发发慈悲。先前那位花白胡子老汉又出现了，笑眯眯地说："不用不用，这种害人虫，越是害怕它，它就越会欺负人。"接着，他走了几步，变戏法似的从玉兔岩的石缝里抽出来一把锈蚀斑斑的青铜古剑，往桥身上一插，桥板就顺顺当当地架上去了。人们再寻老汉时，却怎么也不见踪影了。

第二天，城内城外的男女老少齐集桥头，庆贺该桥竣工。大家商议，要推举一个德高望重的有福之人，在桥上先走一趟，踩踩桥面，以求吉利。人们正在议论纷纷之时，却见一个弯腰驼背的瘪嘴老公公，牵着一头瘦成一把骨头的老黄牛已经抢先登上桥头，一路走去，拉了一路稀牛粪。人们正要赶上去责备那老汉时，又见那牛粪统统化为铁水，灌进石板缝里。老人转眼不见。人们这才恍然大悟，这三位老汉，都是鲁班的化身啊！于是，一齐跪倒在地，望空拜谢起来。后来，据说东江里的妖龙作乱，兴风作浪，许多桥梁都被冲垮了，唯独桂林这座花桥，因有宝剑镇邪和铁水浇灌，始终坚固异常。

程阳风雨桥

在我国广西侗族聚居的山水之间，经常看到溪流之上耸立着一座座富有民族艺术特色的风雨桥。桥梁结构优美，上有楼阁亭台，围以栏杆，置列桌凳。既可以通行，又可以乘凉歇息，遮风避雨，玩耍娱乐。其中最有代表性的，是三江侗族自治县的程阳风雨桥。

程阳风雨桥又名永济桥，始建于1920年，全长64米，青石作墩，木头作面，五墩四孔。桥的正梁用八根周长五尺的杉木上下叠为三层而成，下面通过逐渐延长的挑梁架在桥墩之上。上面排上木板，建起栏杆，竖起桥架。桥面宽3.4米，高10.6米。上建五座亭台楼阁。据专家鉴定，此桥建筑结构完全符合现代桥梁工程的技术要求。

关于这种风雨桥的来历，侗族民间流传着一段优美的传说。

很久以前，从越城岭流出来的同辣河途经孟寨一带，形成了一个大深潭。潭里住着一条青龙，一条乌蟒。潭边的寨子里有一个勤劳又俊俏的姑娘，名叫银姑。一天，她正和姐妹们在潭边一边采棉，一边唱着山歌，不料被潭里的乌

程阳风雨桥

蟒听到了。乌蟒抬头一看，痴迷其秀色。于是就化身一个俊美的后生，悄悄爬上岸去，走到姑娘们身边，扯着嗓门唱起了情歌。银姑见这般模样，极为讨厌，转身便和姑娘们一起走了。

第二天，银姑独自一人又来潭边漂纱，乌蟒突然蹿出水面，伸着脑袋，瞪着血红的大眼，逼视着银姑。银姑吓得又哭又叫，跑到家就病倒了，一天到晚昏迷不醒。潭里的青龙听说以后，非常同情，就变成一个青年木匠，带着蚌蛤珍珠来到了寨子里。不仅医好了银姑的病，还帮助人们建起了鼓楼，修了凉亭，架了桥梁。他离寨的那天，人们都深怀感激地送到村头，银姑也暗暗地爱上了这个后生。

不久到了春节，邻寨的父老乡亲按照侗家的传统风俗来寨子里"月也"（集体访问）。人们聚在寨子中心的岩坪上，舞春牛，吹芦笙，又拍毽子又对歌，玩得又热闹，又开心。这时，人群里忽然挤进来一个白面后生，专找姑娘们拍毽子。谁知他走到哪里，哪里的人就捂着鼻子纷纷躲开。原来，他身上那变不掉的乌蟒气腥臭难闻。最后，岩坪上只剩下一个胖巫婆。胖巫婆的鼻孔早年间病坏了，根本闻不出任何气味。她把乌蟒请到家里，热情地用油茶招待。乌蟒觉得有机可乘，许了她很多好处，和她订下了一条毒计。

第二天，岩坪上的锣鼓又响起来。正当人们纷纷聚集的时候，胖巫婆却爬上了东岭。眨眼之间，只见乌云翻滚，暴雨倾盆，潭里的水"哗哗"响着涌上岸来，岩坪很快就被淹没。青壮年们急忙爬上屋顶树梢，老弱病残者在洪水里挣扎呼救，情势非常危急。

正在这时，寨子东边的岭下忽然涌出一道长桥，渐渐向人们身边移动。人们陆续爬上长桥，登上了东岭。长桥转瞬不见，那位青年木匠又来到寨子里告诉人们：他原是潭里的青龙，长桥是他变的，这一场灾祸全因乌蟒作怪。乌蟒深恨自己三番五次和它作对，约定正月二十三日正午时分与它决斗，请寨子里的乡亲届时敲锣打鼓为他助阵，并在岸边安放一个大炼铁炉。如果自己不敌被害，大家就把红铁投进潭里烫死乌蟒。乡亲们感激万分，忙做准备。

正月二十三这天正午，潭中果然浊浪翻滚，一龙一蟒奔腾撕咬，展开了决斗。人们齐聚岸上，12个大鼓齐擂，24面响锣共鸣，呐喊声震天动地，给青龙助威。突然，胖巫婆闪了出来，取下黑头巾往空一绕，18只黑乌鸦分成两队从天而降，猛啄鼓手的手臂。鼓手扑打乌鸦，无法击鼓。乌蟒乘机由青龙爪下挣脱出来，狠狠咬着青龙的咽喉，青龙鲜血飞溅，渐渐沉下了潭底。银姑大惊，连忙指挥人们把一块块红铁投进潭中。乌蟒被烫得大叫不止，上下翻滚。眼看炉里的红铁快要投尽，乌蟒仍然未死。银姑又气又急，咬咬牙冲向炉边，抱起一块烧得通红的白火石，纵身跳入潭中，扑到乌蟒的身上。这条恶蟒终于被烫得气绝身亡，像一段朽木头一样，直挺挺地浮出水面。

后来，寨子里的人为纪念青龙，在寨河边上仿照他所变的长桥和建造的鼓楼的样式，建起了侗家第一座楼桥，从此，风雨桥在侗寨中流传下来。

西安灞桥

灞桥原称霸桥，位于古城西安东，横亘于灞水之上，灞水与灞桥相依相映，在历史上都颇负盛名。灞水原名为霸水，是渭水的支流，它源出陕西省蓝田县东秦岭北麓，为关中八川之一。据《水经注·渭水》记载，灞水最早称为滋水，秦穆公时更名为霸水，以彰显其霸功。灞水也因"灞上"而载入史册。"灞上"最早也称"霸上"，因地处灞水西高原上而得名，是古代咸阳、长安附近的军事重地。

据《史记》载，汉高祖刘邦大破秦兵于此。刘邦于汉王元年九月，率军绕过峣关向秦国进攻，在蓝田之南打败秦军，转战到蓝田又大破秦军。十月，刘邦进抵咸阳东郊灞上，此时，秦王子婴被迫"素车白马"，献出玺印向刘邦投降，至此，秦王朝宣告覆灭。

据史料记载，春秋时期，秦穆公在灞水上搭建木桥，称为"霸桥"。《三辅黄图》记载，王莽地皇三年，"灞桥灾，数千人以水沃救不灭"，于是，把灞桥改名为"长安桥"。不久，又恢复"灞桥"称谓。隋文帝开皇三年，在灞河上另外又新建了一座石质桥，原来的木桥便渐渐荒废。灞桥在宋、元以来屡有修茸，元代时，桥长80余步，15孔。后因灞水东徙，桥址有所更易。

古代的灞桥，交通位置十分显要。《雍录》载："此地最为长安冲要，凡自西东两方而入出峣、潼两关者，路必由之。"今天，灞桥仍是连接关中与关东、八百里秦川与中原大地重要的交通枢纽。

人们熟悉灞桥，多是源自唐诗。在古代，文人墨客出入京城，自然少不了咏诗吟及"长安要冲"的灞桥。诗人王昌龄曾在《灞桥赋》中以"若长虹之未翻"来赞美灞桥的壮丽风姿。只是灞桥这一"长虹",牵系历代文人的诗魂,灞桥自古以来是送别之地。《三辅黄图》记载道:"霸桥在长安东,跨水作桥。汉人送客至此,折柳赠别。"到了唐代,还在灞桥上设有驿站,当时称为"滋水驿",或"灞亭"。《开元遗事》云:"灞陵有桥,迎去送,至此黯然,故人呼为'销魂桥'。"因此,"灞桥"、"灞水"这些字被渲染上离别的色彩。唐代大诗人李白的《灞陵行送别》抒发了灞陵亭送别时面对浩渺灞水的伤情悲怀:

送君灞陵亭,灞水流浩浩。

上有无花之古树,下有伤心之春草。

我向秦人问路歧,云是王粲南登之古道。

古道连绵走西京,紫阙落日浮云生。

正当今夕断肠处,骊歌愁绝不忍听。

自古以来,灞桥附近遍植翠柳,碧绿垂绦,与水相映,别有情致。《西安府志》载:"灞桥两岸,筑堤五里,栽柳万株,游人肩摩毂击,为长安之壮观。"因此,"灞柳风雪"被列为关中八景之一。古代送别时,有"折柳送别"的习俗,因"柳"与"留"谐音,于是便借物表达惜别之情。因此,灞桥送别之时,灞桥两岸那依依低垂的杨柳便寄寓了人们无限的惜别之情。因而"灞柳"也就自然而然地呈现在古代诗词中:

如杨巨源《赋得灞桥柳留辞郑员外》诗云:

杨柳含烟灞岸春,年年攀折为行人。

好风倘借低枝便,莫遣清丝扫路尘。

再如柳永《少年游》:

参差烟树灞陵桥,风物尽前朝。衰杨古柳,几经攀折,憔悴楚宫腰。夕阳闲淡秋光老,离思满蘅皋。一曲《阳关》,断肠声尽,独自凭兰桡。

灞桥送别,曾令多少性情中人黯然神伤;灞柳依依,又牵动了多少迁客谪臣的悲怀愁绪。正是由于灞桥灞水的存在,才多了些流芳百世、扣人心弦的诗篇,也才有了令人心旷神怡的"灞柳风雪"美景。

灞桥历经各代的变迁,几经风雨的侵袭,多次废建。清代同治十三年,对灞桥进行了改建,用巨石建造,桥长150丈,宽3丈余。新中国成立后,对灞桥又进行了改建,在原桥的基础上,将原石板桥改为钢筋混凝土桥,现桥宽为10米,桥上可行驶重型汽车,两旁还各留1.5米的人行道。今天,昔日古桥已旧貌换新颜。

潮州湘子桥

湘子桥位于广东省潮州市东门楼外,又名广济桥。始建于宋,距今已有800余年的历史。初为浮桥,由86只巨船连接而成,名为"康济"。后历代太守屡次修建，至明宣德年间，潮州知府王源又对此桥进行修造，形成"十八梭船廿四洲"的格局，并正式改名"广济桥"，俗称"湘子桥"。

关于湘子桥，潮州民间还流行着"仙佛造桥"的传说。据说韩愈被贬潮州后，看到此处水流湍急，百姓渡江艰难，便请已经得道成仙的侄孙韩湘子及法力无边的广济和尚共同造桥。他们商议决定由八仙负责东段工程，广济和尚负责西段工程。两边各施法力，暗较神通。

广济和尚来到桑埔山下，用法术将山上的石头点化成羊群，将羊群往回赶。一个过路人看到偌大的羊群，起了贪心，偷偷抱走了两只。刚走几步，两只羊化成两座小山丘，将这个贪婪的人压在山下。这就是今天的乌羊山。

东边，八仙来到凤凰山下，将石头点化成猪群，每人各赶一群猪往回走。铁拐李的脚不大灵便，走得慢。途中来了一个丧妇，悲悲切切。铁拐李大叫："不好！"但已太迟了。丧气将灵气冲了，石头少了几块。

东西两边都损失了建筑材料，结果桥建到江心，却连接不上。铁拐李懊悔不已，使劲将足一顿，霎时，桥墩歪了一角。何仙姑忙将手中的莲花瓣抛下，化作十八条木船；广济和尚又抛下禅杖，化成大藤将18条船系住。这样，大桥就建成了。人们为了纪念众位仙人共同造桥的功绩，便把此桥称作"广济桥"，又称"湘子桥"。

潮州湘子桥有"廿四洲"，每一洲又建有一楼，这些楼台造型各异，装饰考究，而且每一楼都有几副楹联，记载着修造此桥的过程。比如东岸第十一墩，旧为"冰壶楼"，右亭柱刻有一联：

稳渡韩江千尺水，归来秦石一时鞭。

这里的"秦石一时鞭"用了"鞭石成桥"的典故，据《艺文类聚·卷七九》引《三齐略记》载："（秦）始皇作石桥，欲过海观日出处，于是有神人，能驱石下海，城阳一山石尽立，嶷嶷东倾，状似相随而去。云石去不速，神人辄鞭之，尽流血，石莫不悉赤，至今犹耳。"此处楹联化用此意，既吻合了"仙佛造桥"的传说，也显示此桥的不同寻常的来历。

几百年的风雨冲击，湘子桥难免受洪水侵袭，桥身小有损坏。至清雍正二年，便在西桥第八墩和东桥第十二墩各放置一只铁牛。这铁牛身上铸有"镇桥御水"4字，可见其用途。然而清道光二年，东墩的铁牛不但没能镇住洪水，反而被洪水冲走，"泥牛入海无消息"。因此，当地至今还流传着一首歌谣：

潮州八景好风流，十八梭船廿四洲。

廿四楼台廿四样，二只铁牛一只溜。

绍兴砥柱中流碑

在浙江绍兴市观巷的大乘弄里，有座"青藤书屋"，又名"榴花书屋"，是明代文学家、书画家徐渭的故居。书屋窗下有石砌天池，池中立一方柱形石碑，上刻徐渭手书"砥柱中流"四字，表达了他不畏权势，"推倒一切之豪杰，开拓万古之心胸"，誓扫当时社会荒秽之习的决心。

徐渭字文长，别号天池、天池生、天池山人、青藤道人等。擅长书法、绘画、诗歌和戏曲。自诩"我书第一，诗二、文三、画四"。后人则评论其"画最奇绝"，并把他列为中国十大画家之一。徐渭一生坎坷，终不得志。至晚年时，甚至不得不将书屋变卖一空，常常"忍饥月下独徘徊"，但他反而"佯狂益甚，显者至门，皆拒不纳。当道官至，求一字不可得"。他的铮铮傲骨，凛凛正气，至今为人们传颂。

徐渭一生最恨权臣贪官，他在一幅《田蟹图》中曾题诗云：

稻熟乡村蟹正肥，双螯如戟挺青泥；

若教纸上翻身看，应见团团董卓脐。

有一年春天，徐渭到西湖游玩，见一女孩在湖边失声痛哭，急忙上前询问。女孩告诉他，因为父亲的渔船误撞杭州太守的大画船，竟被太守连人带船扣押起来。徐渭气愤不过，带着女孩去找太守评理。太守怪他多管闲事，以下犯上，罚他作诗一首。徐渭不假思索，脱口而出，高声吟道：

天天天天天天天，天子新丧未半年。

山川草木皆含泪，太守西湖独放船。

杭州太守霎时吓出一身冷汗。因当时明世宗刚死不久，国丧期间游湖行乐，不掉脑袋，也丢乌纱。他连忙吩咐放了渔民，弃船登岸，仓皇而去。

苏州无字碑

在江苏苏州市中心观前街，玄妙观三清殿的东侧，有一碑高约七米，宽近三米，奇特的是上面空无一字，人称"无字碑"。此碑立于明代，碑上原来刻有方孝孺所写有关整顿道教的文章，后来为何又"无字"，有段故事。传说立碑时，来了一位老人，说道："一人推得倒，万人吃不了。"说完就不见了。立碑的工匠和围观的人们都非常惊异，但不知他说的话有何深意。

不久，朱棣夺了侄子的皇位，登基执政，让方孝孺为他代写诏书。方孝孺坚决不肯，惨遭杀害，而且株连九族。朱棣怨气难消，听说苏州玄妙观中有方孝孺写的碑文，就传旨一通，命苏州知府将此碑推倒。百姓们敬佩方孝孺的气节，所以，当知府率领衙役气势汹汹地去推碑时，就围了上去，编造说，碑下有一海眼，直通东海，全凭此碑才镇住海妖，如果将碑推倒，苏州必受洪水之患，万民定将葬身鱼腹。还有人把当年立碑时那神秘老人的话又重复了一遍，而且绘声绘色地说那老人鹤发童颜，仙风道骨，一定是东海龙王所变。知府派人查实，果有此事，如实上报，朱棣也只怕惹怒了海神，只好让人把碑上的字铲掉即可。

在山西太原市西南悬瓮山东麓，晋祠胜瀛楼北面，也有一座无字碑。碑高2米，宽1.1米。传说赵匡胤发动陈桥兵变，黄袍加身以后，率军进攻北汉，将晋阳府团团围困。北汉军民同仇敌忾，据险守战，赵匡胤无功而返。七年之后，他又命潘美二次攻打晋阳，仍然是久攻不下，班师回朝。后来，赵匡胤命御弟赵光义三打晋阳，水火并用，先烧后淹，竟使晋阳变成一片废墟，北汉军民遗尸遍城，惨不忍睹。北汉王被迫投降称臣。赵光义特立"太平兴国碑"于晋祠胜瀛楼之北，以记火焚晋阳，重建此城的丰功伟绩，以求流芳百代。碑立之后，晋阳百姓视其如敌，恨之入骨，无论是上山劳作，或闲暇观景，凡路经此处者，或用刀刮，或用石砸。多年以后，碑上所刻之字荡然无存。

还有一块无字碑，位于安徽枞阳县东北，浮山的金谷岩上，有巨石矗立如碑之状。传说碑上原是有字的，上古时仓颉造的第一个字，就刻于这座碑上。后来有一位神仙从此路过，认为世上这第一个字乃无价之宝，便使用仙术，将此字从碑上揭下，珍藏起来，有字碑才变成了无字碑。以后，这位神仙每年要来浮山一次，将字放回碑上，供游人观赏。传说谁要是看见了这个字，就会羽化成仙。

此外，陕西省乾县城北的梁山北峰，有唐高宗与武则天合葬之墓，墓称乾陵。陵前二碑对称并立。一块是唐高宗的"述圣记碑"；一块是武则天的无字碑。这块无字碑高6.3米，宽2.1米，厚1.49米，重98.8吨。碑侧线雕大云龙纹。此碑无字传说是因为武则天生前曾经留下遗言，她的功过是非让后人评说，无须借用墓碑大加褒扬。

东阿曹子建墓碑

曹子建墓碑，位于山东东阿县城南20千米鱼山西麓曹植墓的北侧。曹植，字子建，沛国谯县人，是曹操的第三子，曹丕之弟，才华盖世。魏太和三年封东阿王，死后谥思，世称陈思王，故此碑亦称陈思王庙碑。

传说当年曹丕称帝后，一直把子建视为心腹之患，处心积虑，图谋置其于死地。曹操死后，曹丕就以子建未来奔丧为由，命许褚率领三千护卫军，将他押回邺城（今河北临漳县西南邱镇）。其母卞氏闻之，大惊失色，哭着出后宫，求告曹丕念及手足之情，勿伤子建性命。

曹丕召见曹植，他指着墙上一幅二牛相斗的水墨画，对曹植说："我听人说你文才出众。一直怀疑你是请他人代笔，哗众取宠，欺世盗名。今天就试试你的真才实学。现在，我命你以这幅画为题，七步之内作诗一首。而且，诗中不许犯着'二牛斗墙下，一牛坠井死'字样。如果作不出来，则从重治罪，绝不宽恕。"曹植不卑不亢走了七步，即高声吟道：

两肉齐道行，头上带凹骨。相遇块山下，欻起相搪突。

二敌不俱刚，一肉卧土窟。非是力不如，盛气不泄毕。

殿上君臣听罢目瞪口呆。曹丕见一计不成，又说："七步成章，我仍然觉得迟缓，你能应声而作一首诗吗？"曹植问："以何为题呢？"曹丕说："就以你我兄弟为题。但诗中也不许犯着'兄弟'二字。"曹植不假思索，开口吟道：

煮豆燃豆萁，豆在釜中泣。本是同根生，相煎何太急！

这时，其母卞氏从殿后走出来说："你们骨肉相亲，何必苦苦相逼呢？"曹丕无奈，只得将曹植贬为安乡侯，让他离开了邺城。

曹植回到封地以后，终因不堪曹丕的猜忌和迫害，最后忧郁而死。因他在东阿时常登鱼山游览，死后其子遵遗嘱将他葬在鱼山。碑为隋代开皇十三年所立，高 1.7 米，宽 1.1 米。有额无题字，似有画像，斑驳难辨。碑文 22 行，每行 43 字，正书兼用篆隶，是我国书法由隶向楷过渡的表证。碑早年因故曾湮没大清河中，至清代始捞出，复置墓侧。

嶂石岩尚书碑

河北省赞皇县西南部太行山的嶂石岩风景名胜区中，有座槐泉寺。寺中存有明代吏部尚书乔宇撰文并手书的"游槐泉寺之记"碑，因名尚书碑。此碑通高 4.1 米，宽 1.2 米，正文共 459 字。

传说这位吏部乔尚书少年时极为笨拙，连四句五句唐诗也记不全。父母知道他只是天生所致，并非贪图玩耍，所以也不愿责骂。乔宇也深感惭愧，常常暗自长叹。

一天，赴外地求学的乔宇到山中探亲，忽然听到路边的草丛里传出哀哀的鸣叫，低头一看，原来是一只红毛狐狸跌入猎人陷阱，被枷子枷住了。乔宇怜它，就爬下陷阱，扳开枷子。狐狸向他点了点头，钻入草丛中转眼即逝。

这天晚上，乔宇又在灯下吃力地苦读，只听房门"吱呀"一声，进来位美貌女子，女子含笑问道："乔公子，你愿意我来帮助你读书吗？"

乔宇正求之不得，也顾不上问她来自何方，连忙点了点头。女子即从口中吐出一颗晶莹发亮的红珠，让乔宇含在嘴里，但叮嘱千万不要咽下去。乔宇刚把珠子含入口中，顿觉耳聪目明，七窍清爽，脑中如同注入一股奔腾不息的山泉，愚昧污浊之气荡涤一空，凡是读过的典籍，无不清晰地闪现出来，篇章字句，历历在目。乔宇大喜，急忙离席拜谢，并问姑娘缘何要帮助他。姑娘笑而不答。乔宇知她有难言之隐，也就不再多问了。乔宇自此学业大进，更加勤奋，博览群书。那姑娘每到月上柳梢之时，也必然会来陪他夜读，为他添茶续水，驱蚊打扇。

一天晚上，乔宇读到精彩之处，不禁拍案叫绝。谁知，一个"好"字还没喊出来，口中的红珠"咕噜"一声咽了进去。姑娘一见，两行泪珠夺眶而出，说道："公子，你我的缘分断矣，望你好自为之。40年后倘若念及旧情，就到嶂石岩去寻我。"乔宇懊悔不已，一把没有拉住，姑娘已掩面跑出门去，消逝在沉沉夜色中。

当年，乔宇进京赴试，中了进士。后来青云直上，官至吏部尚书。但是，他一直没有忘掉赠珠美女的恩情。40年后，就弃官还乡，游嶂石岩，遍访山村人家。可是，人们都说从来没有见过那位女子。

乔宇并不灰心，一天来到槐泉寺边，突有异臭扑鼻。乔宇低头一看，见有一只死去多时的红毛狐狸躺在脚下。乔宇顿时一阵恶心，张口呕吐，吐出那颗红珠恰恰落入死狐的口中。狐狸立刻翻身爬起，向他含情脉脉地点了点头，跑进密林之中。

至此，乔宇方知赠珠美女为红毛狐狸所化，今又衔珠而活，内疚之感顿消。遂入槐泉寺禅房，挥毫写下《游槐泉寺之记》，立碑相谢。

名井名泉

邛崃文君井

文君井在四川邛崃市临邛镇的里仁街。据说此井是西汉时司马相如与卓文君开设"临邛酒肆"时卓文君汲水之处。有关史料载："井口径不过二尺，井腹渐宽，如胆瓶然，至井底，径及几丈。"井房有庭园十余亩。井旁不远处有琴台，台上有对联云：

井上风疏竹有韵，台前月古琴无弦。

相传汉武帝时，有位文人叫司马相如。他是成都人，从小喜欢读书，也曾拜师学过剑术。景帝时在长安做过幕僚，还当过梁王刘武的门客，因为写过一篇《子虚赋》而名扬天下。刘武死后，他到临邛（今邛崃）投靠好友县令王吉。当时临邛有个富豪卓王孙，依靠开矿炼铁积敛了一些资财，家里的奴仆就有800名。他见县令对司马相如非常恭敬，就有心结识，摆宴为他接风，请县令王吉作陪。席上，司马相如应众人所请，弹琴助兴，博得一片喝彩。正准备再弹一曲时，忽然听见屏风后面环珮叮当，相如偷眼一看，发现一位非常俊美的女子。司马相如早就听说卓王孙有女文君，不仅人才出众，而且精于琴、棋、书、画，年轻守寡，住在娘家，想必就是此女。于是，就大着胆子弹唱了一曲《凤求凰》：

凤兮凤兮归故乡，遨游四海求其凰。时未遇兮无所将，何悟今夕升斯堂。有艳淑女在闺房，室迩人遐毒我肠，何缘交颈为鸳鸯，胡颉颃兮共翱翔。

凰兮凰兮从我栖，得托孳尾永为妃。交情通体心和谐，中夜相从知者谁？双翼俱起翻高飞，无感我思使余悲。

司马相如在曲中，不仅吐露了自己的爱慕之情，而且还表达了希望卓文君能够勇敢地冲破封建枷锁的束缚，与他比翼双飞的心情。卓文君深受感动，只是不通文墨的卓王孙不知所情。后来，在县令王吉的安排下，司马相如终于和卓文君见了面，订下了终身。但是，卓文君深知父亲无论如何是不会答应这门亲事的，就收拾了些金银细软，带着丫鬟，连夜和司马相如离开了临邛。

回到成都以后，卓文君才知道司马相如家里一贫如洗，连生活都无法维持。但是，她仍旧无怨无悔，情愿布衣为生。为了吃穿，不得不变卖首饰，过了两个多月后，又想着终究不是长久之计，不得已又回到临邛，在闹市上租了一间房子，开了一家小酒店。司马相如脱掉读书人的衣装，身着一条短裤，学着店小二的样子，刷盘子、洗酒杯，什么粗活都干。卓文君亲自当垆，招待顾客。消息马上传遍了临邛城，人们竞相光顾，生意非常兴隆。卓王孙只觉得没脸见人，气得大门也不愿出。后来，他的几位朋友见事已至此，一齐劝说："令爱既然愿意嫁给他，司马相如又是个很有才干的人，将来会有出头之日的，你就帮助他们一下吧，别让他们在这里给你丢脸了。"卓王孙不得不送给女儿一百奴仆，一百万贯钱，又送了些嫁妆，让他们光光彩彩地回到成都。

司马相如有个同乡叫杨得意，在上林苑里做着管理猎狗的官职。一个偶然的机会，听到武帝夸奖司马相如的《子虚赋》写得好，并说愿意和他谈谈文章。杨得意马上叩头说道，司马相如是他的同乡，现在正闲居在家，武帝爱才若渴，即命召见。司马相如进京以后，又献上了一篇《上林赋》。武帝十分高兴，拜他做了郎官。从此，"文君当垆，相如涤器"的故事就被传为佳话了。

郴州橘井

橘井在湖南郴州市东的苏仙岭东南。苏仙岭原名牛脾山。传说汉代时，有村姑在河中洗衣服，见上游青苔流下，绕石三匝，为之动情，竟未婚而孕。为逃避乡俗的非议和鄙视，她逃入白鹿洞中，生下一子，取名苏耽。苏耽成人后跨鹤成仙而去，故牛脾山又易名为苏仙岭。

相传苏耽初生之时，幸赖仙鹤为之御寒，白鹿为之哺乳，才算活了下来。又过了几年，母亲因操劳过度，患了一场大病。年幼的苏耽终日奔波山间，遍求民间验方，到处采集药草，为母诊治，可是母亲的病一点也不见轻，苏耽终夜愁眠。一天晚上，忽然梦见一位白发老翁告诉他说，山下城门外有棵橘树，树下有一口水井。其母之病，只需采摘橘树叶用井水煎服，医之立效。苏耽梦醒之后，天不明就赶往城外，采叶汲水。用这个方法果然治好了母亲的病。后来，他和母亲就搬到这棵橘树下定居下来。

苏耽十三岁时，玉皇大帝感其孝心，要召他上天成仙。临行之时，只怕母亲孤寡无依，他掏出仙翁送给他的宝盒交给母亲说："如果思念儿，或者是需要什么，只要在盒子上轻轻敲打两下就可以了。"并说："明年郴州一带要流行瘟疫，到时候就用这井里的水一升，加橘叶敷片煎沸，即能救治百姓。"

第二年，郴州果然疫病流行。苏耽的母亲按苏耽所嘱施治，救活了很多人。从此橘井闻名遐迩。后来，中药界所说的"橘井杏林"和药典上记载的"橘井泉香"的故事，即指此处。苏耽的母亲活到百岁，无疾而终，乡邻们将她葬于橘井左边。至宋代为其立碑，上刻"汉苏母潘氏之君墓"字。

君山柳毅井

在湖南岳阳市西南面的洞庭湖心，有一座像出水芙蓉一样美丽的小山头，这就是君山。山由大小72峰组成，峰峦叠翠，修竹丛生，景色宜人，与闻名中外的岳阳楼遥遥相对，吸引四方游人竞相往来。

柳毅井在君山龙口、龙舌山的后部。从前井边有一棵大橘树，所以又名橘井。据《巴陵县志》记载，井即柳毅传书时入洞庭龙宫下水的地方。柳毅井的名称由来源于唐代李朝威所写的《柳毅传》。

相传唐代仪凤年间，江南书生柳毅赴京城长安赶考，落第而归。他在归途中，遇见一位牧羊少女伤心落泪，非常同情，询问缘由。女子告诉他说，她本是洞庭龙君的女儿，嫁给泾河小龙为妻。当初，泾河老龙因为和袁天罡打赌，克扣长安一带的雨量，被魏征梦中斩了。小龙不仅不引以为戒，反而变本加厉地坑害百姓，致使长安一带大旱连年。她苦口婆心地规劝丈夫改恶从善，小龙恶其多言，竟把她毒打一顿，赶到荒山上牧羊。请柳毅为她捎书洞庭龙宫，告知家人速来相救。

柳毅答应了她的要求。女子咬破中指，写了血书一封，并拔下头上金簪，一并交付柳毅，告诉他说，君山上有棵橘树，树下有一口井，此井即龙宫的入口。只需用金簪在橘树上敲击三下，自会有水神出来迎接。

柳毅受人之托，救人之难，不敢延误。他快马加鞭，日夜兼程，渡过洞庭，登上君山，找到橘井，到达龙宫，把信交给洞庭龙君，并告知龙女之苦。

年迈的洞庭君龙听罢伤心落泪，又不敢高声痛哭，只怕惊动了锁在后宫的钱塘龙君。钱塘龙君是他的弟弟，因性情暴戾，触犯天条，被天帝锁在洞庭龙宫，让他严加管教。谁知钱塘君已经从哭声里得到了消息，他大吼一声，挣断锁链，化为百丈赤龙，冲出洞庭，直向西北飞去。

一个时辰之后，钱塘龙君便杀了泾河小龙，接回了龙女。洞庭君大摆筵席，喜庆家人团聚，并为柳毅接风，为弟弟庆功。席间，钱塘君热心为媒，要把柳毅召为洞庭驸马。柳毅婉言谢道："路见不平，挺身相助，乃世间常事。你们这样盛情款待，我已经感激不尽了，又怎能去夺人妻呢？"两位龙君也不便多言，只是频频劝酒。

柳毅回家以后，就有人上门提亲。新婚之夜，竟发现娶来的农家姑娘原为龙女所化。两人喜结连理，更加恩爱。故事传播开来，人们就把君山上那口橘井改称"柳毅井"了。今井下 10 余米处，壁上有巡湖水神浮雕，传说是柳毅的引路水神。并有一斜道直插井下水中，道两旁有虾兵蟹将浮雕，是迎接柳毅入龙宫场面的生动写照。后人还在井边建了一座鸳鸯亭，取名"传书亭"，以象征柳毅和龙女生动离奇而又感人的爱情。

胭脂井与百花泉

胭脂井　在天柱山东麓广教寺的后院，有一口古井。因井水呈粉红色，人称胭脂井。传说广教寺原是三国东吴乔公的故宅。乔公博学多才，秉性耿直。膝下有"二乔"，皆具闭月羞花之容，倾国倾城之貌；且聪慧异常，琴棋书画，无所不精。乔氏二姐妹之芳名传到吴国的都城，小霸王孙策和水军都督周瑜欲娶二女为妻，特地派了一位官员过府提亲。孙策、周瑜均为盖世英雄，又是出了名的美男子，他们想着这门亲事乔公会应允的。不料，那派去的官员一味夸耀皇家的富贵，言辞之中颇有以势压人之意。乔公大怒，一口回绝了亲事。那官员灰头土脸地回到都城，添枝加叶，说了乔公许多坏话。孙策、周瑜年轻气盛，要将乔家满门抄斩。二乔被迫答应了亲事，心里悲痛无限，想要投井自尽，又担心父亲风烛残年，无人照料。无奈跪在院中井旁失声痛哭，滴滴血泪落入井中，一夜之间染红了井水。后人遂称此井为"胭脂井"，且有诗叹曰：

双双家女付王侯，倾国定怜汉鼎休。谁识深闺残井水，至今似有泪痕留。

百花泉　天柱山又称皖山，在安徽潜山县境内，海拔 1485 米。据《天柱山志》载"此山峰无不奇，石无不怪，洞无不杳，泉无不吼"。李白有诗赞曰："奇峰出奇云，秀水含秀气，清晏皖公山，巉绝称人意。"在山中百花崖下，有一山泉，冬夏不涸，四季长流。泉边各样山花姹紫嫣红，争奇斗艳，美不胜收，故人称此泉为百花泉。

据山中人传说，从前山下住着一个名叫刘三的青年，父母双亡，家境贫寒，以打柴为生。每天天不明就上山，日落时分回家。山花丛中的百花仙子见他每日这般辛苦，非常同情，就想暗暗地帮助他。一天黄昏，刘三担柴下山，路过百花泉边时，只觉又渴又饿，就俯下身去痛饮起来。饮罢，顿觉精神百倍，饥渴全消，下山时身轻如燕。刘三由此发现这百花泉里的水竟是神水，不仅止渴，又能充饥。他如获至宝，又惊又喜，从此不再砍柴了，专门担水到镇上去卖，卖水两年，刘三成了暴发户。他又置房子又买地，娶妻纳妾，还养了一群流氓恶棍作为打手，霸占山林，欺压百姓，做起了坏事。

百花仙子做梦也没有想到，刘三是一个心思不正之徒。她痛心极了，就化为一个老妇人，到刘三家中，劝他莫忘根本，改恶从善。刘三哪里听得进去，挥了挥手，让恶奴把她赶出门外。百花仙子一边走着，一边用脚踢路边的石子，经她踢过的石子都变成了金块。见钱眼开的刘三紧跟她身后去捡。百花仙子一直把刘三引到百花崖上，然后刮起一阵狂风，将黑心的刘三吹进了万丈深渊。

甘肃酒泉与甘泉

　　酒泉　甘肃酒泉境内有一名泉，清冽醇香。相传汉武帝时，骠骑大将军霍去病奉旨征讨匈奴。匈奴的休屠王畏惧汉军势大，不敢正面接触，只派小股部队与之周旋。霍去病想速战速决，又苦于找不到匈奴的主力部队，为此忧虑成病。后来，一个名叫普方的降将向他献计，说50里外的临松山上驻扎着休屠王的亲眷。若在山下设伏，定能大获全胜。霍去病率部前往，终于在山间将休屠王生擒活捉。匈奴残部向西北方向逃去，霍去病紧追不舍。

　　捷报传到京城，汉武帝特赐御酒数坛，命人送往军中犒劳有功将士。面对数坛美酒，霍去病发起愁来。数万大军不畏风沙之苦，征戎大漠，浴血奋战，可以说是人人有功，个个该赏。区区几坛御酒，即使一人一口也远远不够啊！当夜天蓝气清，月色如银。霍去病愁思满怀，踱出帐外，沿着乡间小路逡巡。正行之间，忽闻水声潺潺。他循声望去，就见山岩之下一孔清泉汩汩流出。霍去病心里豁然开朗。第二天，他就下令让三军将士聚集在清泉流下来的小溪两边，命人打开御赐美酒，倒在泉里。随即与将士们手捧泉水，开怀畅饮。自此以后，这股泉水常泛酒的醇香，"酒泉"的名字随之名扬天下。进入酒泉市东关的酒泉公园内，即可见泉旁有一碑，上刻"西汉酒泉胜迹"六个大字，以为纪念。

　　甘泉　素有"河西第一泉"之誉的甘泉位于张掖市内。泉水明净清澈，甘甜爽口。关于此泉，也有一则美丽的传说，相传很久以前，有个聪明美丽的羌族少女，名叫梅尕。她常在黑河岸上放牧，与葫芦滩上的牧羊小伙子容多情投意合，不久，两人坠入爱河。每当太阳下山以后，他们就偎依在岸边草滩里倾诉衷情，憧憬美好的未来。容多的母亲听说以后非常欣喜，让他把家传之宝甘珠赠给梅尕作为信物。一天，梅尕也羞答答地把她的所爱告诉了父亲，不料遭到父亲的极力反对。原来，父亲几年前一次在草滩上放牧时，突然被一群恶狼团团包围，情势危急之时，西洛巴头人的马队及时赶到，杀退了狼群，救下他的性命。为此，父亲曾答应西洛巴头人把梅尕嫁给其子。梅尕为报救父之恩，满面垂泪地把这件事情告诉了容多。容多根本不信，以为她是嫌贫爱富。梅尕无法表白，取出容多所赠的甘珠说："如果我说的全是真话，甘珠落地化泉一眼。"接着，随手将甘珠丢下，果然甘珠落地成泉。

临潼华清池

骊山华清池位于陕西省临潼区骊山北麓，是唐代华清宫内的温泉浴池，骊山是历代帝王游乐的场所。公元前8世纪，周幽王建骊山宫，已开始利用温泉。后秦始皇以石筑室砌池，称"骊山汤"。汉武帝又在秦代汤泉旧址上修建离宫，故唐人张籍诗中有"温泉流入汉离宫"之句。唐代贞观年间扩建为"汤泉宫"，天宝年间再度扩建，更名华清宫，温泉亦改称华清池。

温泉在华清池五间厅的右侧，千古不竭。水温达43℃，含多种化学元素，可消疹祛邪。传说秦始皇时一年大旱，遍地龟裂，禾苗枯萎，黎民百姓心急如焚。上天有一神女听说骊山风景极佳，到此游玩，发现旱魔肆虐，河水断流，青山变色，非常吃惊。一农夫正在田间锄草，锄头下处，铸出阵阵白烟。神女极为同情，决心帮助灾民渡过难关。她双脚一踩，农夫的锄头下就"咕嘟咕嘟"泛起水花。眨眼之间，遍地清泉流淌，山上的禾苗渐渐变绿。百姓们喜出望外，感激万分。因此泉经神女点化而来，所以后人也称之为神女泉。

华清宫中最大浴汤为御汤九龙殿，又名九龙汤、莲花汤。九龙汤以东又有贵妃池，贵妃池又称芙蓉汤。这两处均为唐玄宗与杨贵妃沐浴之所。自天宝开年以来，玄宗沉溺于酒色，荒废朝政，常与杨贵妃弄弦歌舞于华清宫中。白居易的《长恨歌》中有"春寒赐浴华清池，温泉水滑洗凝脂""春宵苦短日高起，从此君王不早朝"之句，便是他们这段生活的真实写照。

传说九龙汤建造之初，安禄山为讨唐玄宗的欢心，在范阳用汉白玉精雕细刻游鱼、凫雁、飞龙、石莲花、石梁等运到长安。玄宗大喜，命放于汤中，将石梁横其上，莲花刚刚露出水面，然后解衣入浴。忽只见那些游鱼、飞龙、凫雁随着水波荡漾，皆如奋鳞振翼的样子。玄宗有些惊惧，急令将游鱼、飞龙、凫雁拆去，仅把石莲花留下，故九龙汤又有莲花汤之称。玄宗在此沐浴时，曾作《温泉诗》，诗云：

温泉媚新丰，骊山横半空。汤池熏水殿，翠木暖烟宫。

起疾逾仙药，无私合圣功。

苍山蝴蝶泉

苍山洱海一带流传着一首家喻户晓的民谣，是蝴蝶泉边奇异风光的缩影：

蝴蝶泉边蝴蝶树，蝴蝶飞来千万数。首尾相衔如串珠，四月十五年一度。

蝴蝶泉在云南大理市苍山云弄峰麓神摩山下周城村北侧，山麓石罅中汇积成潭。潭底卵石五彩缤纷，潭边大树合抱，虬枝盘绕，花草飘香。每值春夏之交，即有万千彩蝶群集泉边，追逐嬉戏，首尾相衔，五彩缤纷。明崇祯十二年，徐霞客游此，在他的游记中记叙道："泉上大树，当四月初，即发花如蛱蝶，须翅栩然，与生蝶无异；又有真蝶千万，连须钩足，自树巅倒悬而下，及于泉面，缤纷络绎，五色焕然……"关于此泉的来历，有一段美丽的传说：

相传古时，周城村有两个姑娘上云弄峰采药，因天热口干，就到泉边树下歇凉喝水。这时，来了一个魁梧健壮的黑衣少年，满面逸笑地说："我家离此不远，请去喝茶吧。"姑娘们见是陌生人，婉言谢绝。黑衣少年竟用手去拉。二位姑娘又羞又怕，起身欲走。少年大喝一声，吐出一口白气，化为旋风，将姑娘们卷进了一座阴森森的山洞里。

原来这少年是一条成了精的大蟒蛇变的。平日，它常常乘夜闯进村子里，吞吃家畜，村里人早已恨之入骨，又拿它没有办法。两个姑娘失踪的消息，更使村民惶恐不安。有位叫杜朝选的青年猎手听说了此事，决心为民除害。就带着弓箭钢叉，只身登云弄峰，在深山密林中转了三天，终于找到了蟒蛇藏身的那个山洞。见那化身黑衣少年的巨蟒正在洞中石床上呼呼大睡，一阵腥风扑面而来。杜朝选双眼圆睁，张弓搭箭，奋力射去。只听一声怪叫，黑衣少年翻身爬起，化为一条大黑蟒，张开血盆大口，扑出洞外。杜朝选毫不畏惧，手执钢叉，蹿蹦跳跃，奋力搏斗，寻找有利位置，向大蟒身上猛刺。大蟒虽然凶狠，但被射瞎了一只眼睛，满头鲜血，乱扑乱打，最后竟把一棵大树当成了杜朝选，死命缠住。杜朝选乘机一叉刺去，将大蟒的头部牢牢地钉在树上。

杜朝选除了大蟒，从洞中救出两个姑娘，送她们下山回家。走到蝴蝶泉边时，两个姑娘再也不走了，唱起了白族的情歌，大胆地表达了爱慕之情，要双双嫁给杜朝选为妻。杜朝选摇头说道："我除去大蟒，为的是让乡亲们生活平安，怎能要你们以身相报呢？"说罢，头也不回地上山打猎去了。

两个姑娘想追又追不上，第二天一早，又到泉边等候。杜朝选有意躲着她们，直到太阳落山还没见壮士身影。两个姑娘很伤心，便双双跳进泉里自尽了。杜朝选得知两个姑娘为他殉情，悲痛万分，跑到泉边大哭一场，也纵身跳进泉里。不久，泉中飞出三只蝴蝶，上下翻飞，形影不离。人们就把此泉称为蝴蝶泉。这三只蝴蝶不断繁衍，终于使这里变成了蝴蝶的世界。

每年的四月十五日为大理蝴蝶泉会。届时，白族青年男女，身着民族盛装，络绎不绝，前来观赏。人因蝶助兴，蝶因人增辉，相映成趣，蔚为壮观。

昆明黑龙潭

昆明市北郊 15 千米处，林中古木参天，修竹茂林，有泉水似珍珠串串由地下涌出，形成一处圆形的深潭。潭清水碧，深约 11 米。传说泉边曾有黑龙潜伏，因之泉名黑龙泉，潭名黑龙潭，山也就叫龙泉山了。同时，黑龙潭又是水边所建道观的别名。观内遍生奇花异草，古树名木。最珍奇的有唐梅、宋柏、明山茶。唐梅传为开元、天宝年间道安和尚手植，是两株重瓣红梅。至今依然虬结苍劲，蜿蜒横陈，卧如龙眠。两株宋柏苍翠挺拔，树荫如盖。小的直径 1.4 米，大的四五人方能合抱。

　　民间传说黑龙潭里的黑龙原是云南境内的龙王。凡遇大旱之年，百姓们都要到潭里泅水插牌，举行非常隆重的祭祈仪式，祈求黑龙布云降雨。清代道光年间，林则徐调任云贵总督，恰逢昆明地带百日大旱，眼看禾苗干枯，秋成不保。有人就劝林则徐亲自到潭边上香求雨。林则徐口里答应，但他却不带香烛纸钱与祭品，两袖垂空，乘着一顶小轿，来到潭边，向着黑龙潭厉声大喝："黑龙听着！我是云南的都督，你是云南的龙王。既在我的辖区，必须听我号令。限你三天之内，普降大雨，拯救黎民。若敢违抗，我定要捣毁你的龙宫，踏平你的巢穴！"说罢，悠然回轿。只见他的轿子刚抬起来，就见潭中开始沸腾，一股旋风冲天而起。霎时乌云压顶，电闪雷鸣，倾盆大雨从天而降。他的轿子走到哪里，雨就跟到哪里。前边的轿夫头顶烈日，大汗淋淋；后边的轿夫却被淋得像个落汤鸡！

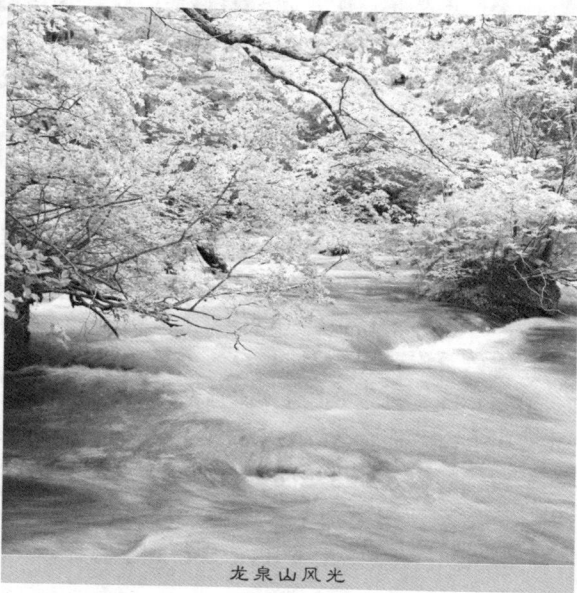
龙泉山风光

　　黑龙潭风景优美，潭水清澈，甘洌爽口，是旅游观光的理想之地。

福州饮马泉

　　在福建省福州市北屏山的南麓，华林寺大殿的东侧，可见一口石砌古井，井栏上刻有"饮马泉古迹"五字。相传是古时闽越君长无诸的良马饮水之处。

　　秦代末年，随着陈胜、吴广揭竿而起，刘邦和项梁、项羽也相继举戈伐秦。闽越君长无诸，亲率子弟随着项羽杀进中原。各路义军同仇敌忾，南征北战，终于推翻了秦朝的暴政。

　　但在攻进咸阳之后，无诸亲眼看到项羽公然违犯"先入咸阳为君，后入咸阳为臣"的协议，自立为西楚霸王，并且纵容部下劫掠烧杀，非常愤慨。他当机立断，又协助刘邦灭楚，立下了汗马功劳。天下平定后，刘邦亲自送他荣归故里，并以自己的坐骑相赠，说："此马产自北地，日行千里，夜走八百，驰骋疆场，与我相伴多年。希望你能好好照料它。"两人各道"珍重"，洒泪而别。

无诸回闽之后，牢记刘邦的嘱咐，命人建了一所十分豪华的马厩，将这匹千里马圈养了起来，并且派了四名身强力壮的马夫，日夜轮番照护，精草细料地饲喂，无微不至地关怀。

但是，这匹久经沙场的骏马，留恋征尘滚滚，战旗猎猎，在万里疆域中纵横驰骋，过不惯养尊处优的贵族生活，每日无精打采，身体日益消瘦，后来，竟连水也不喝了。眼见良马有性命之忧，无诸心急如焚，忙请巫医为它诊治。巫医说："冶城（即福州）紧靠海边，闽江里的水都变咸了，附近又没有山泉让它饮用。为今之计，大王还是忍痛割爱，放它进山，让它自寻生路去吧！"无诸想了想，也只有这么办了，就恋恋不舍地打开了马厩。

千里马离开王宫，长嘶一声，扬开四蹄，自由自在地在郊外跑了几圈儿，而后头也不回地径奔东北方向，驰入北屏山中。来到一处景色秀美之地，它先用蹄子蹬踏了几下，又转到一侧等候。须臾，坑洼内干裂的缝隙中就"咕嘟咕嘟"冒出了清清的泉水。千里马乐得又蹦又跳，一口气把池子里的水喝完，又摇头摆尾，一副心满意足的模样，顺着原路，回到马厩里休息。

无诸听说千里马又回来了，而且活蹦乱跳，病态全无，又惊又喜。就命马夫暗暗跟随，远远观察它的行踪，千万不要惊扰它。此后，千里马每天都要去北屏山上，先踏后饮。马夫报给无诸，无诸就把此处命名为"饮马泉"了。

后代的人又把这坑洼掘深，砌为水井，并刻泉名于井栏之上。1989年重修华林寺大殿，平整地基时翻动一块石块，石板下又冒出一眼泉水来。此泉的"有动则流，不动则止"，再一次得到了验证。

贵池黄公广润泉

清明时节雨纷纷，路上行人欲断魂。借问酒家何处有，牧童遥指杏花村。

唐代诗人杜牧这首脍炙人口的《清明》诗，使安徽境内长江南岸的贵池市西郊的杏花村成为千古名村。黄公广润泉就在村中，关于此泉，有一则民间传说。

传说很久以前，村头住有姓黄的一对老夫妇，卖酒为生。因为这里远离官驿大道，来往客人不多，他们的生意非常清淡，每天所赚的钱，只能应付一日三餐。

一年冬天，店里来了个白发苍苍的跛腿老道士，穿得破破烂烂。进了门就连声高喊："拿酒来，拿酒来！"黄老连忙烫了一壶热酒端上去。老道喝了之后，口念"善哉，善哉"，连酒钱也不掏，擦擦嘴巴，扬长而去。黄老当他是个讨饭花子，身上还有残疾，也就不和他计较，一笑而已。不料，那老道却像尝到了甜头，此后又来索酒多次，从来没有买过"单"。黄公仍然盛情接待，一如既往，还口口声声地要他"下次再来"。

一天，老道饮罢，向黄公招了招手，说道："老兄弟，多日打扰，无功受禄，心里实在过意不去，能给你什么帮助呢？"黄公笑道："一杯水酒，何足挂齿。你能常到小店里坐坐，就是瞧得起我，不必客气。"老道摇了摇头，问道："你的酒是从哪里发来的？"黄公说："是从城里一家大酒店里进的。"老道笑了笑说："你家后院的井里就出好酒，何必要跑那么远的路，到城里发酒来卖呢？"黄公有些不高兴了："老哥哥，你是不是觉得酒味太薄了？黄某虽然铺面不大，本小利微，可是最讲诚信待人，从来没向酒里兑过井水呀！"老道说："老兄弟不要多心，你到后院见那井水去吧！"黄家夫妇将信将疑，来到后院，只见那井口上热气腾腾，一阵醇美的酒香扑面而来，老夫妇又惊又喜，回头再寻老道，已经不知去向了。

这件奇事不胫而走。很快，方圆数百里走南闯北的人都知道这里有一口仙人点化的酒井了。黄家的酒客络绎不绝，生意越做越好。老夫妇翻盖了酒楼，竖起了"杏花村"的酒旗，不久就成了当地的首富。

几年以后，那老道又来到店里。一进门就问他们现在的日子过得如何。黄老婆婆叹了口气说："要说这井里出酒倒真是一件好事，可惜养的几头猪没有酒糟吃，你能不能再给俺想个办法呢？"老道哈哈大笑，挥笔在墙上写道：

天高不为高，人心将天超。井水变酒卖，还说猪无糟。

道人写罢，袍袖一挥，一阵旋风刮过，满室酒香荡然无存。那口井里的水，虽然还和从前一样清洌甘甜，却再也没有醇香的酒味了。今古井犹存，圈于民田之内，上刻"黄公广润泉"几字。游人至此，都免不了要望井兴叹良久。

扬州桃花泉

桃花泉在江苏扬州市新华中学院内，为一石井。因清代围棋国手范西屏著有《桃花泉弈谱》二卷而名闻中外。

范西屏是钱塘江畔的海宁县人，出生于康熙四十八年。此时恰逢盛世，物阜民丰，是清代文化艺术的鼎盛时期。范西屏幼时嗜好围棋。三岁时，见父亲与客人对弈，便能"哑哑然指划之"。毕沅《诗序》中说他13岁便成国手，袁枚《范西屏墓志铭》则称他"十六岁以第一手名天下"。说来也巧，在范西屏出世的第二年，海宁另一位围棋大师施定庵也诞生了。施定庵名绍闇，字襄夏。他自幼"性拙喜静，羸弱多病"。曾与范西屏同师学艺，两人年龄相仿，棋艺相当，有著名的"当湖十局"传世。

乾隆年间，两淮盐政使高桓因久慕范西屏之名，请他去扬州下棋。扬州历来棋坛精英云集，自古就有"不到扬州，难称高手"之说。范西屏欣然前往，高桓让他住在城西的桃花书屋，并邀来当地名手对弈。方圆数百里内围棋高手闻知有此棋坛盛事，也纷纷赶来观棋参战。在诸多棋手中，有个腰缠万贯的盐商胡肇麟。此人下棋时往往不讲套路，大刀阔斧，专门吃对方的"大龙"。同辈之人与之对弈，如果慑于他那不要命的气势，也免不了要吃亏上当。所以，大家就送他个绰号叫"胡铁头"。胡铁头与范西屏未下之前，自恃有钱，讲定每吃一子折白金一两。局终，西屏面前白金累累堆积几案。局中的奥妙胡铁头自是知道，"围棋十诀"背得滚瓜烂熟。但范西屏和他下棋时，一点也不按章法，失之西隅补之东隅，屈于此即展于彼，行子次序时时转换变化。铁头如入五里雾中，盲人瞎马，乱擅一通，上天无路，入地无门，自己的"大龙"反倒常常束手就擒。

一天，胡铁头又与范西屏对阵，未下一半时，他自知不敌，数十两白金马上又成对方囊中之物，便推说身体欠佳，赶回府中。回府之后，就命家人骑上快马，带上他和范西屏对阵的棋图，奔赴海宁，去向施定庵求教。两天之后家人赶回，胡铁头即按施定庵所嘱的解围之法去下。刚刚着落一子，范西屏就笑了笑说："定庵人未来，棋已先到了。"胡铁头顿时面红耳赤，围观的人无不窃笑。

范西屏居住的桃花书屋阶下有石井曰桃花泉，他有感于主人的热情如三月春风，扬州棋才如桃李之盛，遂因泉取名，著《桃花泉弈谱》二卷。该棋谱问世后，棋坛为之轰动，一时"扬州纸贵"。桃花泉因而也声名远播。

云台山鲧泉

鲧泉又称羽泉，位于江苏连云港市云台山的西顶上。在一块五米见方、色泽殷红的岩石下，有泉水长流不竭，传为大禹之父鲧遭"天杀"之处。据《山海经·海内经》载，黄帝生下骆明，骆明生下一匹白马，这匹白马即为鲧。

相传上古时候，洪水为患，中原大地一片汪洋，人们流离失所，无家可归。鲧受命治水，他虽然深知责任重大，辛苦劳累；但他只会堵塞，不懂得疏导，治了多年，劳而无功。后来，鸱龟向他献计，要他去偷天帝的息壤来治水。古代传说，息壤乃是"长而不穷"的土壤。《山海经·海内经》云："息壤者，言土自长息无限，故可以塞洪水也。"

鲧为了天下百姓免受水患之苦，冒着生命之危，偷出了息壤。天帝闻知大怒，命火神祝融把鲧抓到云台山上处死。因鲧原是天上的白马，"马八尺以上为龙"，所以仍旧化为黄龙了。有的说他化为黄熊；也有的说他化为玄鱼；还有的说他死后三年尸体不腐，用刀剖开肚子生下了一条虬龙，这条虬龙就是大禹，它驮着父亲的尸身走了。

伟大的诗人屈原在他的作品中，对鲧之死表示了深切的同情。《天问》记载有鲧死后仍然不忘百姓疾苦的异闻："阻穷西征，严何越焉？化为黄熊，巫何活焉？咸播秬黍，莆藿是营，何由并投，而鲧疾修盈？"

诗文大意是说，在鲧被杀于羽山，化为黄熊之后，又向西跨越穷山的岑声，到昆仑山向诸巫去求不死之药。路上，又要百姓们播种黑小米，铲掉萑苻和杂草，以补救洪水带来的灾难。鲧这样爱护百姓，为什么还有那么多人"把鲧恨得这样厉害"呢？

现在依稀见鲧泉上面的岩石殷红，传说是鲧的鲜血所染。泉的东侧，还有三块4米多高的石头，裂面平整如削，传说是祝融的试刀石，人称"三劈石"。因为鲧是为天下百姓而死的，所以直到现在，连牛、羊家牲畜都不忍饮用鲧泉里的水。

济南趵突泉

山东首府济南，自古就有"泉城"之誉。早在2500年前的《春秋》一书中，对泉城之泉已有记载。金人根据民间的流传，立一"名泉碑"，列举了济南的72名泉。但古人所谓的"七十二"是泛数，言其繁多之意。清沈庭芳《贤清园记》称其泉"旧者九十，新者五十有五"，共145处。1964年有关部门进行了一次调查，仅济南市区就有天然泉108处，足见泉城泉水之盛。济南之泉，主要分为趵突泉、珍珠泉、黑虎泉、五龙潭四大泉群。每一泉群由敷泉组成。百泉之中，趵突泉最为著名，被尊为"天下第一泉"。

趵突泉位于济南旧城西南，泉自地下溶洞裂缝中涌出，水分三股，势若鼎沸，又如三堆白雪。春秋时此地名泺水，"鲁桓公会齐侯于泺"即在此处。北宋诗人曾巩任齐州（今济南）知府时，正式以"趵突"命名，以形容泉水腾出跳跃。乾隆南下至此，兴致勃勃地亲题"激湍"二字，并封为"天下第一泉"。关于"趵突泉"，民间流传一个故事。

传说很久以前，有一个砍柴为生的小伙子名叫鲍全。父母得病以后，因为贫穷请不起大夫，无奈地看着双亲相继辞世。鲍全悲痛之余，立志学医，以解除天下穷人的病痛。

一年，城里城外闹起了疫病，鲍全在南山采集药草，路遇一白发老者摔伤在崖下。他连忙为老者敷上自制的药膏，又撕下汗褂儿细心包扎。老人为感激他，告诉说泰山黑龙潭里的水能治疫病，并送给他一根拐杖，让他到那里取水。鲍全连连致谢，拄上拐杖，霎时两脚生风，眨眼之间就到了泰山的黑龙潭。鲍全忙用拐杖勾桶提水，谁知那拐杖见了潭水钻下水底，把鲍全带进了水下的龙宫。原来那跌伤的白发老者是黑龙潭龙王的哥哥，龙王感激鲍全的救兄之恩，赠送他一个白玉宝壶。宝壶里的神水取之不完，用之不尽。鲍全回城以后，就用神水救活了许多人。

州官听说以后，认为又是一个敛财的机会，就派师爷去"借"宝壶。鲍全明白这一借就有去无回。连忙在院子里挖了一个深坑把白玉壶埋了起来。州官差人在院子里乱挖乱翻，最后把宝壶挖了出来，可是谁也搬不动。一群差人累得满头大汗，有的抱壶嘴儿，有的扳壶把儿，有的拼命推，突然"咕咚"一声，壶口喷出一股大水，直冲半空，霎时院子内外波涛滚滚，州官和一群差人全都葬身鱼腹。溅起的水花洒满全城，水花落处，就有清泉涌出。从此以后，济南就成了泉城。而白玉壶里的水，无论春夏秋冬，一直向外喷射。

人们根据该泉向外冒的形状，为它取名"趵突泉"。可是又有人说，鲍全在那场大水中也成仙而去，但他不忘百姓，又口吐泉水济世救人，人们就称此泉为"鲍吐泉"。然而到底不如"趵突"形象生动，传扬时就被取而代之。历来吟咏此泉的诗赋以元代赵孟頫的《趵突泉》较著名，他在诗中赞道：

泺水发源天下无，平地涌出白玉壶……

云雾润蒸华不注，波涛声震大明湖。

大 观 拾 遗

南浔镇

南浔镇位于浙江省素有丝绸之府的湖州市东北部，地处浙江北部杭嘉湖平原。北临太湖，东接江苏，是浙江省历史文化名镇，也是久负盛名的园林古镇。南浔最初因浔溪河而名"浔溪"，后来由于浔溪之南商贾云集，屋宇林立，而名"南林"。该镇始建于宋淳祐十二年，南林、浔溪两名各取首字，遂改称"南浔"。

南浔的地理条件十分优越，至少在四五千年前，这块土地上就有勤劳纯朴的人们在从事耕作、渔猎。后来南浔兴起了蚕丝业，"附近遍地皆桑，家家养蚕，户户缫丝织绸"，南浔因此一跃成为巨富之镇。到了南宋，南浔已是"商贾云集，水陆要冲之地"；明代万历年间尤为昌盛，"耕桑之富，甲于浙右"。民间也有"湖州一个城，不及南浔半个镇"之俗谚，可见湖州园林，荟萃南浔一镇。

一贯坚持"耕读传家"传统的南浔人在发展经济的同时，也不忘读书、治学，因此在文化领域南浔人也取得了骄人的成绩。据族谱记载，宋、明、清三代，南浔出进士 41 名。南浔还有"九里三阁老，十里两尚书"之谚。

南浔名园荟萃，古迹丰富，文化气氛特别浓郁。据史籍载，南浔历史上最盛时期曾有大小园林 20 余座，其中有五座享有"巨构"之称。据《江南园林志》记载："以一镇之地，而拥有五园，且皆为巨构，实为江南所仅见。"现存著名名园小莲庄、嘉业堂藏书楼，张静江、张石铭故居，明代百间楼等。

小莲庄始建于清光绪十一年，占地 1.4 万平方米，是清光禄大夫刘镛祖孙三代人用了 40 多年的时间建成的。因刘镛仰慕元代大书画家赵子昂建湖州"莲花庄"之名，故名为"小莲庄"。园子的外园有 10 亩荷花池，池边有曲折的中式长廊和尖顶的西式小姐绣楼，中西合璧，别有情致。

嘉业藏书楼乃江南四大藏书楼之一，是清代秀才刘承乾于 1920 年破土修建的，历时四年才完全修好。刘承乾是刘镛的孙子。此楼建好后，清帝溥仪赠"钦若嘉业"九龙金匾予刘承乾，此楼因而得名。辛亥革命后，这个酷爱藏书的世家子弟，收购大批流散古籍。他自称历时 20 年，费银 30 万，得书 60 万卷。1925 至 1932 年间，是藏书楼的全盛时期，当时藏有宋元刊本 155 种，地方志书 1000 余种，还有不少明刊本、明抄本以及大量的清人文集和各种史集。嘉业藏书楼不仅以收藏古籍闻名，而且以雕版印书蜚声海内。其刻印的书，刊刻甚精，还有不少是清政府禁书。

1933 年以后，刘氏家道中落，大量古籍流失。解放江南时，周恩来总理特别指示陈毅派部队保护藏书楼。1951 年，刘承乾将书楼及庭园全部捐给了浙江省图书馆。当时藏书只有 11 万册左右，宋元刊本荡然无存，明刊本只剩下几种，藏书残缺严重。现在已辟为浙江省图书馆古籍书库。

茅台镇

茅台镇位于贵州省北部的仁怀县内，此处群山环绕，林木葱郁。赤水河穿镇而过，形成了"万马饮一槽"的天然奇景。当地百姓利用得天独厚的气候、水质、土壤等自然条件结合中国传统的酿造技术，创造出一整套与国内其他名酒完全不同的酿造工艺，蜚声海内外。

茅台镇酿酒的历史悠久，史书载："西南夷有树，类粽，高五六丈。结实大如李，倒其实，取汁馏以罐以为酒，名曰：'树头酒'。"这就是最早的自然发酵的果汁酒。清代的通俗小说《镜花缘》里记有 50 余种名酒，其中就有贵州的苗酒和夹酒。这里所有的酒中当首推茅台酒。

相传茅台酒是山西人氏发明的。明末清初年间，山西王老贵南迁茅村（现茅台镇），得奇人点化，酒艺人品远近闻名。王老贵作古不久，后人寻得其旧所，得酿酒秘方，创办"荣和烧房"。他的第六十二代后人王丙乾执掌"荣和烧房"时达到鼎盛，与赖氏、华氏被认定为茅台酒的创始人之一，至今其塑像仍矗立在茅台酒厂国酒文化城内。该酒经"两次投料，九次发酵，八次蒸酒，三年陈酿，精心色兑"而成，前人有文记述：造法不易，他处难于仿制，特以茅台称也。

1990 年王氏第六十七代后人为纪念先祖，买回老酒房，生产"老贵酒王"与"醉笑天酒"。与"茅台酒"同享得天独厚的水土、气候资源，按照先辈承袭下来的酿酒秘方，精选优质糯高粱、小麦做原料，采独特的天地之灵气，结合现代制酒科技理论，经发酵拌和、升华精制而成。酒质醇香、回味悠长，得到业内人士欢迎。

进入茅台镇，一边欣赏着秀丽的山景，品味茅台酒香，笑谈古今逸事，畅快淋漓。酒毕，捧一掬赤水洗把脸，会惊奇地发现，这里的水都蕴含有淡淡的酒香，让人以为仙人点化的传话似真似幻，浮想联翩。

楼兰古国

"楼兰姑娘你去何方？……前面路太远，前面风太狂，不如来到我的帐房。"一曲《楼兰姑娘》唱遍了长城内外，人们也深深地记住了这个充满神秘色彩的名字——楼兰，对这个湮没于黄沙中的古王国充满了美轮美奂的遐想。

楼兰遗址位于今新疆巴音郭楞蒙古自治州若羌县罗布泊西岸，是新疆最荒凉的地区之一。楼兰古国曾经繁荣昌盛、国力雄厚，是丝绸路上的一个交通枢纽，中西方贸易的一个重要集散地，曾与中原汉、晋、唐王朝相抗相交，并驾齐驱。唐代诗词中多有描述，如李白的《塞下曲》曾吟咏道：

五月天山雪，无花只有寒。笛中闻折柳，春色未曾看。

晓战随金鼓，宵眠抱玉鞍。愿将腰下剑，直为斩楼兰。

王昌龄的《从军行》诗云：

青海长云暗雪山，孤城遥望玉门关。

黄沙百战穿金甲，不破楼兰终不还。

可见，当时的楼兰王国是何等强大。但是就这样一个强大的王国，竟然神秘地消失了，空留下茫茫戈壁、漫漫黄沙。至今也是一个未解之谜。台湾诗人席慕容在其诗《楼兰新娘》中哀婉地表达了两个楼兰人不同的境遇：

……曝我于不再相识的／荒凉之上／敲碎我／敲碎我／曾那样温柔的心／只有斜阳依旧是／当日的斜阳／可是／有谁／有谁／有谁／能把我重新埋藏／还我千年旧梦／我依然仍是／楼兰的新娘。

在楼兰城之中，有一座塔形的土堆，这曾经是个寺庙建筑，而今只留下了一堆残土，这是楼兰旧址目前仅存的最高建筑。塔形土堆前是散乱的木头，是原来建筑的柱子、大梁以及圆形的木基座。这个寺院的遗址处于古城的中心，地势较高，旧河道横穿其下，可见当年这里原是水草丰盛、风景秀美之地。倒塌的木柱左侧有前些年立起的楼兰古址纪念碑，右侧面是著名遗址"三间房"，考古学家在此处发现了大量文物。城中偏北有一类似烽火台的高大建筑，其西北5000米还有一烽火台。

城中心河北岸建筑遗址，据考证是楼兰当时的政治中心。此建筑对岸有被称为"三间房"的房屋，两侧有泥土与芦苇夯筑的土房。这里曾出土大量木简和文书，记录了颇多军事内容，如骑兵、矛兵、弓手、兵车、战具、军令。近年新疆考古研究所亦发现"屯田、士兵"等军事语言。

1910年日本人橘瑞超考古发掘时，获得"西域长史李柏"及"海头"等字样文书。考证文书纪年范围，约为公元250至330年。古城起初可能为楼兰都城，后成为屯田中心及军事据点，魏晋时曾作西域长史府驻地。以后由于塔里木河下游改道，失去水源而逐渐废弃，五世纪时已成废墟。

现在的楼兰遗址不过是一个生命的禁区，失去了昔日的繁华，然而考古的发现，却使得楼兰神秘的面纱逐渐被揭开。1906年和1914年，英国考古学家斯坦因到楼兰进行大规模的考古。他将楼兰遗址逐个编号，初次揭开楼兰古文明全貌。斯坦因除获取大量文物外，最主要的是他发掘了两具楼兰男性头骨，并经英国人类学家基恩证实为欧洲白种。1927年，斯文·赫定组织考察团再赴楼兰之行，考察队员找到一大批楼兰古物，并发掘出一具女性木乃伊，因其衣着华贵，被称为"楼兰女王"。

1979年，我国考古学家的发现终于让楼兰古墓大白于天下。一座有42座墓组成的墓葬群，其中六座摆成光芒四射的太阳形的墓以其恢宏的气势让人感到惊叹。墓穴由七圈排列有序的木桩环结，七圈之外是呈放射状的列木，每条放射列木有10米之长，每座墓用690棵树构成。六座墓，六个太阳面向蓝天一个连一个，裸呈在干净细软的黄沙之中。然而，这座被喻为东方庞贝的神秘古城并未完全露出她的真面目，黄沙下的繁荣，还期待着人们进一步的探索。

汤阴岳飞庙

纪念岳飞的庙宇在全国各地广有分布，唯有河南省汤阴县的岳飞庙，因其规模宏大，又位于岳飞的故里，所以闻名遐迩。岳飞庙始建时间无从查考，今址为明景泰年间重建。岳庙的头门是一座木结构牌楼，叫作精忠坊。精忠坊很有讲究，它用六根大木柱托起五架房顶，这种建筑形式在古建筑学上被称为"三间六柱五楼不出头式建筑"。牌坊正中央镌刻明孝宗朱祐樘赐额"宋岳忠武王庙"，两侧墙上用青石分别镌刻"忠"、"孝"两个大字，遒劲雄浑，格外醒目。

据说"忠"、"孝"这两个大字很有渊源。明万历年间，彰德府推事张应登负责庙宇的施工。当工程完成后，他总觉得两边墙壁上不够完美。夜里他梦见岳武穆忽然降临，执手道："庙里的事务多亏你操劳。"张应登忙磕头行礼，并提到两边墙壁上的缺憾。岳飞微微一笑，在地上写了"忠"、"孝"二字。张应登猛然醒来，发觉是梦境，忙唤仆从秉烛铺纸，照梦中模样描写二字，不待天亮，便命人磨石刻字，镶嵌在精忠坊两边。"忠孝两全"是中国历朝历代对臣民道德评价的最高标准。由此可见，后人对岳飞的推崇到了极致。

庙内正殿是全庙的主体建筑，门楣上方悬挂："百战神威"、"忠灵未泯"二匾，分别为清光绪和慈禧所题。整个建筑高达10米。巨大的门匾"乃武乃文"，点缀得大殿更加庄严。殿内，岳飞塑像端坐正中。塑像上方"还我河山"

贴金巨匾熠熠生辉，相传这是岳飞手书。

岳飞庙中书法艺术荟萃。山门檐下一排巨匾，是当代书法家舒同、楚图南、肖劳的笔迹。明柱上嵌有当代文学家魏巍撰书的楹联："存巍然正气，壮故乡山河"。拾级入庙，古柏苍翠，碑碣林立。两道高大的碑垣立于东西两个院落中间。在林立的碑刻中，有明清帝王谒庙诗篇，有各朝各代重修扩建古庙胜迹的记录，更多的是历代文人学士颂扬英雄的诗词歌赋。其中著名的有朱元璋、乾隆、徐达、董其昌、海瑞、何绍基等人的碑刻，这些碑刻风格各异，字体不一，是品位极高的书法艺术珍品。

岳飞39岁时就被赵家君臣害死了。他的英年早逝，大多数人认为应归罪于秦桧、王氏、万俟卨、张俊、王俊5人。山门石阶下跪着5具铁铸人像，他们蓬头垢面，袒胸露脐，双手反剪，一副遭人唾骂的千古罪人形象。跪像身后，施全铜像怒目执剑，对秦桧、王氏等呈镇压之势。施全祠两侧悬有一副楹联：

蓬头垢面跪阶前，想想当年宰相；

端冕垂旒临座上，看看今日将军。

相传，曾有一个叫秦涧泉的人到杭州做抚台。他是秦桧的后裔，感到他的祖先跪在岳飞墓前很不光彩，就派人把杭州岳飞墓前的秦桧铁像扔到西湖里。第二天，人们发现秦桧铁像不见了，就告到抚台衙门。秦涧泉装作不知，去西湖边察看，忽见秦桧铁像又浮了起来，湖水也变成了红色。秦涧泉非常惊恐，赶紧叫人打捞上来，放回原处。后来，一个朋友拉他去拜岳飞墓，就在岳飞墓前，他作一联自嘲：

人从宋后少名桧，我到坟前愧姓秦。

千百年来，岳飞成了"民族英雄"的代名词。岳飞享有如此高的地位，除了他的英雄业绩，还因为他被秦桧等人以"莫须有"的罪名陷害至死，成为千古奇冤；秦桧跪在庙前遗臭千年，其罪行在于不顾民族荣辱、国家安危，以极其卑鄙阴险的手段，陷害忠良。忠孝奸佞，千古公论，鲜明的对比是岳王庙中凛然正气引人观瞻的根本所在。

成都武侯祠

全国各地的武侯祠有十几个，著名的有四川成都武侯祠、河南南阳卧龙岗武侯祠、四川奉节白帝城武侯祠、甘肃礼县祁山堡武侯祠、云南保山武侯祠、陕西岐山五丈原诸葛亮庙等，其中成都武侯祠以君臣合庙、"三绝碑"、塑像和对楹而别具特色。

武侯祠位于四川成都南郊，建于唐代，是纪念蜀汉丞相诸葛亮的主要胜迹。唐朝大诗人杜甫曾作诗咏道："丞相祠堂何处寻，锦官城外柏森森。"现在的武侯祠是清代康熙年间重建的。它同先主庙、刘备墓相毗连。武侯祠主体建筑分大门、二门、刘备殿、过厅、诸葛亮殿五重，布局严谨地排列在从南到北的一条中轴线上。但武侯祠的大门上，写着的却是"汉昭烈庙"。此事颇有渊源。

原来，南郊武侯祠在刘备的陵墓及祠庙的西边。明初，蜀献王看见刘备陵及祠庙冷清寂寥，而武侯祠却游人如织，就认为王权受到冷落，故以"君臣宜一体"为由，将武侯祠废掉，把诸葛亮的雕像搬进了昭烈庙，这样南郊的武侯祠就不复存在了。但民间却依旧把内有诸葛亮雕像的昭烈庙叫作武侯祠。后来，明末的一场战火使这座庙变为废墟。清代康熙十一年重建时，顺从民意，在庙中修筑了前后两殿，前殿祭祀刘备，后殿祭祀诸葛亮，这个格局一直保留到了现在。庙名仍叫"汉昭烈庙"，但也只是保留在大门的门匾上，而武侯祠的称谓反而成了惯用叫法了。所以说，历史人物的功绩，后人自有公论，它并不受君臣名位的高低影响。

三顾茅庐图

武侯祠的大门之内，密林丛中矗立着六座石碑。其中最大的一座唐代"蜀汉丞相诸葛武侯祠堂碑"，有很高的文物价值，它由唐朝著名宰相裴度撰碑文，书法家柳公绰书写，名匠鲁建刻字。这三人在各自的领域中都各领风骚，文章、书法、雕刻堪称一绝，故此碑被称为"三绝碑"。通篇碑文辞句贴切，文笔酣畅，使人荡气回肠。

诸葛亮之所以为后人所敬仰，因为他具有高尚的人格和作风，谦虚谨慎，艰苦朴素，鞠躬尽瘁，死而后已，从未利用职权谋取私利。他死后葬在陕西勉县定军山下。他在遗嘱里要求依山造墓，墓穴能容下棺材即可，入殓时穿平常的衣服，不需要随葬器物。

刘备殿气势雄伟，雕梁画栋。正中安放刘备贴金塑像，左侧陪祀的是他的孙子刘谌。后主刘禅在这里没有塑像，据说是因为他昏庸无能，不能守住基业，因此他的像在宋、明两代几次被毁，后来就没有再塑。两侧偏殿，东有关羽父子和周仓塑像，西有张飞祖孙三代塑像。东、西廊房分别塑有 14 尊蜀汉文臣、武将坐像。因此，武侯祠内共有塑像 47 尊，其中 41 尊都是有名有姓的蜀汉历史人物，这些塑像都是清初民间工匠塑造的，神态各异，造型生动，充分反映了当时雕塑的高超技艺。

武侯祠内还有许多对联，或耐人寻味，或诙谐幽默，颇有意味。一副是近人刘咸荥（字豫波）撰：

合祖孙父子兄弟君臣，辅翼在人纲，百代存亡争正统；

历齐楚幽燕越吴秦蜀，艰难留庙祀，一堂上下共千秋。

这副对联精辟地道明了刘备等人的历史功绩。

同是出于刘咸荥手笔，还有一联：

惟此弟兄真性情，血泪洒山河，志在五伦存正轨；

纵极王侯非富贵，英灵照天地，身经百战为斯民。

这是描述刘关张兄弟情义和浩气长存的点睛之笔。

清末四川盐茶使赵藩撰写的这对联则显得意味深长。其联总结了诸葛亮军、政两方面的经验，说明了诸葛亮"屈人之兵，攻心为上"的谋略和审时度势的政治远见。

成大事以小心，一生谨慎；

仰风流于遗迹，万古清高。

冯玉祥的对联对诸葛武侯的性格特征和高风亮节的刻画可谓出神入化：

能攻心则反侧自消，从古知兵非好战；

不审势即宽严皆误，后来治蜀要深思。

近代诗人王天培撰写了一副长联，对诸葛亮的一生经历、伟绩与人格作了中肯的评价。字里行间透露出作者抚今追昔、感慨万分的心绪，全联如下：

公本识字耕田人，为感殊遇驱弛，以三分始，以六出终，统一古今难，效死不渝，遗恨功名存两表；

世又陈强古冶子，应笑同根煎急，谁开诚心，谁广忠益，安危天下计，先生以往，缅怀风义拂残碑。

合肥包公祠

包拯是中国历史上著名的清官，广受民众尊重。后人为了缅怀这一重要历史人物，全国许多包公曾经任职过的地方都建有包公祠。如河南的开封，广东的肇庆（古时称端州），安徽的池州、天长等地。合肥包公祠则是其中历史最久远、知名度最高、影响最广泛的一座。

包公祠坐落于合肥市环城南路东段的一个土墩上，是包河公园的主体古建筑群。祠的大门前有一座白底黑框的照壁。照壁前后正中均绘有一叶青荷，一枝荷花亭亭玉立，寓意为出淤泥而不染。大门的门楼两侧立着一对"抱鼓石"，它与祠内正殿两旁的两只石狮，都是古代象征威严和权力的建筑。穿过山门，可见白墙青瓦构筑的古朴院落。两扇黑漆山门上，是隶书"忠贤将相"、"道德名家"的对联。

包公祠正殿中端坐一座巨大的包公塑像。塑像高约八尺，一手执笏，一手握笔，古铜色的脸庞上，浓眉长髯，神情庄重严肃。这座塑像为新中国成立后重塑，原来的塑像白面长须，手捧朝笏，威严之中又有慈祥之态，较真实地再现包公的本来面貌，可惜毁于"文革"之初。包拯塑像的两边分别是王朝、马汉、张龙、赵虎四大护卫的站立塑像。上方高悬着五方横匾，正中匾额上为李鸿章之兄李瀚章所题的"色正芒寒"四个大字。包拯塑像的左面陈列着"龙头铡"、"虎头铡"、"狗头铡"。右侧墙壁上，镶嵌着一块质地黑亮的石刻，上刻"宋包孝肃公遗像"。栩栩如生的人物形象充分展现出了包公铁面无私、正气贯虹、铁骨铮铮、刚正廉明的精神风貌。这方石刻是清光绪十九年一位叫徐琪的官员，请工匠以包拯在开封府任上的一方石刻画像为蓝本雕刻而成，据说是包拯的真容。

正殿的东西两厢是陈列室。东厢陈列有《包拯生平简介》、嘉庆八年版的《合肥县傅郭城图》、《香花墩图》、《宋史》和记载包拯一生事迹的地方志书、《包公办案图》，以及包公当年在贵池手书"齐山"的摩崖石刻拓片等。西厢陈列有包氏宗谱、《故宫南薰殿藏包公画像》（复制品），还有出土的包氏族人文物木俑、影青瓷碗、青瓷香熏、砚台等文物。由包拯生前好友吴奎撰写的《包拯墓志铭》碑也陈列在这里，但因经受战乱，碑已碎为五块，有三分之一的字迹模糊难辨。

正殿东侧，有一座六角攒尖亭，也就是祠内著名的廉泉亭。亭内有一口名为廉泉的古井。传说廉泉井水很神奇，清官、良民喝了无事，而赃官、不肖子孙喝了都会头痛、闹肚子。李鸿章侄孙李国蘅曾撰写了一篇《香花墩井亭记》，文中述说："闻昔有太守来谒祠，启开汲饮，忽头痛，复埋如故。是说也，余窃疑。命从人开井汲泉，煮茗自饮，味寒而香烈，饮毕无异，乃目而笑谓诸人曰：'井为廉泉，不廉者饮此头痛欤！'"廉泉的井沿上，遍布的一条条深深的凹痕，均为井绳长期摩擦所形成。正对井口的亭子顶端中央，雕有一块圆形彩绘木质浮雕龙像。雕龙倒映井内，随着井水的晃动，好似龙在飞舞，颇有游龙戏水之趣，故人们又称廉泉井为"六角龙井"。

祠的四周被包河环绕，河内生长红花藕。俗语说"藕断丝连"，而包河里的藕却断之无丝。人们认为这是包公生前刚正不阿的性格使然，有人说："包公直道无私，竟及于物"，于是"包藕无丝"传为佳话。

包公祠的楹联很多，如：

理冤狱，关节不通，自是阎罗气象；

赈灾黎，慈悲无量，依然菩萨心肠。

赞的是包公审理案件刚正不阿、铁面无私，但是救民于水火之中时，却是大慈大悲，一副菩萨情怀。另有《包氏家训》刻于正堂左侧一石碑上：

后世子孙仕宦有贪赃枉法者，不得放归本家，亡殁之后，不得葬于大墓之中。不从吾志，非吾子孙。仰工刻石，鉴于堂屋东壁，以诏后世。

太平天国时期，包公祠毁于战火。清朝末年，李鸿章筹银重建，规模未变，只是增建了东西两院。这些建筑一直保持至今。

昭君墓

在"天苍苍，野茫茫，风吹草低见牛羊"的阴山脚下，大黑河南岸，土默特川广袤的平原上，有一座黛青色的坟墓茕茕而立。这座被称作"青冢"的孤坟，就是姿容绝色、流芳青史的王昭君的长眠之处。

昭君墓整个墓区占地 1.3 公顷，像一处袖珍园林。墓道入口有平台及阶梯贯穿，第二层的平台和墓顶上建有斗拱飞檐的伞亭。墓身为人工夯筑的封土堆，高达 33 米，矗立在一片平畴中。远望陵墓，呈青黛色。据说，每逢秋来冬至衰草枯黄的季节，唯有昭君墓上青草如茵，而且曦映霞照、景色变换，雾霭聚散，一日三景，"晨如峰，午如钟，酉如纵"，为茕茕孑立的塞外孤坟，平添了几分神秘色彩。"青冢拥黛"多年以来一直是呼和浩特市的八景之一。

墓基及墓道两侧林立着块块碑碣，镌刻着古往今来的文人墨客们拜谒题刻的诗词文章。墓道两旁遍植着挺拔倔强的白杨树，与陵寝周围的松柏花草形成鲜明对照，如同凭吊的经幡猎猎迎风招展。墓前还雕有并驾齐驱的双骑塑像，马背上的人物是王昭君和呼韩邪单于，塑像底座上用蒙汉两种文字题刻着"和亲"二字。

传说王昭君是中国古代四大美女之一，汉元帝时入宫为宫女。王昭君天生丽质，聪慧异常，琴棋书画，无所不精，"娥眉绝世不可寻，能使花羞在上林"。竟宁元年，匈奴呼韩邪单于入朝求亲，昭君自愿远嫁匈奴，后被封为宁胡阏氏，这就是历史上有名的"昭君出塞"的故事。传说王昭君应诏进宫后，因自恃貌美，不肯贿赂画师毛延寿，毛便在她的画像上点些墨点。昭君便被贬入冷宫三年，无缘面君。当元帝答应将王昭君嫁给呼韩邪单于时才发现了她的"落雁"之美，但君无戏言，后悔已晚。只好赏给她许多贵重物品，并亲自送出长安 10 余里。昭君出塞后，汉匈两方团结和睦，友好往来，"边城晏闭，牛马布野，三世无犬吠之警，黎庶忘干戈之役"，边塞地区呈现出欣欣向荣的和平景象。

昭君的出塞极富传奇色彩，因而也引发了历代文人骚客的无限遐想，歌咏昭君的名篇数不胜数。唐代诗人杜甫曾写过一首著名的七律：

群山万壑赴荆门，生长明妃尚有村。一去紫台连朔漠，独留青冢向黄昏。

画图省识春风面，环佩空归月夜明。千载琵琶作胡语，分明怨恨曲中论。

这首诗为昭君墓增添了一种苍旷凄清的诗意美。宋代诗人王安石吟咏王昭君的诗词更有独到之思，他认为昭君出塞未必就是人生的悲剧：

汉恩自浅胡自深，人生乐在相知心。可怜青冢已芜没，尚有哀弦留至今。

近代教育家董必武更是把昭君出塞提升到民族团结的高度：

昭君自有千秋在，胡汉和亲识见高。词客各抒胸臆懑，舞文弄墨总徒劳。

从此，王昭君一抹满脸的清泪和愁眉，以一个轻松愉悦的民族和睦使者的形象出现在世人面前。此外，元曲四大家之一的马致远创作的杂剧《汉宫秋》，当代剧作家曹禺的话剧《王昭君》，也是脍炙人口的名篇佳作。从历史意义上来说，王昭君已经成为民族友好的象征，昭君墓也成了一个民族团结的纪念碑。

莫愁湖

莫愁湖原名横塘，位于南京汉中门大街，水陆面积约 900 亩，周边十多华里，是南京景区内一颗灿烂的明珠。

莫愁湖是因人而改名的。相传六朝齐梁时莫愁女出生在洛阳的一个农家，她天生丽质，勤劳又善良。"十三能织绮，十四采桑南陌头"。15 岁那年，父亲病死，为葬父莫愁只好卖身。家住建康石城湖边的卢员外偶然来到洛阳，见莫愁美丽聪明，就买为儿媳。不久，北方边塞告急，莫愁的丈夫应征戍边，谁料一别十载杳无音讯。纯朴的莫愁把心思寄托在帮助邻里、扶危济难的善行之中，深受邻里称颂。但莫愁的善行却遭到公婆反对，莫愁不堪诬陷受辱，投石城湖而死，以示清白。后人为纪念这位善良的女子，便把她住过的地方和石城湖改称莫愁湖，并在莫愁故居郁金堂侧堂荷厅的莲花池内，树起一尊两米多高的汉白玉莫愁女塑像，其线条柔美流畅，仿佛莫愁刚采桑归来，款款移步，神情飞动，倒影在碧水中摇荡，更增添了栩栩如生的意境。

莫愁湖园林与气势宏阔的北方山水园林不同，以精致玲珑著称，在宋、元时即享有盛名。清乾隆年间，在园内建郁金堂，筑湖心亭，遂成"金陵第一名湖"、"南京第一湖"。今日莫愁湖，湖水清澈，松林掩映，风景怡人。莫愁湖内湖面宽阔，盛产莲藕，莲花十顷，引人入胜。远在明清，莫愁湖就栽植了大量莲花。每逢盛夏，莲花盛开，翠盖红花，香风阵阵，恍若绝代的凌波仙子，出淤泥而不染。风吹荷花如翠裙翻飞，使一湖莲花更添神韵。

莫愁湖内楼台亭阁星罗棋布，尤其以胜棋楼最为著名。胜棋楼是一座明清风格的历史建筑，楼分两层，青砖小瓦，造型庄重，工艺精美，始建于明初洪武年间，现在的胜棋楼是清同治十年复建的。门楣上"胜棋楼"笔法饱满苍健，是清朝同治十年状元梅启照所书。胜棋楼原是明太祖朱元璋与开国元勋中山王徐达弈棋的地方，徐达棋艺高超，朱元璋便欣然将此楼与莫愁湖花园都赠予徐达。现在胜棋楼还陈列着朱元璋与徐达对弈的棋桌等。胜棋楼存有历代字画作品共 1300 余件，最早一件为 1932 年王震的松猴图，其余大部分是 1980 年前后，近 200 位书法家解脱精神羁绊的畅怀之作，有傅抱石、林散之、刘海粟、陈大羽、肖娴、范曾等人的手笔和墨宝，堪称金陵之最。

莫愁湖的景致清新淡雅，人文景观丰富。莫愁湖畔的辛亥革命死难粤军烈士墓，是国民革命的史迹，记载了粤军以少胜多的历史功勋和殉难烈士视死如归的英雄事迹。该墓初建于公元 1912 年 3 月，高达 5 米的碑塔正面嵌入孙中山先生的"建国成仁"石碑，背面嵌入的是黄兴碑，全塔置于案形有基之上，围以仿古栏，一对青石石狮分置于墓的两侧。粤军阵亡将士墓及其附属石刻，是研究辛亥革命历史的重要文物。

今天的莫愁湖已成为南京的一座大型古典花园。莫愁女已成为人们心中美好感情的象征。公园两端为花卉盆景区，每年四月举行海棠花会，届时观者如云，热闹非凡。

秦淮河

秦淮河是长江的一条小支流，由于流经南京，因此历来被视为南京的象征。

历史上关于秦淮河的传说和记载很多。《舆地志》载："秦始皇时，望气者云'江东有天子气'，乃东游以厌之。又凿金陵以断其气。今方山石碛，是其所断之处。"陈沂《金陵古今图考》中也认为，秦始皇"以望气者之言，凿钟阜，断垄，以泄王气。水自方山西北，巨流环绕，至石头过于江，后人名曰秦淮"。其实，秦始皇开凿秦淮河只是一种传说，淮水改称"秦淮"始从唐代，据《健康志》记载："秦淮二源合自方山埭，西注大江，分别屈曲，不类人功，疑非秦皇所开。"

三国以来，秦淮河两岸一直是繁华的商业区和居民区。历代有过许多达官贵人住在秦淮河畔，如东晋时的权臣王导和谢安等。隋唐以后，秦淮河畔渐趋衰败，但是，仍有许多文人墨客在这里凭吊吟咏。最有代表性的诗作是唐代著名诗人刘禹锡的《乌衣巷》：

朱雀桥边野草花，乌衣巷口夕阳斜。旧时王谢堂前燕，飞入寻常百姓家。

秦淮河两岸建有许多佛寺，东晋时的瓦官寺、南朝时的安乐寺都非常著名。东晋时大画家顾恺之为瓦官寺画了《维摩诘居士像》，雕塑家戴逵父子铸造过五尊铜像。安乐寺里有著名画家张僧繇画的四条白龙栩栩如生，跃然破壁，留下了"画龙点睛"的成语典故。

明清时代，秦淮河畔人烟稠密，金粉楼台，日渐繁华。明代吴敬梓的小说《儒林外史》、清代戏曲家孔尚任的《桃花扇》等，对其都有细致的描绘。

经过修复的秦淮河风光带，以夫子庙为中心，秦淮河为纽带，包括瞻园、白鹭洲、夫子庙、中华门，以及从桃叶渡至镇淮桥一带的秦淮水上游船和沿河楼阁景观，集古迹、园林、市街、画舫、楼阁和民俗民风于一体，极富情趣和魅力。

画舫为金陵胜迹之一，俗称灯船。船棚为长方形，棚表以铅皮为主；中舱布置如室，以木榻居中，船身雕琢精美。舫四周悬挂各式彩灯，夏秋良宵，整个秦淮河热闹非凡，画舫穿梭河中，箫鼓十里可闻，再加上画舫上的灯光映在水面，呈现出缤纷耀眼的景色，更增添了秦淮河的秀丽。

现在游客所能看到的画舫，是参照南京博物馆清代藏画《清溪游舫》的式样制作的，每船可载 20 多人，船头船尾挂灯，有旧时船点、船菜、船茶供应，还可作琴、棋、书、画之乐。画舫头尾各立一位船工，船内有两位侍者。她们都一律是明、清时代的衣饰装扮，游客上了船，可边品雨花清茗，边赏河上秀美风光。

秦淮河的桥也是多姿多彩，绚丽无比。桥上的灯笼在晚风中忽悠忽悠，摇曳多姿；凭栏而望，秦淮水碧波涟漪，波纹如绸。华灯初照，桨声灯影，画舫似乎传来幽幽的琵琶声，如幻如梦，令人遐想。

台湾日月潭

日月潭位于台湾省南投县鱼池乡水社村。日月潭中有一小岛名珠仔屿，亦名珠仔山。以此岛为界，北半湖形状如圆日，水色丹红，故名日潭；南半湖形状如一弯新月，水呈碧绿，故名月潭，合称日月潭。

日月潭也是台湾岛上唯一的天然湖泊，其天然风姿可与杭州西湖媲美。环湖重峦叠峰，湖面广阔，潭水澄澈；一年四季，晨昏景色各异。当晨曦初上时，绿如碧琉璃般的湖水，犹如一面大圆宝镜，放射出绮丽的色彩。这时在湖岸茂密的竹林间，传来一两声鸟语的轻吟，这静谧让人陶醉。薄暮余晖之时，湖上笼罩着一抹轻烟，山映水中，似一位绝代的佳人，亭亭玉立，曼妙至极。水面有时飘浮着几叶扁舟，动静飘忽，真是一幅天造地设的山水画，非人间画作诗章所能描绘得出。

传说，很久很久以前，太阳和月亮忽然有一天都掉进一个潭里了，天地一片漆黑，眼见万物都快活不成了。有一对见义勇为的年轻夫妇决定去帮大家把日月找回来。他们历尽了千难万险，才找到了除妖用的金剪刀和金斧头。这一天，他们来到这个深深的水潭边，水潭里忽明忽暗，原来是两条大恶龙在里面嬉戏。它们把太阳和月亮一吞一吐，玩得还真开心呢。夫妇俩看得满腔怒火，他们互相对视了一眼，点了点头，同时将金斧头和金剪刀扔向水潭，只听"哗"的一声巨响，潭中激起千层浪，两条恶龙挣扎了一下，便直挺挺死在了潭底。恶龙已经被杀死了，但太阳和月亮还沉在潭底，怎么办呢？夫妇俩跳下水潭，吃下恶龙的眼珠，刹那间，他们两个都变得像山一般高大。他们每人拔起一棵几十丈高的大棕榈树，将太阳和月亮托上了山。从此，这个潭就被称为了日月潭。夫妇俩也变成了潭边两座雄伟的大山，永远守护着日月潭。

日月潭四周还有不少风景名胜，如文帝庙、孔雀园、玄光寺等。潭东水社大山高逾2000米，山峰矗立，风光旖旎。潭北山腰有一座文武庙，依山而建，辉煌壮观。自庙前远眺，潭内景色，尽收眼底。南面青龙山，地势险峻，山麓中有几座古老的寺庙，庙宇巍峨，古色生香。其中玄奘寺供奉唐代高僧唐玄奘的灵骨，寺中悬匾一方，上书"民族法师"四字，以纪念玄奘西行取经的壮举。

日月潭，夏季清爽宜人，为避暑胜地。泛舟游湖，在轻纱般的薄雾中饱览山光水色，幽雅恬静，别具一番情趣。

日 月 潭